Arne Jaitner – *Nach Berlin*

Atemberaubende Aufbruchsstimmung im Berlin der 90er Jahre, wo abenteuerlustige, aufgeregte junge Menschen vor verschlossenen Türen leerstehender Wohnungen im Ostteil der Stadt stehen und Schlösser knacken, sich ein neues Zuhause eigenhändig erschaffen. Ein Ort der Sehnsucht und Gegenentwurf zur Enge des bayerischen Internats, wo der Ich-Erzähler, von früh geschiedenen Eltern und gleichgültigen Betreuern sich selbst überlassen, seine trostlose Jugend fristet. Er erkämpft sich sein Ankommen in dieser Welt, verliebt sich, sucht nach Sinn im Leben und nach Ganzheit – so wie Berlin zu einer ganzen Stadt wird, nachdem die Mauer fällt. Im Wahljahr 1990 wird in Arne Jaitners Roman eine neue Partei gegründet, deren charismatischer und mutiger Vorsitzender, genannt »Wolff«, eine Politik jenseits der Rechts-Links-Fronten machen möchte. Doch die Schatten der Vergangenheit holen nicht nur Berlin, sondern auch die Protagonisten ein. Es geht um Freundschaft und Liebe. Um Vorbilder, aber auch um Verrat und Verlust. Um Krisen, die Veränderungen nach sich ziehen. Und schließlich um Mord.

Zugleich Coming-of-Age-Geschichte und Krimi, ist Arne Jaitners Roman eine berührende Erinnerung an das Nach-Wende-Berlin, eine kraftvolle Erzählung der Identitätssuche eines Neu-Berliners, der sich voller Kraft und Neugier seinen inneren und äußeren Kämpfen stellt.

Arne Jaitner wurde im Mai 1965 in München geboren und lebte seit 1989 in Berlin. Dort studierte er Philosophie, Soziologie, Psychologie und Politikwissenschaft an der Freien Universität und promovierte im Fach Philosophie. Er war verheiratet und hatte drei Kinder, seine Familie bedeutete ihm alles. Er starb am 14. April 2013 in Berlin.

Arne Jaitner

NACH BERLIN

Roman

Sinnreich & Schweitzer | Berlin

Titelbild:
Nach Berlin, Plakat von Fritz Rosen, 1926
© Deutsches Historisches Museum / A. Psille.

Die Deutsche Nationalbibliothek verzeichnet diese Publikation in der Deutschen Nationalbibliografie; detaillierte bibliografische Daten sind im Internet über www.dnb.de abrufbar

1. Auflage, 2021

Umschlaggestaltung: Anne-Catherine Escher, Berlin
Layout und Satz: Steffen Strohmenger, Berlin
Druck und Bindung: BoD - Books on Demand, Norderstedt

ISBN 978-3-946283-05-8

www.sinnreich-schweitzer.de

Dass ein Eigenes wir suchen, so weit es auch ist.

1

Bindungen

Bei Ostwind schlafe ich schlecht. Wenn ein kontinentales Hoch über Berlin hinwegzieht, liege ich wach und starre an die Decke. Es ist nicht die Hitze. Es ist der Geruch von Blut, das auf dem heißen Asphalt des leeren Parkplatzes gerinnt. Was aus den Wunden sickert, ist noch ganz hell. Das auf dem Asphalt ist merkwürdig dunkel, seine Farbe passt zu dem schwarzen Teer. Ich versuche, den Blick zu heben, aber ich kann immer nur auf das Blut sehen, auf das dunkle geronnene und das frische hellrote, das langsam seine Farbe ändert und auf dem Hemd einen Fleck hinterlässt. Jemand legt mir eine Wolldecke um die Schultern, und wirklich, mir ist kalt, obwohl uns der Spätherbst einen letzten Sommertag schenkt. Dann versuchen sie, Wolffs Körper auf eine Bahre zu legen. Merkwürdig, denke ich, warum kommt ein Krankenwagen, sein Blut ist doch schon geronnen. Im Fallen hat er sein linkes Bein verdreht, es sieht aus, als würde es gar nicht zu dem

Körper gehören. Und richtig, als er auf der Bahre liegt, fällt das Bein wieder herunter. Es ist nach innen verdreht und fällt herunter. Die Sanitäter hatten die Bahre schon angehoben und nun hängt das Bein dort an der Seite. Sie sehen sich an und setzen die Bahre wieder ab. Der Sanitäter am Fußende legt das Bein auf die Bahre zurück. Als sie die Bahre wieder aufnehmen, fällt es noch einmal. Der Sanitäter am Kopfende verschwindet im Krankenwagen und kommt mit einer Mullbinde zurück. Er rollt sie auf, knotet eine Schlaufe, prüft die Festigkeit des Knotens, streift die Schlaufe über das linke Bein und macht das lose Ende auf der rechten Seite der Bahre fest. Er muss bei jedem Knoten die ganze Länge der Mullbinde durch die Halterung der Bahre ziehen. Es sieht aus, als führe er mit einer riesigen Nähnadel durch die Luft, um mit dem weißen Faden die Wunden zu verschließen. Endlich ist er fertig, steht für einen Moment unentschlossen neben dem Körper und wirft dann, als sähe er die Sinnlosigkeit seines Tuns ein, das lange Ende der Binde auf den Toten. Als sie ihn forttragen, wippt der festgebundene Fuß im Takt ihrer Schritte. Über dem geronnenen Blutfleck flimmert die Luft. Mich überrascht die Kälte, die aus meinem Inneren strömt. Meine Zähne schlagen aufeinander, ich zittere und ziehe die Decke fester um mich. Das grelle Licht blendet mich, das Bild verschwimmt und ich schließe die Augen.

Dann wache ich auf, habe noch den Geruch des Blutes in der Nase, sehe sein Rot, das Schwarz des Asphalts und das Weiß des Krankenwagens. Für eine Weile ist noch alles hell und leuchtet. Die Farben verwischen, das Bild friert ein und gerinnt zu einem bleiernen Grau. Was bleibt, ist die

Kälte in meinem Körper, die sich ausbreitet, ihn starr und gefühllos macht.
Als Wolff noch lebte, war der Himmel blau, und wenn ich den Blick senkte, ließ das Grün der Bäume den Himmel noch intensiver leuchten. In der Stresemannstraße hatten wir ein Großraumbüro auf der ersten Etage eines Betonklotzes aus den Siebzigerjahren, zweihundert Quadratmeter für fünfzig Leute. Vorne ein mit Glas abgeteilter Empfangsbereich mit dem Tresen und der Sekretärin, die auf ein graues, schon fleckiges Sofa sah, das wir mit den Räumen übernommen hatten. Hinten ein fensterloser Würfel aus Rigips mit einem Konferenztisch, der Wolff zugleich als Büro diente. Die Telefone standen nicht still und trotz der Stellwände zwischen den Tischen fiel es schwer, ein Gespräch zu führen und den Lärm im Hintergrund zu übertönen. Der Strom von Besuchern, freiwilligen Helfern, Journalisten und Fotografen konnte vom Empfang nur unzureichend kanalisiert werden und ergoss sich in Schüben, als ob die Schleusen dem Druck nicht mehr standhalten würden, ungeordnet über die Etage. Die Räume summten wie ein Wespennest, die Anfragen stapelten sich in meinem Posteingang und doch waren meine Gedanken klar, die Tage leicht und mein Schlaf ruhig. Wolff war mein Gravitätszentrum, mein Zentralgestirn, um ihn drehte sich mein Dasein, meine Gedanken, meine Gefühle.

Selbst in der Hektik des Nachmittags, kurz vor Redaktionsschluss, wenn die Journalisten anriefen, um die letzten Details in ihren Artikeln bestätigt zu bekommen, fühlte ich mich schwebend, ja schwerelos, das Sonnensystem der Kampagne hielt mich auf meiner Bahn, ein stimmiges Gefüge, in dem jeder seinen Platz hatte und alle sich gegenseitig anzogen und abstießen, ohne dass es zu einer Kollision kam oder einem Abgleiten in den leeren Raum. Ein austariertes Gefüge, in dem ich meinen Platz hatte, Antrieb und Anker zugleich für die Planeten, die mich umgaben, die Monde, die mir und Wolff zuarbeiteten, den Pressesprecher mit seinen Ringen und, etwas entfernt, die Spendeneintreiber, die den Kontakt zu der Galaxie der Wirtschaft hielten. Aber nicht nur für uns war Wolff ein Fixpunkt, die ganze Stadt schien um ihn zu kreisen, er war auf allen Kanälen zu sehen und zu hören, unsere Plakate hingen im Prenzlauer Berg und in Britz, in Heiligensee, Spandau und in Hellersdorf. Und wenn ich mit den anderen in der kurzen Mittagspause über die Straße ging, leuchtete der Himmel einen langen, heißen Sommer lang,wie zur Bestätigung unseres Tuns, zur Unterstützung und Belohnung für die langen Stunden in der grauen Enge des düsteren Gebäudes.

Wenn wir in einer der täglichen Konferenzen zusammen mit dem Pressesprecher und den Spendeneintreibern saßen, erinnerte er mich an Cary Grant in den alten Filmen aus den Fünfzigern. Elegant, international, selbstironisch. Und mit einem Optimismus gesegnet, der ihn auch in aussichtslosen Situationen die Haltung bewahren ließ. Als ob er nicht noch weniger Schlaf bekäme als ich. Die Sommersonne hatte seine feine, lange Nase und die hohen Backenknochen mit einem kräftigen Teint überzogen. Es waren auch die Augen, die ihn strahlend erschienen ließen: hell und klar, das Weiße in seinen Augäpfeln besonders sichtbar und der Blick so fokussiert, wie ich ihn zu seinen Zeiten als Hochschullehrer nie gesehen hatte. Seine blonden, nach hinten gestrichenen Haare liefen in der Nackengegend wie immer in einigen Locken aus, aber sein aristokratisch anmutendes Gesicht hatte nicht mehr jene Distanziertheit, die ihn an der Universität begleitet hatte. Seine Mimik war ausgeprägter, sein Händedruck zupackender, sein Lachen herzlicher geworden. Nach den Lokalseiten und den Berliner Zeitungen baten auch die überregionalen Blätter um Interviews und mit jedem Termin wirkte er gelassener und zuversichtlicher. Seine Reden klangen immer weniger wie die Vorlesungen, die er früher gehalten hatte. Er deklamierte nicht mehr, mied Exkurse, die Sätze wurden kurz und zitierfähig. Es gab keine hohlen Stellen mehr, in denen Gemeinplätze darauf warteten mit Überzeugungen gefüllt zu werden. Seine Worte waren einfach, sie klangen klar und zutreffend. Während sich der Politiker aus ihm herausschälte, verblasste, was noch an den Dozenten erinnerte. Ohne sichtbare Mühe absolvierte er Wahlkampfauftritte und Pressekonferenzen, schüttelte Hände und hielt Reden, als ob er sein ganzes Leben darauf gewartet hätte. Wie ein Jagdhund nahm er die Witterung der Menge auf, verband sich mit ihr durch scheinbar nebensächliche Bemerkungen und Gesten, um dann in einem Stakkato von Worten mit ihrem Jubel zu verschmelzen. Die Kampagne war Rhythmus, Dynamik und Beschleunigung. Ein Mahlstrom aus Veranstaltungen, Reden, Fotos und Presseterminen, ein perpetuum mobile der Begeisterung. Ihr Sog trieb uns immer neue Unterstützer und Spenden zu, sie reichte längst über die Stadt hinaus und schien alle zu erfassen, die mit ihm in Kontakt kamen. Die Zeit mit Wolff war ein Pfeiler im Strom der Zeit, ein fester Halt in einem Fluss von Unruhe und Selbstzweifeln, sie gab meinem ziellosen Leben eine Richtung. Es war, als ob die Teile meines Körpers und meines Geistes aufgehört hätten, sich abzustoßen, als ob sie sich entschieden hätten, nicht mehr auseinanderzustreben und aufgegeben hätten, mich zu zerreißen. Ohne dass es mich Anstrengung oder bewusste Anpassung gekostet hätte, hatten sie sich wie tausend kleine Kompassnadeln auf Wolff ausgerichtet.

In den Achtzigern hätte ich ihn noch für seine Selbstsicherheit gehasst. Hätte seine Gegenwart gemieden, weil ich glaubte, mich für mein eigenes Dasein entschuldigen zu müssen. Hätte ihm sein Wissen als Überheblichkeit und das gewandte Auftreten als hohle Glattheit ausgelegt. Und seine Freundlichkeit als Versuch der Manipulation gefürchtet, zumal Anzugträgern nicht zu trauen war. Der zwanghafte Reflex, alles zu hinterfragen, das eigene Leben und seine Umstände nicht gelten zu lassen, war die Konsequenz eines Jahrzehnts der Depression, der Angst und der Lust an der Angst. Die Atombomben, die Umweltzerstörung und die Arbeitslosigkeit waren die Gralshüter der Überzeugung, dass ich, dass wir, dass unser Land schlecht seien, zur Zerstörung bestimmt. Wolff war die Antwort auf meine Sehnsucht nach einem Vater, einer Autorität. Nicht dass ich ihn gebraucht hätte, um mir zu sagen, was ich tun sollte. Sondern dass es gut war, was ich tat, dass es in Ordnung war, überhaupt etwas zu tun, dass das Verhängnis nicht unwiderruflich über uns kommen würde wie eine Schicksalsmacht, die uns unweigerlich auslöschen würde. Dass ich auf meine Überzeugungen und seine Arbeit stolz sein durfte. Und dass wir eine Wahl hatten und frei waren zu entscheiden, wie unser Leben verlaufen würde.

Wie hatte ich Reagan gehasst, wenn er im Fernsehen davon sprach, dass der Stolz auf die eigene Nation wichtig ist. Dass die Selbstzweifel auch ein Ende haben müssten und man den Feinden der Freiheit aus einer Position der Stärke heraus begegnen solle. Wie konnte man Freiheit und Gerechtigkeit fordern, aber gleichzeitig die Todesschwadronen in Mittelamerika unterstützen? Wie lächerlich war mir erschienen, sich vor die Berliner Mauer zu stellen und Gorbatschow aufzufordern, das Brandenburger Tor zu öffnen. Und wie herzlos galt mir seine Wirtschaftspolitik, die die Freiheit der Unternehmen und Familien betonte, während gleichzeitig die Sozialleistungen gekürzt wurden. Wie konnte man nur so kindisch und selbstgerecht sein und die Sowjetunion als Reich des Bösen bezeichnen? Aber natürlich war mein Hass ein Selbsthass, ein Hass auf mein Leben, mein Land, die süße Beschränktheit des Zynismus, der es immer besser weiß und doch nie zu widerlegen ist, weil er sich weigert, die Wirklichkeit zur Kenntnis zu nehmen.

Es gibt im Gesichtsfeld einen blinden Fleck, dort wo der Nerv in die Netzhaut eintritt. Es muss ihn geben, er ist die Voraussetzung dafür, dass die Bilder der Außenwelt an das Gehirn weitergeleitet werden. Die Netzhaut ist an der Stelle blind, an der sie mit dem Gehirn verbunden ist. Diese Fehlstelle wird der menschlichen

Wahrnehmung nicht bewusst, weil die fehlenden Signale im Rahmen der Verarbeitung der optischen Eindrücke durch die Sinneseindrücke der umliegenden Rezeptoren ergänzt werden. Die Beschränktheit der Wahrnehmung wird ausgeglichen, das Bild der Umgebung erscheint dem Bewusstsein angepasst und geglättet. Das Gehirn erbringt noch weitere Leistungen zur Verarbeitung der Signale der Rezeptoren: So wird das Bild auf der Netzhaut gedreht, damit die Welt nicht auf dem Kopf steht. Übrigens revidiert das Gehirn diese Tätigkeit, wenn man eine Person über mehrere Stunden mit umgedrehten Bildern versorgt. Das auf dem Kopf stehende Bild wird von dem Probanden im optischen Sinne korrekt, also aufrecht, wahrgenommen. Keine optische Anpassungsleistung ist jedoch so bedeutsam wie die Retusche des blinden Flecks: Sie trifft uns besonders, weil sie das Eigene berührt, weil sie die Erkenntnis der eigenen Beschränktheit ausblendet. Dem Selbst wird die Kränkung erspart, dass ausgerechnet dort, wo die Wahrnehmung in das Nervensystem eintritt, wo sie von einem fremden Reiz zur eigenen Wahrnehmung wird, eine Leerstelle besteht. Die Erkenntnis der Dinge bleibt schon deshalb eine Illusion, weil wir sie physisch nicht erzeugen können. Weil unser Körper auf Gauklertricks zurückgreift, um im Zentrum unseres Gesichtsfeldes einen grauen Fleck zu retuschieren. Eine Lücke, die unsere Grenzen aufzeigt, ein schwarzes Loch, aus dem unsere Selbstgewissheit austritt. Eine gemeinsame Fehlstelle in der Welt und in uns: genau dort, wo wir mit der Welt verbunden sind, wo der Nerv unser Auge mit dem Gehirn verbindet, kann unmöglich die Welt wahrgenommen werden, sie entsteht nur in unserer Vorstellung.

In den Achtzigerjahren war ich erfüllt von Selbstgerechtigkeit, von der Überzeugung, dass Macht und Autorität mit Unaufrichtigkeit gepaart sind. Marx spricht von der Verblendung, die unseren Blick auf die repressive Wirklichkeit verstellt und wie eine Camera obscura ein falsches Bild vorgaukelt. Erst durch eine Umkehrung der Machtverhältnisse könne die von der herrschenden Klasse manipulierte Wirklichkeit erkannt werden. Der blinde Fleck meiner Wahrnehmung war jedoch eben jene Vermutung, dass die Wirklichkeit manipuliert sei, dass die Freiheit nicht existiere und meine Entscheidungen keine Konsequenzen hätten – zumindest nicht solche, die ich beeinflussen könnte. Reagan hatte recht, und am Ende hatte er recht, weil ich ihn hasste. Weil er alles verkörperte, was ich von mir selbst abtrennen, loslösen, herausschneiden wollte. Reagan war der Präsident, die Autorität, der Übervater der Weltmacht, deren Glanz bis in das abgelegene bayerische Dorf strahlte, in dem ich lebte. Wenn er von Stolz und Freiheit sprach, spürte ich meine Scham, meine Angst und meine Verlorenheit. Die Vereinigten Staaten hatten ihre Selbstgewissheit in Vietnam und Teheran verloren und er hatte wesentlich dazu beigetragen, sie wiederzufinden. Der Morgen in Amerika war meine Nacht.

Als ich nach der Wende in dem Büro an der Stresemannstraße saß und zu Wolff in seinem abgeteilten Büro hinübersah, dachte ich an die Rede an der Mauer. Abends verließen wir zusammen das Büro und ich sagte: »Merkwürdig, dass Reagan Gorbatschow aufgefordert hat, die Mauer niederzureißen.«

»Als sich Westeuropa mit der Teilung des Kontinents abgefunden hatte«, antwortete Wolff, »war es schwer, an der Freiheit festzuhalten.«

Es war gut, Wolff zuzuhören. Seine Stimme war weich und guttural. Er bewegte die Lippen kaum und sprach in einer Tonhöhe. Aber wenn er an einen wichtigen Punkt seiner Argumentation kam, riss er die Augen weit auf und grinste wie ein Schuljunge, der sich über einen gelungenen Streich freut. Manchmal ertappte ich mich dabei, dass ich seiner Stimme lauschte, ohne auf den Inhalt seiner Worte zu achten, und nur seine weit geöffneten Augen zeigten an, dass ich die Pointe verpasst hatte. Diesmal verstand ich ihn gut: Die Angst, ins Abseits zu geraten, hat mich nie verlassen.

Wahrscheinlich war es das, was mich glücklich machte: einen Platz zu beanspruchen, Entscheidungen zu treffen, die richtig oder falsch sein mochten, aber mich einzumischen und nicht vor der Tür zu warten. Immer hatte meine Generation gewartet: in den überfüllten Kindergärten und Schulen, an den Massenuniversitäten und auf dem Wohnungsmarkt. Wir waren die Kinder des Wohlstands und des Fernsehens, die leichtgläubig jeder Verlautbarung Vertrauen geschenkt hatten. Aber jetzt war die Mauer gefallen und die überbezahlten Zyniker in Politik, Presse und im Bildungswesen waren verstummt. Ihre Selbstimmunisierungsstrategien waren gescheitert, das Raunen über den Spätkapitalismus war ins Leere gelaufen, die Katastrophen waren nicht eingetreten. Wolff hatte recht: Es war richtig, ihre Herablassung und Verachtung in Kauf zu nehmen, es war richtig, Ideale zu vertreten, es war richtig, sich angreifbar zu machen.

Anton sah aus wie ein junger Falke: wachsam und bereit zum Angriff. Er trug ein gebügeltes, grünes Hemd, dessen gestärkter Kragen seinen Hals umrahmte. Seine Beine steckten in einer braun und beige karierten Hose und an den Füßen trug er geschnürte Lederschuhe. Wir anderen waren in den Einheitsfarben der Siebziger gekleidet: weißes T-Shirt, blaue Jeans und weiße Turnschuhe. Während wir unsere T-Shirts absichtlich verknitterten und alles daransetzten, dass unsere Mütter die Nietenhosen nicht mit Bügelfalten versahen, ließ Anton seine Hemden von der Frau des Kochs waschen und legen. Seine Mutter hatte Geld. Sie lebte in London mit einem Bankier zusammen und sah ihren Sohn nur alle zwei Monate.

Von Zeit zu Zeit drehte Anton den Kopf, als würden seine leicht zusammengekniffenen Augen nach Beute Ausschau halten. Er hielt sich gerade, den Rücken durchgedrückt, während ich immer etwas gebeugt ging. Wir standen vor dem Haupthaus und rauchten, was eigentlich verboten war. Aber die Lehrer kamen nicht mehr heraus, um Verwarnungen auszusprechen. Sie hatten resigniert: vor den Schülern, vor der Schulverwaltung, vor allem sich selbst gegenüber. Als ob es an diesem Ort sinnlos wäre, sich nicht zu arrangieren.

Anton ließ seine Augen wie ein Greifvogel über den Horizont schweifen und ich versuchte, das Gespräch in Gang zu halten. Wir plauderten über Belanglosigkeiten: den neuen Lehrer, wann es warm genug wäre, um wieder in den Seen zu baden, und wie schlecht das Mittagessen gewesen war. Was er sagte, war weniger wichtig, als wie er es tat. Es war der Rhythmus unserer Sätze, der uns verband, ein vertrauensvolles Hin und Her, ohne Anstrengung oder Ziel. Mir war wichtig, das Gespräch im Fluss zu halten, seine Mimik zu beobachten, seine Worte in mich aufzunehmen und auf jede Bemerkung eine Frage folgen zu lassen. Die Vorstellung, dass er weggehen könnte und mich allein zurücklassen würde, verursachte mir ein bedrohliches Gefühl.

Das Internat hatte seine eigene Hierarchie, eine männerbündlerische Hackordnung, die sich in kleinen Gesten und Zugeständnissen ausdrückte. Wer zusammen in einem Zimmer schlief und in der Schulbank saß, wer mit wem vor dem Haus und auf dem quadratischen, geteerten Hof stand und die kurzen Nachmittage bis zur Studierzeit verbrachte, hinterließ eine Folge von Zeichen, die aneinandergereiht eine Schrift ergaben. Wer sie zu lesen verstand, kannte das Ansehen einer Person, ihre Chancen aufzusteigen oder aber bei nächster Gelegenheit verprügelt zu werden. Ein geschlossener Zirkel von hundertzwanzig Jungs, die von ihren Eltern am Rande der Alpen abgesetzt worden waren, beobachteten, taxierten und beurteilten sich ohne Unterlass. Geld, teure Kleidung und neue Platten halfen beim Aufstieg, das Unvermögen zurückzuschlagen bedeutete Abstieg. Wer in den richtigen Kreisen verkehrte, wurde respektiert, ungefragt mit Zigaretten versorgt und nach vorn gelassen, wenn alle in den Speisesaal drängten. Wenn es darauf ankam, stand Anton in der Rangordnung weit oben. Aber es war weniger der

Status, der mich an ihn band. Es gab wenig in meinem Leben, das mir etwas bedeutete. Die Tage in diesem großen, weißen Quader vor den unwirklich erscheinenden Bergen und den tief hängenden Wolken vergingen langsam. Es war, als ob alle, die Schüler wie die Lehrer, auf etwas warteten, ohne sich erinnern zu können, worauf. Die Zeit dehnte sich endlos, eingespannt in den Schraubstock immer gleicher Routinen. Frühstück, Schule, Mittagessen, Spaziergang, Studierzeit, Abendessen, Fernsehen, Schlafen. Bedeutungslose Stunden zwischen Kindheit und Arbeitswelt, die sich auf geheimnisvolle Weise zu Monaten und Jahren summierten. Stetig wiederkehrende Rituale, die in der täglichen Wiederholung zu einer zähen Masse geronnen, unterbrochen nur von der zweiwöchentlichen Heimfahrt. Von Freitag bis Sonntag zu den Eltern, ein absurdes Zwischenspiel zunehmender Entfremdung. Danach zurück in den Trott, in dem ein Tag dem anderen glich, während draußen die Jahreszeiten wechselten, eine ebenso üppige wie sinnlose Demonstration der Natur, für die sich kein Fünfzehnjähriger interessierte. Nach wenigen Wochen an diesem Ort stellte sich der Körper um, er bewegte sich wie ein Planet in den vorgeschriebenen Bahnen, unabänderliche Gesetze bestimmten seinen Lauf. Auch die Erzieher bewegten sich mit der ruckartigen Steifheit von Marionetten, traumwandlerisch folgten sie einem Drehbuch, das schon lange nicht mehr von ihnen selbst geschrieben wurde. Lange hatte ich überlegt, woher ich den maskenhaften und wie über das eigene Gebaren erstaunten Gesichtsausdruck kannte, den wir uns an diesem Ort angewöhnt hatten. Es waren die Figuren der

Augsburger Puppenkiste, die ich als Kind mit Hingabe bei ihren Abenteuern verfolgt hatte, aus Holz geschnitzte Gestalten an Fäden, die von unsichtbaren Händen in Bewegung versetzt wurden. Ihre Mimik beschränkte sich auf einen schiefgelegten Kopf, ein Nicken und allenfalls ein Öffnen des Mundes, ihr Gang war ein humpelndes Schweben und ihre Arme erlaubten nicht mehr als ein steifes Rudern. Auch vor dieser Alpenkulisse war alles Hilflosigkeit, die zappelnde Abhängigkeit der Marionetten an ihren Fäden, nur dass diese Geschichte keinen Anfang hatte und kein Ende, sie war auch gar keine Geschichte, nur ein graues, sinnentleertes Kontinuum, eine sich selbst reproduzierende Maschinerie, die von den Überweisungen unserer Eltern und der Unterstützung der bayerischen Staatsregierung am Laufen gehalten wurde.

Die Lehrer und Erzieher mischten sich nicht in die Belange der Schüler ein. Sie schirmten das Internat gegen die Außenwelt ab und überließen seine Insassen sich selbst. Das war einfacher und kam der herrschenden Weltanschauung entgegen. Auf diese Weise blieben die Prügeleien und die Demütigungen der Jungen und Schwachen unbeachtet. Die Gewalt war den Erziehern nicht unbekannt, aber sie galt als Widerstand gegen »die repressiven Verhältnisse«. Die gesellschaftliche Unterdrückung war eine allgemein anerkannte Tatsache, obgleich niemand wirklich sagen konnte, worin sie bestand. Es ging jedenfalls in Ordnung, wenn wir uns vor den Zumutungen des »Systems« in unsere »Lebenswelten« zurückzogen, wo wir mit Hilfe von Comics, Popmusik und einem gelegentlichen Joint unser inneres Gleichgewicht wiederherstellten. Überraschenderweise galt nicht der Rückzug selbst als erklärungsbedürftig, sondern die Frage, warum wir überhaupt jemals auf irgendetwas Bock gehabt hatten. Die fürsorgliche Unterforderung erzog uns zu geistigen Hungerkünstlern.

Nur wenn die Unruhe dauerhaft groß war, beauftragten die Erzieher die Größeren mit der Aufsicht. Meist funktionierte die Selbstorganisation der Schüler nicht und ausgerechnet diejenigen sollten für Ordnung sorgen, die sich zuvor mit Übergriffen hervorgetan hatten. Sie verstanden ihren Auftrag als Freibrief für weitere Attacken und nutzten konsequent die zusätzlichen Freiräume, die ihnen ein Kaposystem unter Heranwachsenden bot. Der Glaube an die ordnenden Strukturen einer Gruppe kappte dann die letzten Konventionen und es gab keine Grenzen mehr für Demütigungen und Gewalt. Bei all dem fühlten sich die Erzieher moralisch unangreifbar. Denn es galt als progressiv, an das Gute im Menschen zu glauben und die gesellschaftliche Selbstständigkeit zu fördern. Kaum ein Erzieher legte selbst Hand an. Er schützte nur, wer ihm besonders nahestand, alle anderen waren Freiwild für das Kollektiv. Im Grunde war die angeblich aufgeklärte Zurückhaltung der Erzieher ungerechter als jede Züchtigung. Wer Schläge erhielt, wusste in aller Regel wofür. Es gab Regeln, nach denen bestraft wurde. Man konnte sich der Autorität beugen oder gegen sie aufbegehren. Nun war die Autorität durch Willkür ersetzt. Niemand fiel den Älteren in den Arm, wenn sie ein Stockwerk höher gingen und die Kleineren verprügelten. Niemand hinderte sie daran, ihnen das Taschengeld abzunehmen oder sie zu Frondiensten zu zwingen. Niemand hielt sie davon ab, sie in einen der schweren Abfalleimer zu stecken, einen Besen durch die Haltegriffe zu ziehen und ihn unter allgemeinem Gejohle die Treppen aller drei Etagen herunterzuziehen. Und niemand ermaß ihre Verzweiflung, wenn sie später heulend in ihren Betten lagen und verstanden, dass sie sich auf nichts berufen konnten: weder auf ihre Eltern, die sie an diesem Ort entsorgt hatten, noch auf die Erzieher, die sich in ihrer Bequemlichkeit und Modernität gefielen (und wahrscheinlich von der gleichen bleiernen Schwermut heimgesucht wurden wie wir; nicht wenige rochen schon am Morgen nach Alkohol), noch auf irgendwelche Regeln, Normen oder Gebote. Alles, worauf sie hoffen konnten, war, dass sich der Mob beruhigen und die pogromartigen Zustände nicht allzu drastisch ausfallen würden. Es war ein wenig wie der Rückfall ins Mittelalter, inspiriert von antiautoritärem Kollektivismus. Die Bevölkerung war der Willkür der Landsknechte ausgeliefert, die sich selbst im Recht sahen, da ihnen ja von höherer Stelle freie Hand gegeben wurde. Der Mensch ist nicht gut, ich habe das nie geglaubt. Er ist rücksichtslos und egoistisch. Besonders wenn er jung ist und nicht weiß, was er mit sich und der Welt anfangen soll, wenn er mit anderen männlichen Wesen in einer kasernenartigen Umgebung gehalten wird und seine Eltern froh sind, wenn sie ihn nicht sehen müssen. Es hieß, das Internat würde uns stark machen oder doch wenigstens hart. Tatsächlich machte es uns zu aggressiven Duckmäusern. Das ist die perfide Konsequenz von Gruppen: Wenn der

Druck erhöht wird, setzen sich ihre Mitglieder nur noch untereinander auseinander. Unsere Hierarchie war von außen besehen ein Witz, denn wir wurden zunehmend ununterscheidbar. Wir trugen Jeans und T-Shirt wie eine Uniform, benutzten dieselben Insiderbegriffe und kopierten uns gegenseitig, bis hin zur Art, eine Zigarette zu halten. Der tägliche Kampf um den Erhalt des erworbenen Status war der Triumph des Kollektivismus. Es gab kein Gut oder Schlecht, kein Richtig oder Falsch, nur Oben und Unten. Ein selbstreferentielles System, in dem Macht die universelle Währung war. Der Plebs aus dem vierten Stock war Freiwild, er drückte sich um die Ecken, das ungebürstete Haar strähnig im Gesicht hängend, atemlos, scheu und verwundert, mit zehn Jahren in dieses Universum der Willkür geworfen worden zu sein. Im Namen der Eigenverantwortung wurden wir von patriarchaler Repression befreit und verteidigten nun unsere Ansprüche mit dem Ernst der Grausamkeit. Herren der Fliegen vor Alpenpanorama. Komödienstadel mit blauen Flecken, groß wie Kuhfladen.

Freundlichkeit gegenüber Geringeren war gefährlich, sie unterlief den eigenen Status. Nur Anton war das gleichgültig. Er missachtete den Status und pendelte ohne zu zögern zwischen den Enden dieser Gesellschaft von kleinen Usurpatoren. Wahrscheinlich betrachtete er jede Gesellschaft mit Verachtung. »I am a rock, I am an island« singen Simon and Garfunkel. Damals war mir nicht in den Sinn gekommen, dass sie es ironisch meinen könnten. Anton war nicht nur mein Freund, er war der einzige Mensch, den ich hatte. Jeder Satz von ihm war eine Belohnung für mich. Neben ihm zu stehen, gab mir ein gutes Gefühl. Eine Ahnung von Männlichkeit, Erwachsensein, als ob wir nicht nur Schüler gewesen wären, die gerade erst anfingen, den Flaum von den Backen zu schaben.

Hinter der Straße lag eine Wiese, die sich im Frühling in einen morastigen Sumpf verwandelte und im Sommer und Herbst gemäht wurde. Der Boden war sandiger Lehm, hier wurde vor allem Viehwirtschaft betrieben. Wenn Anton neben mir stand, machte mir dieser weite, unausgefüllte Raum weniger Angst. In meine Abneigung gegenüber diesem grünen Land, das mir gleichzeitig öde und leer erschien, in die Furcht vor den derben Bauern, die einen kehligen Dialekt sprachen, den ich oft nicht verstand, mischte sich Zuversicht. An Antons Seite wollte ich mich nicht mehr auf den Boden legen, wie ein Embryo einrollen, hoffen, dass die Zeit aufhört. In Antons Gegenwart war die Zukunft auch Aufforderung, mich zu erheben und zu entscheiden, welchen Weg ich einschlagen wollte.

Wenn Anton sich etwas in den Kopf gesetzt hatte, war es kaum möglich, ihn davon abzubringen. Während wir anderen in Turnschuhen herumliefen, trug er geschnürte, braune Lederschuhe. Er hatte sie aus London von einem Besuch bei seiner Mutter mitgebracht. Die Erzieher versuchten ihn dazu zu bringen, im Haus keine Straßenschuhe anzuziehen. Turnschuhe waren als Hausschuhe in Ordnung und wer behauptete, zwei Paar zu besitzen und eines davon nur im Haus zu benutzen, kam eigentlich immer davon. Die meisten Erzieher konnten Puma nicht von Adidas unterscheiden. Wenn sie Anton wegen der Lederschuhe ermahnten, nickte er. Wenn sie ihn zwingen wollten, sie auszuziehen, erklärte er, dass er das nicht tun werde. Er sagte das ruhig und ließ sich weder durch gutes Zureden noch durch Drohungen davon abbringen. Er reckte seinen Hals aus dem Hemdkragen ein wenig nach vorn, verschränkte die Arme und lächelte.

Antons Eigensinn war auch für die Verhältnisse des Internats auffällig. Dabei suchte er weder Anpassung noch Protest. Er wollte auch keine Aufmerksamkeit erregen, im Gegenteil hatte er gern Ruhe vor den Erziehern. Es ging auch nicht darum, dass er an seinen Schuhen besonders hing, etwa weil seine Mutter sie ihm gekauft hatte. Soweit ich ihn kannte, widerstrebte es ihm, mit der Masse mitzulaufen. Es behagte ihm einfach nicht, sich in die Abläufe einzufügen, wie in einer Herde zum Essen getrieben zu werden und von den Erziehern Anweisungen entgegenzunehmen. Er wollte auch nicht diskutieren, sondern hatte beschlossen, die Vorschriften zu ignorieren und seinen eigenen Standards zu folgen. Bei jedem anderen hätte diese Haltung zu Spott und Hohn und letztlich zu einem Ausschluss aus der Hierarchie geführt. Bei Anton schienen selbst die Erzieher mittlerweile zu akzeptieren, dass er aus der Reihe fiel – was sie nicht davon abhielt, ihn zu bestrafen. Erst musste er nachsitzen, dann wurde Hausarrest über ihn verhängt und schließlich waren zur Strafe Wanderungen zu absolvieren. An einem Aprilnachmittag bestiegen wir gemeinsam den Säuling, um unsere Strafpunkte abzuwandern.

Das Wetter war gut, aber in den höheren Lagen des Berges versanken wir bis an die Knie im Schnee. Als wir uns den Hang hinaufkämpften, lief ich in der Spur, die Anton gebahnt hatte. Oben erwartete uns ein Lehrer, um unsere Ankunft abzuzeichnen. Kurz vor der Dämmerung kamen wir zurück: müde, hungrig und frierend. Anton nahm ein heißes Fußbad und zog seine Lederschuhe wieder an.

Anton war bestimmt, aber freundlich. Er ertrug Ungerechtigkeit schlecht und begegnete Aggressoren mit der gleichen blinden Unbedingtheit, mit der er den Anweisungen der Erzieher widerstand. Wahrscheinlich war es sein Status als geschätzter Exzentriker, der es ihm erlaubte, aufgeheizte Schläger zu trennen, ohne selbst zwischen die Fronten zu geraten. Selbst Stefano, immer bereit, seine feisten Finger zur Faust zu ballen, blickte uns freundlich aus seiner Lederjacke entgegen. Trotz seines Außenseitertums gab es niemand, der Anton nicht mochte. Während mich das Gefühl quälte, dass es besser wäre, wenn ich meinen Eltern und den Erziehern nicht zur Last fallen würde, machte er das Gefühl, nicht dazuzugehören, zu einer Tugend. Er genoss Respekt, gerade weil er keine Anerkennung suchte. In guten Zeiten wirkte seine Haltung überlegen, fast vornehm.

Es war Herbst, als mich meine Mutter in das Internat brachte. Vom Bahnhof der kleinen Stadt nahmen wir den Bus in den einige Kilometer entfernten Ort. Mit uns fuhren Touristen, die die berühmten Schlösser besuchen wollten und einige ältere Schüler, die dem Fahrer ihre Monatsmarken vorzeigten. Vor zwei Jahren war ich in München auf ein Gymnasium gekommen und sollte nun in das Internat wechseln. Meine Mutter war nervös und bemüht, es sich nicht anmerken zu lassen. Sie redete viel, aber mir fiel es schwer zuzuhören. An den Berghängen hoben sich die Laubbäume wie braune und rote Bojen von dem Meer des Nadelwalds ab. Zwischen den Zweigen der Alleen blitzte der blaue Himmel hervor.

Die Ausflügler verließen lärmend den Bus und meine Mutter blieb sitzen, weil ich mich nicht bewegte. Erst als uns der Busfahrer fragend ansah, erhob ich mich zögernd von dem Polster. Als wir ausstiegen, wehte uns die warme, süße Herbstluft entgegen. An dem sonnigen Spätsommertag war die Straße voller Autos und Busse, die sich den Berg zu den Parkplätzen bei den Schlössern hinaufschoben. Von der Bushaltestelle war das Internat zu sehen, ein weißer, rau verputzter Quader, der auf dem Prospekt aus einer Flugzeugperspektive abgebildet war. Zögerlich bahnten wir uns einen Weg durch die lauten, ausgelassenen Menschenmengen, die in entgegengesetzter Richtung zu den Sehenswürdigkeiten strömten. Mir war heiß, weil ich am Morgen, als der Tag noch neblig und trüb war, die warme Jacke angezogen hatte.

Die vielen Menschen machten mir Angst und ich war erleichtert, als wir auf den Hof des Internats einschwenkten und die Touristenströme hinter uns ließen. Links lag das weiße Haupthaus, von dem ein verglaster Gang zu einem Neubau führte, der sich als Essensraum und Küche herausstellte. Auf der rechten Seite lag ein lang gestrecktes Gebäude für die Oberstufe. Der Altbau verschluckte uns und mit einem Mal war die Hitze des

Tages verflogen. In der mit dunklem Stein gefliesten Eingangshalle erwartete uns ein Lehrer, der auf meinen Nachnamen hin eine Zimmernummer nannte. Das Hauptgebäude war ein Jahrhundertwendebau mit hohen Decken und großen Zimmern, wobei alle Dekoration entfernt worden war. Später sah ich ein Schwarzweißfoto, das ein stuckverziertes Hotel zeigt, vor dem Damen mit Hüten und Männer in Knickerbockern posierten. Es war Sommer und die Damen trugen weiße Kleider mit weiten Röcken. Die Menschen sahen froh und zugleich gefasst aus, und mir war es unmöglich, zwischen der Stimmung gepflegter Gelassenheit auf dem Bild und dem Internat eine Verbindung herzustellen. Und doch musste es dasselbe Gebäude sein, dieselben Mauern, Backsteine und Fenster. Das Bild war wie ein Gruß aus einer versunkenen Zeit, einer Zeit, die bedächtiger und freundlicher gewesen sein musste.

An den leeren Wänden des Zimmers standen vier Betten, dazu Bettkästen und in der Mitte ein Tisch mit Stühlen. An den Wänden hingen Schränke, die mit einem Schloss zu sichern waren. Die hölzernen Möbel waren viel zu klein für den stattlichen Raum und ihre bunten Farben gaben der Möblierung etwas Verzweifeltes.

Man hatte dem Zimmer ausschließlich Neuankömmlinge zugewiesen. Unsicher und verwirrt suchten wir die Nähe unserer Eltern, die sich in hektische Betriebsamkeit flüchteten. Meine Mutter und ich waren als letzte angekommen und hatten auf unseren Gruß hin von den anderen Eltern überzogene Fröhlichkeit und von den Kindern Kopfnicken und Gemurmel geerntet. Für mich war das Bett neben der Tür geblieben. Gegenüber saß ein rothaariger Junge auf seinem Bettkasten, der ebenso blass war wie seine Eltern. Seine Mutter packte endlose Reihen von Musikkassetten in den Wandschrank. Auf meiner Seite des Zimmers stand ein dunkelhaariger Lockenkopf, der, wenigstens etwas, auch nur mit seiner Mutter da war. Unser dritter Mitbewohner war rundlich und bemühte sich um einen zuversichtlichen Eindruck. Als die Betten bezogen und die Schränke eingeräumt waren, erfüllte Stille den Raum.

Die Mutter des Lockenschopfs sagte: »Nun macht euch doch miteinander bekannt.« Vier Kindermünder stammelten ihre Namen und dann gaben wir uns, steif und flüchtig, die Hände. Sie waren feucht und weich, wie warme Waschlappen. Der Rothaarige heulte schon, als er mit seinen Eltern zum Auto ging.

Meine Mutter schlug vor, einen Spaziergang zu machen. Mir war alles recht, was den Abschied hinauszögerte. Sie lobte die Landschaft, die gute Luft, die Berge und die Seen. Hier gab es keine Abgase und keinen Müll: »Diese gute Natur, endlich bist du raus aus der Stadt, schau ein Reh – wo du doch Tiere magst.« Noch an der Haltestelle hoffte ich, es wäre alles eine Art Prüfung um zu sehen, wie tapfer ich sein könnte. Sanft aber bestimmt wand meine Mutter ihre Hand aus meiner. Sie winkte durch die Scheibe, bis der Bus um die erste Kurvebog.

Vor dem Haus verlief die Straße in das Dorf. Zumindest wurde es so genannt, wahrscheinlich verlangte die Abgelegenheit des Ortes nach sentimentalen Bezeichnungen. Tatsächlich bestand der Flecken aus zwei Hotels, einigen Gasthöfen und einem Kramladen. Im Sommer stauten sich Autos mit den Touristen, die die umliegenden Schlösser besuchten, bis vor die Schule, im Winter erhielten nur die Hotels den Betrieb aufrecht. Außer uns waren der Krämer und seine Familie die einzigen Menschen, die das ganze Jahr im Dorf lebten. Sie trugen weiße Haushaltskittel, wenn sie in ihrem Laden bedienten, dessen Sortiment und Preise dem touristischen Umfeld angepasst waren.

Nach dem Krieg war das Hauptgebäude ein Auffanglager für Vertriebene aus dem Osten gewesen. Vor Fünfundvierzig hatte man es für die Marine requiriert. Wegen der Fliegerangriffe war die Ausbildung von Kadetten an der Küste zu gefährlich geworden, aber einer der umliegenden Seen erwies sich als tief genug, um dort ein U-Boot zu Übungszwecken zu stationieren. Der Umbau zur Kadettenanstalt erfolgte in den letzten Kriegsjahren. Die Inneneinrichtung ging verloren, Salons wurden zu Schlafsälen, Marmorbäder zu Mannschaftsduschen. Nach dem Krieg wollte man von einer Rückkehr zur bürgerlichen Kultur nichts wissen. Der Stuck wurde abgeschlagen und die Außenfassade durch Rauputz ersetzt, der als sachlich und zeitgemäß galt. Türme und Balkone wurden ebenfalls entfernt und das Gebäude geriet zu einem düsteren Quader, der ebenso massiv wie verloren in der Voralpenlandschaft stand. In den späten Sechzigerjahren erhielt das Haus eine Innensanierung, die der Moderne verpflichtet war. Die Zugänge zu den Stockwerken wurden mit Metalltüren versehen, die mit blickdichtem Sicherheitsglas gefüllt waren. Das verbliebene Treppenhaus wurde entfernt und an seine Stelle traten graue Granitstufen, die den düsteren Eindruck verstärkten.

In der ersten Nacht kamen die Bewohner des Stockwerks unter uns. Sie waren ein oder zwei Jahre älter und erklärten, es sei Brauch, uns als Frischlinge zu taufen. Jeweils zwei oder drei von ihnen schleppten uns wie steife, bleiche Wachspuppen in die Waschräume. Diesmal heulte der dicke Junge, der sein Bett schräg gegenüber hatte. Vielleicht traf es deshalb den Rothaarigen zuerst. Sie zwangen seinen Kopf in das Toilettenbecken und drückten johlend die Spülung. Aber als sie versuchten, den Lockenkopf zu greifen, schlug er dem ersten, den er zu fassen bekam, mitten ins Gesicht. Aus der Nase des Getroffenen lief das Blut und seine Selbstsicherheit brach in sich zusammen. Stefano, der Wortführer, drohte dem Schwarzhaarigen mit Schlägen, wenn er weiter Ärger machte. Der fragte Stefano kühl, ob er auch etwas auf die Nase wolle. Wahrscheinlich hatte er an diesem Abend Glück gehabt. Als sie sich auf ihn stürzten, kam ein Erzieher auf die Toilette. Der Rotschopf mit seinen nassen Haaren wurde unter die Dusche geschickt und wir anderen saßen bis Mitternacht zur Strafe in einem Aufenthaltsraum. Als wir abgeführt wurden, blinzelte mir der Lockenkopf aufmunternd zu. Auch seine Nase blutete – Stefano musste ihn erwischt haben, bevor der Erzieher sie trennte –, aber er grinste wild und zufrieden. Er hieß Anton und wurde mein Freund.

2

Risse

Bald nach unserer Ankunft im Internat kam der Regen. Das Dorf war im Süden und Westen von Bergen umschlossen. Die Lage war beeindruckend, zwei bayerische Könige haben dort Schlösser errichtet. Im Herbst aber fingen sich die Wolken in dem Talkessel. Sie stiegen auf, kühlten sich ab und bildeten Schlieren an den Hängen. Sie konnten nicht ausweichen, denn von Norden drängten weitere Wolken nach und die Berge waren zu hoch, um sie zu überwinden. Sie drehten sich im Kreis, fanden keinen Ausweg, es begann aus ihnen zu regnen und sie verschwanden erst, als der letzte Tropfen auf die Erde unter ihnen gefallen war. Der Himmel trug über Wochen ein bleiernes Grau, aus dem es beständig nieselte, regnete oder schneite. Später hörte ich von der Wassertortur, einer Art von Folter: Einem gefesselten Mann wird der Kopf geschoren und jede Sekunde fällt ein Wassertropfen auf seinen Schädel. Es hieß, es sei nicht das Wasser, das ihn in den Wahnsinn treibt, sondern die Monotonie und die Unmöglichkeit zu fliehen oder sich auch nur zu bewegen.

In dem ersten Herbst träumte ich von meiner Mutter, sie deckte den Tisch und saß allein, aber ich konnte nicht erkennen, ob sie froh war oder traurig. Ob sie wieder arbeiten konnte, nachdem sie sich nicht mehr um mich kümmern musste? Vielleicht hatte sie geglaubt, ich würde an diesem Ort glücklich sein. Vielleicht war es ein Versuch, das eigene Leben wieder in ein Gleichgewicht zu bringen, sich Zeit zu kaufen, Zeit, von der sie fand, dass sie ihr allein zustünde. Vielleicht wollte sie mich auch nur aus ihrem Leben entfernen. Mich wegmachen, weil sie mich nicht weggemacht hatte, als ich in ihrem Körper wuchs. Früher hoffte sie, mit meinem Vater glücklich zu werden: Ich war ein Pfand ihrer Liebe. Nach dem Ende der Ehe war ich eine Erinnerung an deren Scheitern. Das Merkwürdige war, dass ich selbst das Gefühl hatte, nicht da sein zu sollen. Wider jede Vernunft steckte in mir das Gefühl der Schuld.

Natürlich konnte ich nichts dafür, dass mein Vater meine Mutter getroffen hatte, sie sich auf ihn einließ, er mich zeugte und sie mich gebar. Auch für Heirat und Trennung konnte ich unmöglich verantwortlich sein. Trotzdem war ich es, der ihrer Zuneigung eine Form, eine Notwendigkeit gegeben hatte. Aber was folgte schon daraus? Letztlich verstand ich, dass mein Vater vor den ewigen Streitereien geflohen war, und auch, dass meine Mutter wieder ein eigenes Leben wollte. In dieser

Hinsicht war es gut, dass ich weg war und meine Anwesenheit nicht zwei Menschen unglücklich machte. So sehr ich das Internat hasste, in Momenten verzweifelter Überheblichkeit schien es mir besser, dass ich dort war.

Manchmal dachte ich an meinen Vater. Er lebte mit seiner neuen Freundin in Norddeutschland. Nach der Scheidung hatte er mich alle zwei Wochen besucht, dann wurden es drei, dann ein Monat und schließlich kam er überhaupt nicht mehr. Er und meine Mutter stritten sich bei jedem Besuch. Dabei hatten sie sich nach der Trennung wirklich Mühe gegeben, die bitteren Gefühle hinter sich zu lassen. Aber nach »schön, dich zu sehen« und »du siehst gut aus« steuerte jede Unterhaltung auf eine Katastrophe zu. Mama fragte: »Wie geht es in der neuen Beziehung?«, und er antwortete: »Wenn es hier besser gegangen wäre, gäbe es sie nicht.« Darauf bezichtigte sie ihn der Verlogenheit und er sie der Tyrannei. In der Zweizimmerwohnung hörte man jedes Wort, auch wenn man zum Spielen geschickt wurde. Besonders meine Mutter wollte die Konfrontation, wollte ihre Wut und Verzweiflung über seine neue Beziehung herausschreien. Mein Vater sagte dann, jede Beschimpfung sei ein Beweis, dass es so habe kommen müssen. Während Vater sich anzog, zischte Mutter: »Wenn nur dein elender Egoismus nicht wäre«, worauf er knurrte: »Dein Egoismus, dein Egoismus.«

In den Herbstferien kramte ich die Briefe meines Vaters aus dem Schreibtisch meiner Mutter. Sie waren mit einer blauen Schleife sorgfältig zusammengebunden. Als ich seine Handschrift sah, klopfte mein Herz. Die Adresse stand auf dem breiten Umschlag oben links. Es war nicht schwer, von der Auskunft seine Telefonnummer zu erfahren. Aber zwei Wochen vergingen, bis ich den Mut fand, sie zu wählen. Die Frau am anderen Ende klang jung und nett. Weil ich so beschäftigt war, ihrer Stimme zuzuhören, vergaß ich zu sprechen. Als sie aufzulegen drohte, stotterte ich ein paar Worte. Sie wusste sofort, wer ich war, und fragte, wie mein Vater mich erreichen könnte. Am nächsten Abend, einem Montag, rief er im Internat an. Er klang deutlich kühler als seine Freundin, fragte nach der Schule, den Noten und meinen Interessen. Zu meiner Überraschung schlug er vor, ich solle ihn in den Weihnachtsferien besuchen, er würde die Fahrkarte nach Lüneburg bezahlen. Es fiel mir schwer, meiner Mutter davon zu erzählen. Trotz des Internats hatte ich das Gefühl, unsere Gemeinsamkeit zu verraten. Erst an Silvester berichtete ich von seinem Angebot. Wenn das neue Jahr besser werden sollte, musste etwas geschehen. Nach einigem Zögern ließ sie mich an Dreikönig fahren.

In Norddeutschland versuchte ich, alles richtig zu machen. Ein fröhlicher, aufgeweckter Sohn zu sein, auf den mein Vater stolz sein konnte. Vielleicht war er das sogar. Mit seiner Freundin verstand ich mich jedenfalls hervorragend. Sie hörte beim Kochen Claydermann und hatte beim Lachen Grübchen in den Backen. Mir gefiel das alte Fachwerkhaus, in dem sie lebten, und wenn wir abends zusammen am Tisch saßen, war ich froh. Am letzten Tag fragte ich meinen Vater, ob ich bei ihnen leben könnte.

Er wich aus, sagte, dass sie bald ausziehen und ein eigenes Haus bauen wollten, dass er viel um die Ohren hätte bei der Arbeit, was auch mit den monatlichen Zahlungen an meine Mutter und mich zusammenhinge. Er wollte mit seiner Freundin Kinder haben, aber vorher müsse ein Haus gebaut und eingerichtet werden. Am nächsten Morgen schenkte er mir die Clayderman-Platte und gab mir die Hand, seine Freundin umarmte mich und das war es auch schon. In München verbrachte ich die letzte Ferienwoche im Bett, krank vor Traurigkeit und Enttäuschung. Meine Mutter schrieb einen wütenden Brief nach Lüneburg, eine Mischung aus Bitterkeit, Vorwürfen und verstecktem Triumph über meinen Zustand, den sie als Beweis interpretierte, dass ich nicht mehr zu Vater fahren sollte. Angesichts meiner seelischen Zerrüttung werde sie weitere Kontakte notfalls gerichtlich unterbinden. Von meinem Vater kam keine Antwort, jedenfalls habe ich nichts davon erfahren.

In den Siebzigerjahren kam eine Unruhe über die Stadt. Spürbar auch für das Kind, das ich war, ein Flirren in der Luft, ein Unwohlsein mit dem Dasein, das Gefühl, dass es irgendwie weitergehen müsse und jedenfalls nicht so bleiben könne, wie es war.

Männer trugen nicht mehr schmale graue Anzüge, sondern möglichst große, schwarze Sonnenbrillen und Lederjacken. Frauen waren in Nietenhosen statt Röcken zu sehen. Die Werbeplakate wurden groß und bunt und die Leute kauften in Supermärkten ein, weil die Preise freigegeben worden waren. An den Häuserecken verschwanden kleine Lebensmittelläden und die neuen Besitzer beklebten die Schaufenster mit roter Folie. Die Zahl der Fernseher nahm zu, statt bedächtiger Verhöre durch Erik Ode waren dort amerikanische Gangster mit riesigen Autos und Schusswaffen zu sehen. Die Unterhaltungssendungen der Sechziger wurden von Shows abgelöst, in denen es erst Konsumgüter, dann Geld und später Sexualpartner zu gewinnen gab. Kinder passten immer weniger in diese Welt. Sie störten beim Besuch der nächsten Demo oder der Suche nach dem nächsten Koitus – was oft auf das Gleiche hinauslief. Man konnte sie schlecht zu revolutionären Diskussionen, Partys oder Italowestern mitnehmen. Eine schmierige Virilität stieg zum Leitmotiv der Mittelschicht auf: Jeder Familienvater glaubte, seinem Nachbar seine Männlichkeit als Liebhaber, Autofahrer oder Biertrinker beweisen zu müssen. Blut und Sperma statt Lou van Burg.

Mein Vater war Verwaltungsbeamter bei der Stadt München gewesen, er vergab Konzessionen für die Nutzung von öffentlichem Straßenraum. Meine Mutter blieb mit mir zu Hause. Ihr Vater war im Krieg gefallen und ihre Mutter gestorben, als sie noch zur Schule ging. Ihr Vormund vermittelte ihr eine Ausbildung als Schneiderin. Bei einem Faschingsball traf sie meinen Vater. Er war auf der Verwaltungsakademie, was sie mit staubigen Aktenbergen verband. Aber sie mochte seine Ausgelassenheit und auch, dass er ein guter Tänzer war. Er fand sie in ihrem selbst genähten Kostüm unwiderstehlich. Sie lachten, tanzten und mein Vater brachte sie erst spät in der Nacht nach Hause.

Sie wohnte zur Untermiete bei einer Schneidermeisterin, die über die Faschingstage zu Verwandten nach Köln gefahren war. »Damals gab es schon die Pille und ich wusste nichts davon. Aber dein Vater sagte später, er hätte davon gehört.« Meine Eltern heirateten drei Monate vor meiner Geburt. Die Abtreibung war noch nicht legal und eine Reise in die Niederlande kam nicht in Frage.

Die Geburt war schwer, die Wehen dauerten zwanzig Stunden und schließlich wurde ich mit einem Kaiserschnitt entbunden. Die Wunde entzündete sich und meine Mutter verbrachte zwei Wochen im Krankenhaus. Als mein Vater uns aus der Klinik abholte, hatte meine Mutter bei jedem Schritt Schmerzen. Mein Vater versorgte mich in der ersten Zeit zu Hause. Damals war es ungewöhnlich, dass ein Vater sich um einen Säugling kümmerte. Aber er tat es gern. Wahrscheinlich habe ich deshalb sehr an ihm gehangen.

Meiner Mutter ging es nicht gut. Die Wunde verheilte langsam, aber die Unruhe der ungeplanten Schwangerschaft und der anstrengenden Geburt blieb. Das Mütterhilfswerk vermittelte ihr eine Rehabilitation, wo sie Ulla traf.

Mitte der siebziger Jahre wollten die westdeutschen Arbeiter von einer Beglückung durch selbsternannte Umstürzler nichts wissen. Agitationsversuche vor den Werkstoren wurden mit Ohrfeigen statt wehenden Fahnen beantwortet. Da es aber die Aufgabe eines Revolutionärs ist, die Revolution zu machen, wie ein südamerikanischer Pistolero verkündet hatte, begann die Suche nach dem Subjekt einer sozialistischen Umwälzung. Weil es statt aufgebrachter Massen nur politisierte Randgruppen gab, sollte die Mitte der Gesellschaft radikalisiert werden.

Die Erfindung der empfängnisverhütenden Pille war das Ereignis der Epoche. Sie ermöglichte eine Trennung von Sexualität und Fortpflanzung und von Ehe und Familie. Der Sexualisierungsschub der Gesellschaft war eine Entwicklung, die sich verlängern und gegen die bestehenden Autoritäten wenden ließ. Der Schutz vor ungewollter Schwangerschaft wurde umgedeutet zu einem Kampf gegen die Versklavung durch Kirche, Küche und Kinder. An Gott zu glauben galt als zurückgeblieben, eine Frau, die gern kochte, als Heimchen, und die Geburt als Akt der Unterwerfung unter patriarchalische Zwänge.

Meine Mutter suchte Trost bei Ulla. Sie brauchte eine Frau, um ihr von den Schmerzen der Geburt zu erzählen und über das Verheilen der Wunde zu sprechen. Sie brauchte jemanden, der sie besser verstand als mein Vater, der immer öfter Akten nach Hause brachte, um sie nach dem Abendbrot durchzuarbeiten. Seit die Leute weniger in Biergärten als in Cafés saßen, hatten die Anträge für Stellflächen deutlich zugenommen. Aber natürlich waren die Akten auch eine Möglichkeit zum Rückzug, um sich vor den gesellschaftlichen Umwälzungen in der Rolle als Ernährer zu verschanzen.

Meine Mutter nahm mich mit, um Stoff zu kaufen. Während ich die großen, bunten Ballen bestaunte, die sich auf den Tischen türmten, wählte sie zwischen rosa und weißen Blumenmustern. Wenn sie an der Nähmaschine saß, kam sie zur Ruhe. Dann summte sie vor sich hin, während ich zu ihren Füßen spielte. Sie nähte Sommerkleider, die sich wunderbar leicht um ihren Körper schmiegten und Strampler aus elastischem Stoff. Aber die Schneiderei brachte nur wenig ein und galt deshalb nicht als angemessener Beruf. »Nur die Befreiung aus der Abhängigkeit des Arbeitseinkommens der Männer bietet den Frauen die Aussicht auf ein selbstbestimmtes Leben.« Ulla kam meine Mutter und mich jetzt nur noch besuchen, wenn Vater bei der Arbeit war. Je öfter sie kam, desto seltener lief die Nähmaschine. Die Sommerkleider verschwanden im Schrank und meine Mutter trug Hosen, die oben eng und unten weit waren. Der Ton zwischen meinen Eltern wurde schärfer.

Dass nicht mehr das Öffentliche, sondern das Private politisch sein sollte, war schon ein Rückzugsgefecht. Die manische Euphorie der späten Sechziger hatte sich eine Dekade später in bleierne Depression verwandelt. Hoffnung, Aufbruch und Sehnsucht wurden zu kalter Verachtung. Während eine Fraktion die politische Umwälzung mit Gewalt und Terror erzwingen wollte, suchte die Mehrheit der ehemaligen Revolutionäre ihr Heil in einer gut bezahlten Stelle im öffentlichen Dienst. Auf Kosten der Staatsverschuldung wurden die öffentlichen Stellenpläne aufgebläht und satte jährliche Gehaltszuwächse durchgesetzt. Die Frauenbewegung verwandelte den Traum von brennenden Barrikaden in Frauenförderpläne, Gleichstellungsbeauftragte und quotierte Stellen. Die Frauenförderung entpuppte sich als die verbissene, bürokratische und schlecht gelaunte kleine Schwester der großen Revolutionshoffnung.

Die Befreiung der Frau wurde wirtschaftlich definiert: Emanzipiert war, wer eigenes Geld verdiente. Wenn die materialistische Dialektik schon in der Wirtschaft des real existierenden Sozialismus scheiterte, sollte sie wenigstens im Privaten Geltung haben. In der Konsequenz galten Familie und Kinder als Hindernis der Unabhängigkeit, sozusagen als totes Kapital. Gleichzeitig hatten die Mütter meist eine schlechtere Ausbildung und damit ein geringeres Einkommen als ihre Männer. Deshalb machte die Forderung nach einer Berufstätigkeit der Mütter für die Familien gerade wirtschaftlich keinen Sinn. Aber sie zerstörte die wechselseitige Anerkennung für die Leistungen des Gelderwerbs und der Kinderbetreuung. Der politische Druck traf das Private, das Gefühl der Zurücksetzung griff auf beiden Seiten der Barrikade, die einmal eine Ehe gewesen war, um sich.

Ob Ulla meine Mutter anhielt, über eine Berufstätigkeit nachzudenken, weiß ich nicht. Nicht einmal, ob sie mit ihr über Emanzipation sprach. Auf jeden Fall entsprach Ullas Leben in vieler Hinsicht dem Bild einer unabhängigen Frau, das von den Medien als erstrebenswert dargestellt wurde: Sie war ungebunden, in einer sozial orientierten Einrichtung tätig und kannte Frauen, die in der feministischen Szene aktiv waren. Was Ulla an meiner Mutter interessierte, verstand ich erst später.

Ulla redete nie schlecht über meinen Vater. Sie trank mit meiner Mutter Kaffee und ging, bevor er aus dem Büro zurück war. Ihre Gegenwart genügte als Gegenentwurf zum Hausfrauendasein meiner Mutter.

»Es geht nicht mehr so weiter, dass ich zu Hause herumsitze.«

»Du sitzt nicht herum, du erziehst unseren Sohn und machst den Haushalt.«

»Was ist das wert?«

»Eine ganze Menge.«

»Das engt mich ein.«

»Was engt dich ein?«

»Diese patriarchalischen Strukturen.«

»Auf meiner Arbeit gibt es auch Strukturen. Keine Ahnung, ob die patriarchalisch sind, aber sie engen mich ganz erheblich ein.«

»Ich würde gern arbeiten.«

»Das kannst du machen, wenn der Junge größer ist.«

»Siehst du, was ich meine?«

»Was sehe ich?«

»Die patriarchalischen Strukturen.«

»Hast du wieder diesen Unsinn gelesen?

»Du musst nicht laut werden.«

»Ich werde aber laut, wenn ich müde von der Arbeit komme und mich mit Floskeln herumschlagen muss.«

»Das sind keine Floskeln, das ist mein Leben. Wenn DU jetzt schreist, wird es auch nicht besser.«

Meine Mutter versuchte, einen Mittelweg zu finden. Sie wollte Ulla und ihren Freundinnen als vollwertiges Mitglied der Gesellschaft gelten. Aber sie wollte auch eine gute Mutter sein und die Ehe weiterführen. Wenn sie mehr nähte, könnte sie eigenes Geld verdienen und doch bei mir sein. Also gab sie Kleinanzeigen auf, aber es kamen nur wenige, schlecht bezahlte Aufträge. Mein Vater brachte die Akten nicht mehr nach Hause, sondern arbeitete bis in die Nacht im Büro. Je später er nach Hause kam, desto länger blieb Ulla. Entweder ihre Rehabilitationsklinik hatte flexible Arbeitszeiten, oder sie arbeitete weniger, um meine Mutter sehen zu können.

»Es gibt Konstellationen, die nicht funktionieren«, sagte Ulla.

»Wie meinst du das?

»Ihr seid sehr unterschiedlich.«

»Aber wir haben doch zusammen ein Kind.«

»Vielleicht war das Kind eure gemeinsame Prüfung. Nachdem ihr sie bestanden habt, verbindet euch nicht mehr viel.«

»Und wir haben geheiratet.«

»Das ist doch nur eine Konvention.«

Meine Mutter weinte.

»Entscheidend ist, dass du deinen Weg findest«, sagte Ulla. »Das Kind wird auf jeden Fall bei dir bleiben. Und nach dem neuen Gesetz brauchst du dir finanziell keine Sorgen zu machen.«

Meine Mutter vermied die direkte Konfrontation. Aber wie zufällig ließ sie an verschiedenen Stellen der Wohnung Broschüren aus grauem, wiederverwertetem Papier liegen. Wenn mein Vater die lila bedruckten Blätter sah, wurde er wütend.

»Das will ich in meiner Wohnung nicht mehr sehen.«

»Schrei nicht vor dem Kind.«

»Wer schleppt dieses Zeug an? Deine Freundin?«

»Sie versucht, mir zu helfen.«

»Wobei? Einen Keil zwischen uns zu treiben?«

»Hör jetzt bitte auf, vor dem Kind zu schreien.«

»Es ist immer noch meine Wohnung.«

»Siehst du, es geht immer nur um dich. Wie es mir geht, interessiert dich nicht.«

An dieser Stelle bekam mein Vater einen roten Kopf. Ohne ein weiteres Wort stand er auf und schlug die Tür hinter sich zu. Die Szene wiederholte sich, immer öfter und heftiger. Die Anlässe wechselten, am Ende stand stets der Vorwurf der Eigensucht und eine unsanft geschlossene Tür. Dass jede Familie auf ihre eigene Art unglücklich ist, hatte ich nie geglaubt. Es war eine Krise des Landes, nicht nur einer Ehe.

Eines Nachmittags brachte Ulla eine Freundin mit, die ich noch nie gesehen hatte. Sie war Astrologin und hatte das Horoskop meiner Mutter dabei.

»Du hast den Mond im dritten Haus«, sagte die Freundin und warf meiner Mutter einen bedeutungsvollen Blick zu, »ungestillte Sehnsucht.«

Meine Mutter errötete.

»Hier, der Mars im fünften Haus«, sie richtete sich erschrocken auf, »fortgesetzte häusliche Unruhe.«

Ulla nickte.

»Das kann gefährlich werden«, wendete die Astrologin sich eindringlich an meine Mutter, »Mars steht für einen dauerhaften Konflikt. Die Unruhe führt zu Streit und kann in schweren Konflikten enden.« Als meine Mutter sie verständnislos ansah, fügte sie hinzu: »Mars ist der Gott des Krieges.«

»Und ein Vertreter männlicher Aggression«, ließ sich Ulla vernehmen.

Meine Mutter schwieg.

»Dafür steht deine Sonne in Konjunktion zum Mars. Die Sonne steht für Freude und Ausdauer. Du hast die Kraft, ein glückliches Leben zu führen.«

Als mein Vater an diesem Abend nach Hause kam, suchte meine Mutter eine Entscheidung. Auf ihre Vorhaltungen gestand er matt zu, dass auch Frauen arbeiten sollten. Ja, auch der Anspruch auf Selbstverwirklichung sei verständlich. Wenn sie wollte, könne er auch Urlaub nehmen, um ein paar Wochen zu Hause auszuhelfen. Vielleicht war er einfach zu müde, um zu kämpfen. Er holte einen Kontoauszug und öffnete den Kühlschrank. Er breitete die Arme aus wie der Gekreuzigte, so dass seine rechte Hand auf den Kühlschrank zeigte, während er in der linken den Ausdruck des Kontostandes hielt. »Wenn du die Lebensmittel besorgst und die Miete zahlst, bleibe ich ab morgen zu Hause.«

»Dein Egoismus und deine Ironie«, zischte meine Mutter. Diesmal war sie es, die die Tür zuschlug.

Am nächsten Tag zog meine Mutter mit mir zu Ulla. Sie sagte, es sei nur vorübergehend, sie brauche Ruhe und Abstand. Es war ein Versuch, das Gesicht zu wahren und den Vorwürfen Konsequenzen folgen zu lassen. Sie sagte, sie habe vor, nach ein paar Tagen mit mir wieder in die gemeinsame Wohnung zurückzukehren. Es gefiel mir, nicht in den Kindergarten zu gehen, aber ich vermisste meine Spielsachen und meinen Vater. Sie rief ihn jeden Abend an, sagte ihm aber nicht, wo wir waren. Als sie am dritten Tag vormittags in der Wohnung vorbeiging, um frische Kleidung zu holen, traf sie meinen Vater. Er lag mit einer anderen Frau im Bett. Eine Kellnerin aus einer Gaststätte, für die er eine Genehmigung erteilt hatte. In einer Mischung aus Scham und Verzweiflung bot er an, auszuziehen und meiner Mutter die Wohnung zu überlassen. Ein knappes Jahr später wurden meine Eltern geschieden.

An dem ersten Heimfahrtswochenende stieg ich in den Zug vom Internat nach München. Ich freute mich auf meine Mutter, mein Zimmer und meine Bücher. Ich hoffte, alles sei nur ein Ausflug gewesen, eine Ferienfreizeit, auf die man mich geschickt hatte, damit ich lernte, mich gegen andere Jungs durchzusetzen und »wegen der guten Luft.« Auf dem Bahnhof erkannte ich meine Mutter kaum wieder. Sie hatte ihre langen Haare kurz geschnitten und war nicht mehr geschminkt. Ihre schmalen Füße verloren sich in Sandalen, die wie Kastenbrot geformt waren. Zur lila Pluderhose und dem selbst gebatikten orangefarbenen Top trug sie eine Jeansjacke. Neben ihr stand Ulla, mit ebenfalls kurz geschnittenen, ergrauten Haaren. Was an meiner Mutter schmal und zierlich aussah, war bei Ulla breit und gedrungen. Dafür war Ulla ebenso farbenfroh gekleidet. Sie arbeitete jetzt für den Frauennotdienst und hatte, wie sich herausstellte, meiner Mutter eine Stelle bei der Gleichstellungsstelle der Stadt verschafft. Neben freier Gestaltung der Arbeitszeit bedeutete das ein festes und ansehnliches Gehalt. Natürlich hatte sich das alles nicht erst in den letzten zwei Wochen ergeben, und zu meinem Erschrecken war auch ihre Freundschaft nicht nur platonisch. »Wir wollten es dir erst sagen, wenn du versorgt bist.«

An diesem Wochenende sah ich meine Mutter nur zu den Mahlzeiten. Am Sonntagnachmittag schenkten sie mir ein gebatiktes Seidenhemd und ein Emaille-Amulett mit dem YingYang Zeichen, »beides selbst gemacht.« Da ich keine Lust hatte, mich mit Sprüchen über meine zwei bunt gekleideten Muttis aufziehen zu lassen, schlug ich vor, allein zum Bahnhof zu fahren. Ulla bemerkte, sie finde es gut, »wenn Jugendliche selbständig sind.« Als ich mich an der Straßenbahn von ihnen verabschiedete, hielten sie Händchen. Es hätte sie überrascht, dass ich während der Fahrt zum Bahnhof weinte.

3

Nacht und Licht

Mettmann trug braune Wildlederschuhe zu seinen Jeans. Sein Zugeständnis an das Beamtentum war ein mäßig gebügeltes, kariertes Hemd unter seiner Lederjacke. Er hatte eine große, dunkel umrandete Brille auf der Nase, war Anfang dreißig und Klassenlehrer in unserer 7a. Er gab Deutsch und wir lasen Max Frischs »Biedermann und die Brandstifter«. Mettmann war anders als die anderen Lehrer, er sah bei Prügeleien nicht weg und sagte, wir sollen als Klasse gegen die Größeren zusammenhalten. Er war jünger als die anderen Erzieher und wir sahen in ihm eher einen von uns als einen Teil der Lehrerschaft.

Wir nannten ihn Mettmann, ohne »Herr«, und freuten uns auf die Tage, an denen er Aufsicht hatte. Er war lockerer als die anderen Lehrer und ich mochte es, wenn er mit mir redete. Es waren keine langen Gespräche, eher kurze Wortwechsel über ein Buch, das ich las, die Musik, die im Zimmer lief, oder eine Beobachtung aus dem Unterricht.

Mettmann sprach nicht darüber, aber ich war sicher, dass er gegen seinen Wunsch dieser Internatsschule am Rand der Alpen zugeteilt worden war. Auch das erweckte mein Vertrauen: Er war nicht freiwillig an diesem Ort.

Er kannte München und wenn ich mit ihm über die Straße sprach, in der meine Mutter wohnte, bekam ich vor Sehnsucht weiche Knie. Manchmal erzählte er von Berlin, wo er studiert hatte. Wahrscheinlich habe ich von ihm zum ersten Mal von der geteilten Stadt gehört, vielleicht war es aber auch Anton, der von der Mauer berichtete, die an den Bezirksgrenzen entlang Familien und Freunde voneinander trennte. Der Gedanke der Mauer war faszinierend, vielleicht, weil es um das Internat herum keine gab und wir trotzdem getrennt von unseren Eltern lebten. Es war verlockend, sich vorzustellen, dass es eine Wand aus Beton gab, die mich von meiner Mutter und meinem Vater trennte, nicht nur Gleichgültigkeit und Sprachlosigkeit.

»Hey, die Pretenders«, sagte Mettmann, als er abends in das Zimmer kam und hörte, was im Radio lief, »die spielen nächste Woche in München. Leider ohne mich, weil ich auf euch Räuber aufpassen muss. Zischt bald ab ins Bad, in einer Stunde ist Lichtlöschen.« Wenn er aufgedreht und energisch war, riss er mich aus meinen Träumereien. Seine Stimme hatte dann einen leicht überdrehten Ton, der ansteckend war und mich eine Weile trug.

Aber oft quälten ihn selbst schwarze Gedanken. »Die Brandstifter sagen es ganz offen, sie wollen ein Feuer legen.« Und als wir fragten, warum sich der Biedermann nicht wehrt, antwortete er in einem bitteren Ton: »Weil es immer so war in Deutschland. Weil sie bequem und gutgläubig sind, unsere Bürger. Vor allem sind sie feige und machen sich zu Komplizen der Kriegstreiber.«

Anders als Anton hatte ich eine deutliche Vorstellung davon, was Mettmann meinte. »›Der Tag danach‹«, berichtete ich, »habe ich zu meinem zwölften Geburtstag mit meiner Mutter im Kino gesehen. Der Atomkrieg bricht aus und die Bomben machen die Stadt zu einer Wüste. Wer überlebt, muss um sein Essen kämpfen. Alle sind verstrahlt und sterben langsam.«

Das Wetter des Spätherbstes vermischte sich mit den Bildern einer atomaren Katastrophe. Eine Weile war ich überzeugt, der Bombenkrieg habe schon stattgefunden und der Himmel sei wegen der Ascheteilchen in der Atmosphäre so grau. Wie genau hatte man sich »fallout« vorzustellen? Konnte das auch Nieselregen sein, der über Wochen hinweg mit verdächtiger Gleichmäßigkeit fiel? Die Nachrichten wurden wahrscheinlich von machthungrigen Regierungsbeamten unterdrückt. Oder war es die Internatsleitung, die Bescheid wusste und uns ruhighalten wollte, damit wir uns nicht zu unseren Eltern durchschlugen? Vielleicht war München schon zerstört und sie hatten vergessen, uns zu informieren?

Nach »Biedermann und die Brandstifter« lasen wir »Andorra« und dann Rolf Hochhuts »Der Stellvertreter«. Die naive Hilflosigkeit von Frischs Biedermann verband sich mit beharrlichem Landregen. Der Mord an Andri vollzog sich schon unter dauernden Schneefällen. Anfang März brachte Riccardos freiwilliger Gang in das KZ den Regen zurück. Auch Mettmann schienen die Texte und das Wetter düster zu stimmen: »Wer vom Kapitalismus nicht reden will, soll vom Faschismus schweigen.«

Meine Erinnerungen an diesen Winter bestehen aus unaufhörlichen Niederschlägen und einem zunehmenden Gefühl der Ausweglosigkeit. Mettmann sprach viel von »Verdrängung.« Dass auch jene, die beteuerten, nichts von den Morden gewusst zu haben, sich und andere belogen. Dass der wirtschaftliche Erfolg nach dem Krieg mit dem Blut von Millionen Toten erkauft worden sei. Dass der Stolz auf die Demokratie die Scham vor der Diktatur verleugne. Und dass Deutschland in der Völkergemeinschaft nur geduldet werde. Und dass die Berliner Mauer das Resultat eines Vernichtungskrieges sei und Europa vor einem vereinigten Deutschland schütze.

Seine Worte bereiteten mir eine grimmige Genugtuung. Wenn ich schon nicht bei meinen Eltern sein konnte und keine Familie mehr hatte: Warum sollte Deutschland bei den anderen Ländern willkommen sein? Wenn wir schon alle an diesem Ort aushalten mussten, an dem niemand sein wollte: Warum sollte dieses Land, in dem sich niemand für uns interessierte, geachtet werden?

Mettmann ruderte mit den Armen, schwitzte unter seiner Lederjacke, die Haare über der zu großen schwarzen Brille waren in Unordnung geraten. Von ihm etwas über Literatur zu erfahren, war aussichtslos. Er war ein Außenseiter der Lehrerschaft, ein einsamer Kauz, den es in diese graue Ödnis verschlagen hatte. Aber etwas hinderte uns, seine

Tiraden lächerlich zu finden. Das Gefühl der Langeweile, der Leere und Sinnlosigkeit, das jugendlicher Grausamkeit vorausgeht, wollte sich nicht einstellen. Er war einer von uns und glaubte an etwas, immerhin.

Das Haus war ein Kessel, der unter Druck stand. Nur der Zeitplan, der vom Wecken bis zur Bettruhe den Tagesablauf regelte, verhinderte eine Explosion. Wenn ich die Tür zu unserem Stockwerk aufzog, wenn wir im Speisesaal zum Appell aufstanden und wenn wir zu Bett gingen: Immer roch es nach Schweiß. An schlechten Tagen schien mir, es sei Angstschweiß, und ich hatte Angst, dass mich Stefano und seine Gesellen abpassen würden, wenn Anton nicht in der Nähe war.

Wenn sie mich erst zum Opfer ihrer Demütigungen gemacht hatten, würden andere kommen und mich ebenfalls erniedrigen. Wer sich nicht sofort wehrte, sah sich schnell vielen Angreifern gegenüber, die ihrer Frustration Ausdruck verleihen wollten. Andererseits fürchtete ich, selbst wie Stefano zu werden: Wer gepeinigt wurde, quälte umso rücksichtsloser, wenn er selbst die Gelegenheit hatte. Sollte ich bald genau so kalt und teilnahmslos zusehen, wie die Kleinen von meinen Altersgenossen tyrannisiert wurden? Und mich vielleicht selbst an ihnen vergehen? Ich wollte nicht dazugehören. Nicht zu denen, die geschlagen wurden, aber auch nicht zu denen, die sich damit Erleichterung verschafften. Die Gleichgültigkeit der Erzieher war empörend, die Entwicklung blasser Frischlinge zu rotgesichtigen Tyrannen abstoßend und unser Dasein sinnlos. Es gab keine Regeln, es gab kein Ziel und mit jedem Tag wurde mir deutlicher, dass das Internat nur ein Abbild der Gesellschaft war. Dass ich in einem Land lebte, dessen Einwohner sich zum Schein um Ausgleich und Gerechtigkeit bemühten, aber im entscheidenden Moment wegsahen.

Mettmann erzählte von der größten Demonstration in der Geschichte der Bundesrepublik: eine Viertelmillion Menschen, die sich im Bonner Hofgarten zu einer Demonstration gegen die Nachrüstung versammelt hatte. Er berichtete von der Auseinandersetzung um die Startbahn West und zeigte uns das Foto von Böll bei Mutlangen. Er erklärte, der Kapitalismus sei im neunzehnten Jahrhundert in einen Imperialismus gemündet, der seine Besitzungen mit Waffengewalt eroberte und erhielt. Die Deutschen, »barbarischer geworden noch durch Wissenschaft und Technik«, hätten die Kräfte der Naturwissenschaft in besonderem Maße missbraucht. Das Wettrüsten des Kapitalismus habe Europa in den ersten Weltkrieg getrieben.

Der Nazismus habe sich als Konsequenz von Imperialismus und Kapitalismus entwickelt. Und heute wolle eine »imperialistische Großmacht« Deutschland als Brückenkopf nutzen, um den Osten mit ihren Mittelstreckenraketen zu bedrohen. Der NATO-Doppelbeschluss sei ein schlecht getarnter Schachzug gegen den Weltfrieden, angestiftet von einem Cowboy, der es zum amerikanischen Präsidenten gebracht habe.

Gleichzeitig würden Wale erlegt, Koalas verlören ihren Lebensraum und die Frösche im Erdinger Moos sollten einem Großflughafen weichen. Der Regenwald in Amazonien werde dem Profitstreben amerikanischer Hamburgerketten geopfert. Das Artensterben sei das Ergebnis hemmungsloser Ausbeutung – nicht mehr der Arbeiter, sondern des Planeten. Die Unersättlichkeit des Kapitalismus vergifte die Grundlagen des Lebens. Die Verschmutzung von Erde, Luft und Wasser, so belehrte er uns anhand eines »Berichts an den amerikanischen Präsidenten«, werde die Erde bis zum Jahre 2000 unbewohnbar machen. Uns blieben also höchstens noch siebzehn Jahre bis zur endgültigen Auslöschung.

Die Vergangenheit wurde vom Nazismus beherrscht, die Gegenwart von der Angst vor dem Atomkrieg und in der Zukunft wartete die ökologische Katastrophe. Wenn wir uns mit dem Ernst und der Ergriffenheit Dreizehnjähriger zu der dreifachen Schuld aus Vergangenheit, Gegenwart und Zukunft bekennten, hofften wir, dass unser Misstrauen und unsere Abscheu gegen dieses Land und seine Verhältnisse einen Ablass erwirken würden. Wir wollten auf keinen Fall dazugehören, kein Bestandteil dieses Systems sein, das Menschen ermordet hatte und es vielleicht schon wieder tat (wurde in Stammheim nicht gefoltert?), das die Umwelt und den Frieden zerstörte. Unsere Aufgabe und einziger Ausweg war, alles aus unseren Herzen zu tilgen, das uns mit dem Staat und seinen Folterknechten verband, die Masken von Biedermännern trugen. Wir mussten ihrer Freundlichkeit misstrauen und ihrer Komplizenschaft entkommen. Wir mussten unsere Wurzeln abschneiden. Sie waren vergiftet von Verbrechen, für die auch wir verantwortlich gemacht werden würden, wenn wir uns nicht deutlich genug distanzierten.

Wir mussten eine Anklage gegen unser Land führen, damit man sah, dass wir nicht dazugehörten, dass wir sie nicht billigten, die Verbrechen und die Heuchelei, den Nazismus, den man nicht sah, der aber überall war, in jede Pore drang, jede Beziehung störte, jedes Gespräch vergiftete, jede Vertrautheit belog.

Meine Mutter war mit ihren Freundinnen zusammen, beschäftigt mit ihrer Arbeit, ihren Frauenseminaren und Meditationskursen. Aus der Düsternis und Stumpfheit meines Allgäuer Exils beneidete ich sie darum, in München zu leben, wo es Menschen, schöne Dinge und Lichter gab. Ich stellte mir vor, wie sie die hell erleuchteten Straßen hinunterging, die Schaufenster betrachtete, einen Kaffee trinken ging und später vielleicht noch in ein Theater oder Kino. Mein Vater zahlte mehr für mich als das Internat kostete, sie lebte ihr eigenes Leben und hatte jedes zweite Wochenende frei. Aus meinem Eispalast am Rande der Alpen betrachtete ich ihr Leben wie in einem Guckkasten, aus der Kälte und Dunkelheit des Voralpenlandes sah ich, wie sie sich strahlend auf der Bühne der Stadt bewegte.

Hier in Neonlicht getauchte, nach Schweiß riechende Zimmer, Nudeln in Blechschüsseln und die Schikanen der älteren Schüler. Dort die Geborgenheit der Wohnung, Restaurantbesuche mit den Freundinnen, gemütliche Kneipen und aufregende Selbsterfahrungsgruppen.

Die Riten der Selbstbezichtigung waren bittersüß. Es galt als ehrenvoll, ihre Last auf sich zu nehmen. Zu glauben, dass man es gar nicht verdient hatte, geliebt zu werden oder sich selbst zu lieben. Das Leben einer abstrakten Schuld zu weihen, gab ihm Gewicht und Bedeutung. Dabei verlangte die immerwährende Sühne ganzen Einsatz – Gedankenlosigkeit oder glückliche Momente erhöhten unweigerlich das Maß der Schuld. Nichts war wünschenswerter als die Normalität, aber sie konnte es erst geben, wenn der Nazismus ausgerottet, der Frieden gesichert und die Umwelt gerettet war. Bis dahin galt es, den permanenten Ausnahmezustand zu ertragen und das Gefühl auszuhalten, nicht alles getan zu haben. Weil es nie genug war. Die von den Zeitschriften bejubelten Friedens- und Umweltaktivisten hatten mit jeder Woche tiefere Augenringe. Ihr Kampf an den verschiedenen Fronten der drohenden Apokalypse vollzog sich in einer unendlichen Spirale von Schuldgefühlen und ungebetener Selbstaufopferung.

In der Routine des Internatsalltags, in dem endlosen Winter zwischen Bergen und Wäldern, gewann diese Haltung an Glanz. Mit unseren Schuldgefühlen richteten wir uns in der Leere unserer Tage ein. Wir hatten nichts zu verlieren und waren dankbar für jeden Halt. Das Gefühl, an diesem grotesken Ort ausgesetzt zu sein, gestrandet an diesen Bergen, die sich wie Mahnmale in den Himmel erhoben, machte uns empfänglich für den Glauben an eine ererbte, eine gegenwärtige und sogar eine erwartete Schuld. Unsere Empörung wärmte uns und ließ uns zusammenrücken. Wir fanden Trost in der Selbstanklage. Unsere Eltern, die uns vermissten und liebten, würden uns nie aus freien Stücken in verregneten Alpentälern zurücklassen.

Natürlich lief niemand herum und erzählte, dass er unglücklich war, weil sich seine Eltern nicht für ihn interessierten. Dass er fürchtete, allen nur zur Last zu fallen und am liebsten nicht mehr da wäre, vergangen, verglüht, vom Angesicht der Erde getilgt. Wenn man stattdessen die Selbstverachtung unter der Betroffenheit über Nazis, Bomben und Umweltzerstörung versteckte, erschient sie achtbar, moralisch, begründet. Der Wunsch der Selbstauslöschung erhielt einen vernünftigen oder doch wenigstens verständlichen Anstrich. Wir folgten Mettmann, weil er unserem Wunsch, fort zu sein, einen Rahmen gab. Auch wenn uns unsere Schuld nicht direkt zugerechnet werden konnte, so war sie doch an der Verbannung aus unserem Zuhause klar abzulesen. Nazismus, Kriegstreiberei und Vernichtung der Lebensgrundlagen waren durch »den Verblendungszusammenhang der Verhältnisse« nicht offensichtlich, aber doch gab es sie. Es musste sie geben, weil wir das Gefühl der Schuld brauchten, um den Tag zu überstehen. Die Selbstvorwürfe gaben unserem Dasein eine Rechtfertigung. Sie waren der Grund dafür, warum wir an diesem verwunschenen Ort lebten und nach dem Heimfahrtswochenende nicht einfach zu Hause blieben. Sie erklärten, wie es jeden zweiten Sonntag möglich war, die Beine gegen die Schwerkraft zu bewegen, die mich in der Wohnung meiner Mutter festhalten wollte. Dass ich bis zur Haltestelle gelangte und dort die Straßenbahn bestieg, obwohl ich das Gefühl hatte, durch einen Sumpf zu waten, in den ich mit jedem Schritt weiter einsank. Sie machten möglich, dass ich mich schließlich gehorsam in den Zug setzte, obwohl sich jede Faser meines Körpers dagegen sträubte. Dass ich im Abteil die Gesichter musterte, mit denen ich widerwillig weitere zwölf Tage verbringen musste, und mich nicht übergab. Dass ich dann aus dem Zug kletterte, über Schneehaufen stieg und meinen Körper, gefühllos schon, in einen Sitz des Busses schob, der uns in das Dorf brachte. Dass ich nicht in Schnee und Nacht hinauslief, sondern meinen Beinen befahl, die Treppen hinaufzusteigen, mechanisch das Bett bezog, mich hinlegte und mit einer Mischung aus Missmut und Verzweiflung darauf wartete, dass das Licht gelöscht wird.

Die Voralpen erschienen mir ebenso lächerlich wie unerträglich, ein Touristenpanaroma mit Ländlern in Trachtenjanker und Haferlschuhen, garniert mit geistiger Leere und grauenhaftem Wetter. Die Natur wirkte sinnlos und öde mit ihrem überschießenden Wachstum im Frühjahr, nur um dann im Sommer in der sengenden Sonne zu vertrocknen und im Herbst vollends zu verdorren. Dumme, einfältige Hysterie, die zu nichts führte und dem Menschen unzugänglich blieb. Die Rehe lösten in mir geradezu hingebungsvollen Hass aus, wie sie in ihrer Stumpfheit vor sich hinkäuten, wenn man durch den Wald lief. Wenn schon Grün, dann bitte ein englischer Park, der so tut, als wäre er Wildwuchs, aber tatsächlich sorgfältig und mit Verstand angelegt ist. Der nur auf den ersten Blick chaotische Natur darstellt, aber tatsächlich auf unaufdringliche Art Kultur, Verfeinerung, Anspruch bedeutet. Vielleicht aus Trotz, vielleicht aus dem Gefühl heraus, ohne Anregung innerlich auszutrocknen, besorgte ich mir in der Bibliothek alle Bücher über Städte. Architektur, Museen, Bildbände, alles, was ich in die Finger bekam. Je größer, lauter und schmutziger die Stadt, desto besser. Nur weg von dieser Milka-Beschaulichkeit, diesen Gamsbärten und Touristenbussen, diesen Alpseeansichtskarten mit nichts als blauem Himmel und blauem See vor idiotischen Bergen. Wie schön sind die Schluchten von New York gegen die Pöllat! Der Strand von lpanema gegen die Kiesel am Schwanensee! Wie herrlich die Avenue des Champs-Élysées gegen den Feldweg vor dem Haus!

Und was sollte schon sein, wenn der Atomkrieg kommt? Dann hätte ich wenigstens in einer großen Stadt gelebt und nicht in diesem Nest. Je mehr Autos, desto besser, die paar Stick- und Schwefeloxide haben noch niemanden umgebracht. Nur bitte Theater, Lichter, Museen, Menschen und nicht diese pastorale Dumpfheit. Es tat mir gut, mich so zu ereifern, der Ärger füllte die Leere in mir, betäubte das Gefühl des Verlassenseins und schirmte mich von meiner Umgebung ab. Mettmanns Sorge um die Umwelt erschien mir immer unverständlicher, es bereitete mir eine diebische Freude, vor ihm den sauren Regen zu loben, der in den Städten niederging. »Sterben müssen wir sowieso, dann wenigstens vorher gelebt haben, ein bisschen Wasser wird nicht schaden.« Unabhängig von dem monotonen Tagesablauf im Internat schwamm ich auf einer Welle aus Hochhausträumen. Aber Rio war zu exotisch, der Times Square zu weit weg und Paris zu französisch, und so wurde Berlin zu meinem Ort der Sehnsucht.

Die Halbstadt war in mancher Hinsicht eine Ausnahme, zugleich Besonderheit wie auch Inbegriff der Absonderung. Sie gehörte zum Westen, lag aber tief in der Ostzone, sie galt als Bollwerk der Freiheit und zugleich als sozialistisches Biotop, auch nach ihrer Teilung waren ihre Hälften noch die größten Städte in beiden deutschen Staaten. In ihrer Widersprüchlichkeit wurde sie eine Projektionsfläche meiner eigenen Zerrissenheit, meiner Ungewissheit, was ich selbst war, sein konnte, durfte, wollte. Berlin war eine Großstadt und nicht nur geographisch erfreulich weit vom Allgäu entfernt.

Wenn wir nach dem Lichtlöschen auf unseren Kopfhörern Ideal hörten: »Ich fühl mich gut, ich steh auf Berlin«, war das doppelt unerhört: Keiner hatte sich in den Achtzigern gut zu fühlen, und wenn, dann hätte sich niemand dazu bekannt. Die Medien hatten uns, ganz im Sinne der von ihnen geschürten Weltuntergangshysterie, als Generation Null Bock identifiziert. Wir hatten einen Ruf zu verteidigen. Die Stadt musste ein Wunder sein, wenn sie sich so besingen ließ. Anton bemerkte, dass sogar Fischer-Z aus London – »at three in the morning the essence survives« – Berlin lobte. Die westliche Halbstadt war nicht Deutschland, zumindest nicht das der Stammtische, Atomraketen und sterbenden Wälder. Berlin war weder West noch Ost, weder Besitzstandswahrung noch Diktatur, weder Geldmaschine noch Stacheldraht. Berlin war das Versprechen mitzumachen, ohne sich einzulassen, dem satten Westdeutschland zu entfliehen und doch im freien Teil Deutschlands zu leben.

»Ick bin een Balina«, Anton grinste und wedelte mit dem Einschreibbeleg, der ihn, wie er hoffte, vom Wehrdienst befreien würde. In zwei Monaten sollten wir das Abitur schreiben und der Schulleiter hatte ihm persönlich den Musterungsbescheid überreicht. Anton nahm den Brief gelassen entgegen und bemerkte, dass er ohnehin bald in Berlin wohnen würde. Der Direktor lief rot an und Anton stieg in unserer Wertschätzung.

Im Jahr zuvor war unsere Klasse nach Berlin gereist. Staatlich subventioniert, zum Kennenlernen der Mauer und in Bekräftigung des Anspruchs auf die deutsche Einheit. Zwar glaubte niemand mehr daran, dass sich die beiden deutschen Staaten noch einmal vereinigen würden, aber öffentliche Gelder wurden damals freigiebig verteilt. Die Alternative war ein Landschulheim in der Eiffel und auch Mettmann war sofort überzeugt, Berlin den Vorzug zu geben. Seine Depression war in den letzten Jahren stärker geworden, aber jetzt verwandelten sich seine düsteren Gedanken vorübergehend in überdrehte Begeisterung. »Kenne dort einen Kulturmacher, der hat ein tolles Projekt! In einer alten Fabrik, mit Tanzschule, Kindercircus und Biobauernhof!« Er war immer weniger ernst zu nehmen, aber er fuhr mit uns nach Berlin.

Als wir ankamen, war es Nacht. Die Beleuchtung der Stadtautobahn hob sich grell von dem Graubraun der Transitstrecke ab. Wir stürzten uns in ein Nachtleben, das ohne Türsteher und Sperrstunde auskam. Die Namen der Orte waren Programm: Metropol und Dschungel standen für die große Stadt, die alte Fabrik erinnerte an die proletarische Vergangenheit und das Linientreu machte sich über die politische Gegenwart lustig.

Am dritten Tag wurde ich von meinen Gewohnheiten eingeholt. Fieberhaft überlegte ich, wo ich eine Tüte herbekommen könnte, und meldete mich bei Mettmann krank. Einen Vorteil hatte die Lage des Internats: Die grüne Grenze erleichterte den Schmuggel von Cannabis. Das Harz kam per Rucksack aus Österreich und wurde an den Heimfahrtswochenenden nach München transportiert. Im Internat wurden die Barren grammweise portioniert. Dabei fielen Reste ab, die selbst geraucht oder verschenkt wurden. Meinen ersten Joint hatte ich an einem regnerischen Sonntag geraucht. Als ich mir im Oberstufenbau eine Platte ausleihen wollte, wurde ich eingeladen, »den Kopf frei zu machen.« Obwohl ich nicht verstand, wovon die Rede war, fühlte ich mich geschmeichelt und ging mit. Frierend standen wir unter dem Vordach einer Jagdhütte und beobachteten, wie ein trichterförmiges Papiertütchen ausgepackt und umständlich angezündet wurde. Wie die anderen formte ich mit den Händen einen Hohlraum, um den abgekühlten Rauch stoßweise zu inhalieren. Als der Rauch aus meinen Händen in die Lunge schoss, wurde mir schwarz vor Augen. Dann breitete sich eine wohlige Ruhe aus. Mir wurde warm und ich genoss das glucksende Geräusch des Regens auf den Blättern des Farns. Mir erschien Mettmann, der mit unserer Klasse auf einer Barrikade stand. Wir schwangen riesige Farne und riefen »Tod dem Faschismus.« Mit den grünen Stengeln hielten wir eine Armee von graugesichtigen Soldaten in

Schach. Tatsächlich wichen sie zurück, bis hinter ihnen glänzende, schwarze Raketen auftauchten, die auf ihren Abschussrampen immerfort auf uns niederfuhren. In diesem Rhythmus bewegte sich die graue Masse wieder auf uns zu, bis aus dem Himmel Tausende von Kolibris auf sie niederstießen, um uns zu helfen. Trotz meiner Angst fühlte ich mich den grauen Marionetten verbunden und dachte, »wir müssen neue Wege gehen, ganz neue Wege gehen.« Als Mettmann zum Sturm rief und sich anschickte, die fliehenden Graugekleideten zu verfolgen, bleib ich zurück. Der Oberstüfler, der die Tüte mitgebracht hatte, beugte sich über mich: »Na, hat dich ganz schön erwischt.« Er nahm mir den Farn aus der Hand und half mir auf die Beine. Eigentlich war das alles sehr entspannt, fast »familiär«, und obwohl wir nie wieder zusammen rauchten, bekam ich immer ein paar Krümel von ihm, wenn ich darum bat.

Mettmann erlaubte mir jedenfalls, tagsüber in der Pension zu bleiben, während die anderen den Reichstag besichtigten. Als sie losgefahren waren, setzte ich mich in die U-Bahn und fuhr zum Bahnhof Zoo. Eine Gestalt mit eingefallenen Wangen schickte mich in einen Park im Südwesten der Stadt. Dank meines Seidenhemds wurde ich schon am Eingang von einem Rastalockenträger angesprochen. Der Joint war grauenhaft. Das Harz enthielt einen Kunststoff, der beim Verbrennen entsetzlich stank. Während ich unter einem Baum im Park saß, die Vögel zwitscherten und die Sonne zwischen den Blättern auf mein Gesicht schien, wurde mir immer elender. Die Freude und Aufregung der letzten Tage hatten Fenster in der grauen Wand geöffnet, die mich umgab. Die Reise hatte mir gutgetan, aber jetzt saß ich doch wieder allein und zog an meiner Tüte. Ich drückte den Joint aus und machte mich auf den Weg in die Pension. Es sollte mein letzter sein, ich hatte keine Lust mehr, in Selbstmitleid zu versinken und bei indischen Mantras und schwarzen Afghanen Trost zu suchen. Der Rest der Woche war schwer, ich war entweder hypernervös oder apathisch. Erst als wir im Internat ankamen, ging es mir besser.

Der Gedanke an Berlin machte es mir leichter, nicht mehr zu rauchen. In Berlin war möglich, was sonst nur um den Preis einer Persönlichkeitsspaltung zu haben war: Konsumtempel standen neben Abbruchhäusern, der Anzugträger gab einem Obdachlosen Geld und der Punk unterhielt sich angeregt mit der Ladenbesitzerin. Wenn dort Unvereinbares nebeneinander bestehen konnte, warum sollte es mir nicht auch gelingen? Offenbar konnte man dort leben, ohne sich zu sehr mit Gedanken an vergangene oder zukünftige Katastrophen zu quälen. Die Stadt war groß genug, um sich selbst aus dem Weg zu gehen.

Am nächsten Heimfahrtswochenende ließ ich die Pluderhosen und Seidenhemden in der Wohnung meiner Mutter. In einem Schrank fand ich zwei Anzüge meines Vaters. Sie waren alt, aber man konnte sie noch tragen. Meine Mutter war ziemlich entsetzt und murmelte etwas von der »Uniformität des Establishments.« Da sie mich aber nur jedes zweite Wochenende sah, konnte sie wenig ausrichten. Zu Weihnachten schenkte sie mir sogar zwei Anzughemden.

In den letzten Sommerferien »vor« dem Abitur war Anton nach Berlin gefahren. Er hatte seinen Großonkel besucht und nach einer Woche in gebügelten Hemden und gescheiteltem Haar war auch die Großtante bereit, ihn auf die Meldestelle zu begleiten. Dort unterschrieben beide, dass Anton bei ihnen wohnte. Den ersten Bescheid schickte er mit der Kopie der Berliner Meldebestätigung zurück. Die Behörde legte nach und bat unseren Direktor, das Schreiben zu übergeben. Anton versah auch den zweiten mit der Bescheinigung. Vielleicht ist die Sache im Kreiswehrersatzamt versickert, vielleicht haben die Beamten dort kapituliert. Nach dem Abitur zog Anton jedenfalls nach Berlin, während ich zwanzig Monate Zivildienst in der Wäscherei eines Münchner Krankenhauses verbrachte.

Nach drei Wochen in Berlin hatte Anton eine Wohnung und Meike zur Freundin. Währenddessen unterhielt ich mich in den Katakomben des Krankenhauses mit fünfzigjährigen Wäscherinnen über Rezepte für Sauerbraten. Das Zimmer teilte ich mit zwei anderen Zivildienstleistenden, von denen sich der eine ausschließlich für Schach interessierte und der andere Knoblauchwürste aus der niederbayerischen Schlachterei seines Vaters mitbrachte. Unsere Gespräche kreisten um Bobby Fischer und unsere Kleider rochen nach kaltem Fett.

Der Zivildienst bedeutete die Trennung von Anton. Er hatte sich nicht nur den Erziehern, sondern auch dem Staat entzogen. Während er seine Freiräume verteidigte, hatte ich mich in die Verhältnisse gefügt. Er war sich treu geblieben, während ich noch immer in Turnschuhen herumlief.

Wahrscheinlich war diese Entwicklung abzusehen gewesen. Im Internat hatten wir immer ein ungleiches Paar abgegeben. Anton sah gut aus, während ich blass war. Er wirkte gelassen, während mir immer unwohl war, dass es mich überhaupt gab. Aber er ließ sich nicht davon abbringen, mit mir zusammen zu sein. Es war, als ob er seit dem ersten Abend für mich sorgen wollte, als ob ihm seine Zuwendung zu mir eine tiefe Genugtuung bereitete. Neben dem Auftreten war es vor allem die Kleidung, die die Stellung in der Rangordnung bestimmte. Zu Beginn meiner Internatszeit trug ich ausgewaschene Cordhosen und karierte Hemden, später steckten meine Füße in indischen Ledersandalen, zu meinem Seidenhemd hatte ich dunkelrote Pluderhosen angezogen. Dieser Aufzug war ein Kompromiss mit meiner Mutter, die von Poona schwärmte und in unförmigen orangefarbenen Pullovern herumlief. Später setzte ich mich mit den Anzügen meines Vaters von dem Einerlei aus Jeans und T-Shirt um mich herum ab. Heute fällt mir auf, dass es auch eine Abgrenzung von Anton war. Er trug seine ewigen Bundfaltenhosen, ein gebügeltes Hemd und natürlich seine Lederschuhe.

Seine Mutter war zu ihrem zweiten Mann nach London gezogen, wohin er einmal im Monat flog. Sie arbeitete für eine Bank und hatte Geld. Oft brachte Anton neue Schuhe mit, meistens Sanders oder Loakes und manchmal Tee von Twinings, den wir an den Nachmittagen vor der Studierzeit tranken. Vielleicht hatte der britische Einfluss abgefärbt, aber Anton kokettierte auch mit dem kulturellen Gefälle zwischen London und der deutschen Provinz. Mir ist nie klar geworden, warum ihn seine Mutter nicht zu sich holte oder wenigstens auf ein englisches Internat gab. Manchmal sprach Anton, nur halb im Scherz, vom Internat als seiner Heimat. »Ab morgen zwei Tage London, dann wieder einen Monat Heimaturlaub.« Wahrscheinlich war das nicht nur Ironie: Das Internat erlaubte Abstand zu seiner Mutter, genauso wie ihm London Gelegenheit bot, sich vom Internat und seinen Bewohnern abzugrenzen. Vielleicht war es sogar Anton, der seiner Mutter gegenüber darauf bestand, in Deutschland zu bleiben. Wie ich führte Anton ein Dasein im Niemandsland. Aber letztlich war ganz Deutschland auf der Suche. Während sich die dogmatische Strömung der Studentenbewegung in unübersehbar viele trotzkistische, maoistische und leninistische Kleingruppen aufspaltete, suchte die pragmatische Mehrheit nach einer neuen Orientierung. Es zeigte sich, dass die neuen Stellen im öffentlichen Dienst, zweistellige Lohnsteigerungen und neue Gesetze nicht genügten. Das schuldenfinanzierte Sein schaffte kein neues Bewusstsein – zumindest keines, das eine Alternative zu dem Status quo bot.

Von den Spielplänen der Stadttheater über die Lehrpläne der Schulen bis zu den Vorlesungsankündigungen der Universitäten erhob sich eine politisch motivierte Klage über den Muff der Vergangenheit. Die überkommene Kultur wurde als reaktionär, patriarchalisch und potentiell faschistisch denunziert. Während die politisch Aktiveren Maos »Rotes Buch« wie eine Bibel behandelten, ersetzte die breite Masse Religion und Kultur durch

Esoterik. Meine Mutter suchte in dieser Zeit bei Heilkräutern, buddhistischer Erbauungsliteratur, gruppendynamischen Wochenenden und sektenartigem Psychotraining ihre Erfüllung. Ganz Westdeutschland schien damit beschäftigt, neue Heiligtümer aufzurichten: Das Land wollte neue Götter, um sich von der eigenen Geschichte abzusetzen. Die Spielarten politischer, medizinischer, psychologischer und weltanschaulicher Kleinstgruppenbildung wurden mit jedem Tag unüberschaubarer. Der Marxistische Studentenbund agitierte gegen die Marxistische Gruppe, Geistheiler hielten Farbtherapie für Unfug, Jungianer verachteten Reich-Anhänger und Bo-Yin Ra war zweifellos Bhagwan überlegen. Aber vielleicht war obskures Sektierertum immer noch besser als blanker Egoismus. Mein Vater hatte Arbeit und Hausbau vorgezogen, als ich ihn bat, mich zu sich zu nehmen. Karriere sagte mir ebenso wenig wie Biodynamik.

Während Mettmann seine Existenz noch mit der Aufgabe begründen konnte, junge Menschen an das heranzuführen, was er wohl Aufklärung genannt hätte, fehlte uns die Hoffnung auf Besserung. Überzeugung galt uns als Naivität, Hoffnung als obszön und Eskapismus als verachtungswürdig. Wahrscheinlich glaubte Mettmann an den Sieg des Sozialismus wie an die Schlusseinstellung einer Seifenoper, in der sich am Ende alle in den Armen liegen und den bestialischen Kapitalismus wie die Haut einer Echse von sich streifen. Anton und mir war spätestens nach der Unterdrückung von Solidarnosc klar, dass es kein sozialistisches Projekt geben würde. Der Glaube an eine Gemeinschaft der Gerechten verglühte am Horizont. Anton begrüßte das: »Die RAF ist eine Bande von spätpubertären Mördern und der Osten eine von Greisen geführte Strafkolonie.« Es gab keine Revolution, keinen realen Sozialismus und auch keine bürgerliche Existenz, für die es sich zu kämpfen lohnte. Nach den selbst gefärbten Hosen, die mir meine Mutter schenkte, hatte ich es mit den zu großen Anzügen meines Vaters versucht. Aber weder die Esoterik meiner Mutter noch die Karriereorientierung meines Vaters halfen mir weiter.

Wenn ich bei unserer nachmittäglichen Teerunde von Krishnamurtis Streben nach Bedürfnislosigkeit erzählte, trug Anton romantische Gedichte von Byron vor. Er sagte, er verstünde nicht, warum ich ein Buch von jemandem lesen würde, der sich von der Welt abgewandt hätte. Byron hätte immerhin versucht, Griechenland von den Türken zu befreien. Es sei ein anderes Scheitern als auf die Möglichkeiten zu verzichten, die das Leben bietet. »Vielleicht geht es gerade darum, sich seinen Traum zu erhalten«, antwortete ich. »Gestern bat mich eine Gruppe japanischer Touristen, ein Foto von ihnen zu machen. Es war nicht einfach, denn die ganze Gruppe sollte im Bild sein und hinter ihnen das Schloss. Weder ist es ein altes Schloss, noch können diese Menschen irgendeinen Bezug dazu haben. Vielleicht wissen sie nicht einmal, wer es erbaut hat. Aber es ist Teil ihres Traums.«

»Ein asiatischer Traum mit Prinz, Drache und Burgfräulein«, lächelte Anton.

»Kann sein«, sagte ich, »ich hätte ihnen natürlich sagen können, dass das Mittelalter lang vorbei war, als diese

Mauern errichtet wurden, dass Ritter keine Samurais sind und Ludwig alles andere als ein tapferer Prinz. Aber wozu? Ich werde ihnen ihren Traum nicht ausreden.«

»Du meinst, es ist gut an etwas zu glauben, was es gar nicht geben kann?« Er hatte einen spöttischen Zug um den Mund.

»Warum nicht«, antwortete ich, »man glaubt immer an etwas, von dem man nicht weiß, ob es existiert.«

»Letztlich kommst du doch nach deiner Mutter, mein Lieber. Glaube ist immer Esoterik. Dieses ganze Dafür und Dagegen ist eine Lüge. Menschen, die ihr eigenes Leben nicht geregelt bekommen, verlangen mein Engagement gegen den Kapitalismus, die Umweltzerstörung, die Deutschen, die Sowjets oder die Amerikaner. Natürlich kann man von der Auflösung des Ich träumen, aber weder Buddha noch Momo werden uns retten.«

Ich sagte, dass mir immer etwas gefehlt habe und immer noch fehle, etwas, das ich vom Leben wollte.

»Was wollen die Leute schon vom Leben?«, fragte Anton. »Die meisten wollen nicht getreten werden, und die anderen – wollen sie treten«, sagte er und lachte.

»Aber es muss doch ein Ziel geben und eine Struktur«, antwortete ich.

»Schau dir das Internat an. Wir haben genug Strukturen für ein ganzes Leben. Die Erzieher, die uns herumkommandieren, und der Pöbel, gegen den wir uns wehren. Wenn du Strukturen willst, gibt es nur zwei Möglichkeiten. Die Tyrannei herrscht entweder von oben oder von unten. Die Herrschaft der Macht oder die der Dummheit. Am besten, man hält sich raus.«

»Das ist ziemlich düster«, stellte ich fest.

»Die Lust an der Zerstörung ist zugleich eine schaffende Lust«, sagte er.

»Marx?«, fragte ich.

»Bakunin«, sagte er.

4

Berlin

Als ich nach meinem Zivildienst nach Berlin kam, dachte ich, dass Anton recht behalten hatte. Während ich mich in Träumereien verlor, war er in Berlin angekommen. Mit Meike bewohnte er einen Altbau mit hohen Decken, Parkett und üppigem Stuck. Anton hatte mich vom Bahnhof abgeholt und als ich in das Wohnzimmer trat, beneidete ich ihn mehr denn je. Der Raum war groß und sonnig, vom angrenzenden Balkon drangen gedämpft die Geräusche der Straße herauf. In der Mitte des Raums stand ein modernes, beiges Sofa, von dem sich Meike erhob, um mich zu begrüßen. Sie war zierlich, hatte lange, hennagefärbte Haare und trug ein schlichtes weißes Kleid. Die Augustsonne hatte ihre Haut mit Sommersprossen überzogen und ihre hellen Augen erinnerten an ihren Geburtsort an der Nordseeküste Holsteins. Wenn sie, wie damals, ein wenig aufgeregt war, sprach sie das »S« vor den Konsonanten nach Art der Hanseaten aus. Es fiel mir schwer, sie nicht anzusehen. Nicht, dass ich mit Anton konkurrieren wollte. Im Gegenteil, ich freute mich für ihn, dass es Meike in seinem Leben gab.

Es war nicht leicht, mit Anton auszukommen. Er war oft selbstgerecht und in Auseinandersetzungen konnte er schnell verletzend werden. Meike machte keinen Versuch ihn zu erziehen, unterwarf sich aber auch nicht seinen Launen. Ihre verträumte Leichtigkeit dämpfte seine Stimmungswechsel. Wenn er aggressiv war, ignorierte sie ihn, wenn er sich selbst quälte, suchte sie seine Nähe, und wenn er unruhig wurde, war sie von stoischer Gelassenheit. Sie ging ihm nie aus dem Weg, vermied aber jede Konfrontation. Wenn es sie anstrengte, seine Befindlichkeiten auszugleichen, dann war es ihr nicht anzusehen.

Das kleinste der drei Zimmer war mit einem Gästebett ausgestattet. Meike und Anton boten an, meinen Aufenthalt auf unbestimmte Zeit auszudehnen. Ohne Zögern nahm ich ihren Vorschlag an: Es gab nichts, was mich in München hielt.

Unsere Abende begannen in der Pinguin Bar, wo wir ein oder zwei Gin Tonic tranken. Der Laden war klein, man konnte kaum stehen zwischen den Ledersofas und Pinguinfiguren in allen Größen. Anton meinte, dass sie den Gästen in ihren dunklen Anzügen und gegelten Haaren ähnlich sähen. Er trug ein dunkelgrünes Seidensakko, das er auf einem Flohmarkt in London gekauft hatte, hellblaue oder weiße Hemden, eine beige Hose und braune Schuhe. Wenn er an Geld kam, gab er es für Schuhe aus. Sie mussten handgearbeitet sein, grubengegerbt und rahmengenäht. Gerne ging er auch für Meike Schuhe kaufen, aber allein. Dann verlangte er, dass sie sie an den folgenden Tagen trug. Worauf sie sich zu meinem Erstaunen einließ. Sie ging nie mit ihm einkaufen, zog aber das neue Paar einige Tage nur zum Schlafen aus.

Danach zogen wir in die Turbine, wo Meike mit mir tanzte, während Anton an einem Whisky Sour nippte. Ende der achtziger Jahre tanzten fast alle allein. Meike mochte das nicht, aber vielleicht behauptete sie das nur, weil sie unser Ritual schätzte. Wenn ich fragte, ob sie tanzen wolle, sagte sie: »Jetzt nicht, vielleicht später.« Nach einer Weile warf sie mir einen Blick zu, schritt erhobenen Hauptes auf die Tanzfläche und erwartete, dass ich bereit war, wenn sie sich umdrehte. Ich war immer bereit. Wenn sie genug hatte, sah sie mich wieder erwartungsvoll an und ich fragte: »Wollen wir aufhören?« Ohne zu antworten verließ sie die Tanzfläche mit dem Ende des Stücks und ich folgte ihr. Das Spiel gefiel mir, ich mochte ihre Blicke und genoss die Vertrautheit. Anton lehnte an der Wand, sah uns zu und beglich am Ende die Rechnung.

Gegen Morgen wanderten wir zum Kumpelnest, um heiße Schokolade zu trinken und auf die Dämmerung zu warten. Während der Pinguin und die Turbine noch den unterkühlten Schick der achtziger Jahre verbreiteten, regierte hier schon die Postmoderne. Regale mit Nippesfiguren, blinkende Girlanden und Bilder von röhrenden Hirschen. Meike brachte lila Plastikohrringe mit, um sie zu Ehren der Inneneinrichtung anzustecken. Die Hauptattraktion war der Barmann: Er war taubstumm und las die Getränkewünsche von den Lippen ab. Seine Sprachlosigkeit war ein Versprechen ewiger Diskretion, aber seine Augen waren ständig in Bewegung.

»Schaut euch diesen Menschen an«, sagte Anton. »Er spricht nicht, er kann nicht hören, aber er verteilt die Zeichen seiner Gunst nach Gutdünken. Er ist wie ein kleiner Gott: Die Menschen lieben ihn, selbst wenn er nicht zu ihnen spricht.«

»Meinst du, die Menschen warten auf ein Wort Gottes?«, fragte ich.

»Vielleicht nicht«, antwortete Anton, »vielleicht wäre es sogar eine Enttäuschung, wenn er spräche. Ganz wie bei unserem Barmann«, fügte er hinzu und lachte, »aber was bindet uns mehr als Erwartungen, die sich nicht erfüllen?«

Mit Anton und Meike in Berlin zu sein, war leicht. Wir liefen durch die Straßen und waren froh. Meike war wechselhaft wie ein Kaleidoskop: hübsch, unnahbar, schwierig, dann wieder herzlich. Sie flatterte von Anton zu mir und wieder zurück. Anton war das Zentrum unseres Gespanns, großzügig, gelassen und humorvoll. Nie war mir Anton so nah, nie war ich in seiner Gegenwart so entspannt. Er stand zwischen Meike und mir und verband uns zugleich. Schwer zu sagen, wen ich mehr liebte. Vielleicht war es der Reiz unseres Dreiecks, dass es uns zugleich Nähe und Distanz erlaubte.

Tagsüber erkundeten wir die Stadt oder fuhren an einen See in den südwestlichen Bezirken. Am Wochenende kauften wir auf dem Markt ein und kochten zusammen, abends gingen wir aus. Berlin war wie eine freundliche, vergnügungssüchtige und alberne Freundin. Unpassend und laut, aber nie langweilig. Voll Dankbarkeit ließ ich mich auf ihre Unruhe, ihre Farben, ihre Gesichter ein. Jene Tage waren die Erfüllung meiner Internatsträume. Am liebsten hätte ich nicht mehr geschlafen, wäre Tag und Nacht mit Meike und Anton durch die von der Hitze des Sommers glühenden Straßen gelaufen, voller Vorfreude auf die nächste Überraschung. Neben Arbeiterkneipen spielten Kinder, ein Stück weiter hatten tatsächliche oder vermeintliche Künstler ein Atelier eingerichtet, der schwarz gekleidete Student und der Bierfahrer im Blaumann nickten sich freundlich zu. Die Stadt war in Bewegung, ständig wurde verändert, umgewidmet, verfremdet: Fabrikhallen wandelten sich zu Lofts, in den Flughafen zogen Büros, die alte Müllverladestelle wurde ein Architekturbüro. Als Vorposten der Freiheit wurde die Stadt großzügig alimentiert. Die Menschen schienen mir freier von der Last des Alltags und weniger im Zwiespalt mit sich und der Welt. Westberlin bot das Flair einer Großstadt bei gleichzeitiger Befreiung von den Niederungen des Erwerbslebens. Westdeutschland wurde von der Angst vor der Bombe beherrscht, Berlin erging sich in fröhlicher Anarchie. Man lebte, ohne sich mit Gedanken an vergangene oder zukünftige Katastrophen zu quälen. Westdeutschland litt an Schizophrenie, Berlin war beschwerdefrei. Splendid isolation bei vollem Komfort.

Gleichzeitig machte sich niemand Illusionen über das Leben im Sozialismus. Die Beteuerungen der Regierung des östlichen Deutschlands, das Glück ihrer Bevölkerung zu verwirklichen, standen in allzu offensichtlichem Widerspruch zu den tatsächlichen Lebensbedingungen. Halb belustigt, halb befremdet vernahmen wir die unwirklichen und sonderbar steifen Verlautbarungen der sozialistischen Medien, die in Westberlin in guter Qualität zu empfangen waren. Der Osten war traurig, grau und auch ein wenig lächerlich. Wer so schlechtes Fernsehen machte, würde auch mit Mittelstreckenraketen keinen Erfolg haben.

Als Meike in das Zimmer kam, schlief ich schon. Sie strich mir sanft über das Gesicht und flüsterte »stehauf, kommschnell.« Als ich das Licht anmachte, sah ich, dass sie vor Aufregung rote Ohren hatte. Es war November und über der Stadt hing eine Dunstglocke, die von den Kachelöfen in West und Ost gespeist wurde. Die Briketts hatten noch Vorkriegsnamen: UNION und REKORD. Die Braunkohleschwaden aus den Kaminen und die unrenovierten Fassaden hoben sich in Schattierungen von Grau vom vorwinterlichen Himmel ab. »Eine Symphonie des Graus«, hatte Anton gesagt und wie Nosferatu die Arme gehoben. Das Aussehen der Berliner hatte sich der herbstlichen Stimmung angepasst. Meike fand das Kleidungsbild sss: »schwarz, schlabbrig, doch schick.« Wir hatten unsere abendlichen Ausgänge reduziert. Seit Oktober war ich an der Universität eingeschrieben und las mich in die Grundlagen der Soziologie ein. Die Studienwahl war eine Notlösung. Meine Mutter hatte auf ein Studium gedrängt, zumal mein Vater dafür aufzukommen hatte. Sie hatte auch das Finanzielle mit ihm geregelt.

Anton saß vor dem Fernseher. Auf dem Bildschirm

waren Menschen mit Jeans und Schnauzbärten zu sehen, ihre Gesichter glühend vor Begeisterung oder blass vor Ergriffenheit. Dann erschien der Sekretär des Zentralkomitees der SED. Er hatte vor fünf Tagen den Mut gehabt, sich den Demonstranten auf dem Alexanderplatz zu stellen. Mühsam entzifferte er einen Zettel: »Privatreisen nach dem Ausland können ohne Voraussetzungen beantragt werden. Die Genehmigungen werden kurzfristig erteilt. Ständige Ausreisen können über alle Grenzübergangsstellen der DDR zur BRD beziehungsweise Berlin West erfolgen.« Dann wurde es still, die Journalisten warteten auf einen Zeitplan, einen Termin, eine Einschränkung. Aber der Sprecher sah sie an und schwieg. Schließlich stand ein Korrespondent auf und stellte eine Frage. Man verstand ihn kaum, weil er mit einem Akzent sprach und kein Mikrofon hatte. Der Sekretär schien zu begreifen, dass er soeben durch das Bürokratendeutsch des Politbüros hindurch etwas Ungeheuerliches gesagt hatte. Er starrte auf das Papier, wiederholte den Text, aber seine Selbstsicherheit fiel von ihm ab. Er sah in die Runde und dann wieder auf den Zettel, als ob dort stünde, was das alles zu bedeuten habe für den realen Sozialismus und die Träume, die auch er einmal hatte. Er stotterte »sofort, unverzüglich« und dann war es wieder still.

Es gab zwei Möglichkeiten: Entweder rasselten die Panzer mit dem roten Stern wieder über alle Wolokolamsker Chausseen dieses Landes und erinnerten daran, dass die Macht des Sozialismus aus ihren Kanonenrohren kam. Oder sie blieben in den Kasernen und das kleine Reich des sächselnden Königs, der einmal ein saarländischer Dachdecker gewesen war, verschwand im Orkus der Geschichte.

Erst vor fünf Wochen hatte der westdeutsche Außenminister in Prag gesagt: »Ich freue mich, Ihnen bekannt geben zu können, dass ihre Ausreise...«, bis der Jubel aus hunderten Kehlen jedes weitere Wort ebenso unverständlich wie überflüssig machte. Es war eines jener Ereignisse, die, wie wir meinten, den Osten erschüttern, aber uns nicht in Frage stellen würden. »Den Sozialismus in seinem Lauf halten weder Ochs noch Esel auf.« Die Desillusionierung würde zunehmen, aber was für Träume gab es überhaupt noch? Mettmann hätte mit den Schultern gezuckt und gesagt, dass eben alle Systeme ihre Schwierigkeiten hätten, Arbeitslosigkeit sei auch ein Problem. Aber in jener Nacht saß ein Vertreter des östlichen Deutschland in einem Wohnwagen vor dem Garten der bundesdeutschen Botschaft, abgesandt, um die Fliehenden von den Vorteilen jenes Landes zu überzeugen, das sie hinter sich lassen wollten. Er hatte Flugblätter verteilt, Gespräche gesucht und Kampflieder angestimmt, ein komischer Apostel einer Sekte, deren Gläubige sich schon vor langem von ihren Göttern abgewandt hatten. Seine Appelle gingen im Freudentaumel der Ausreisewilligen unter, seine Flugblätter lagen im zertretenen Gras der Botschaft und die Stimmen wurden lauter, die nach den vergeudeten Jahren und den sinnlosen Opfern fragten. »Welche Niedrigkeit würdest du nicht begehen, um die Niedrigkeit auszulöschen?« Die Niedrigkeiten wurden mehr und notwendiger, sie wuchsen mit jedem Tag und befruchteten sich gegenseitig, wurden zu einem Geflecht der Lügen und des Betrugs, das das ganze Land überzog.

Dann waren auf dem Bildschirm andere Gesichter zu sehen. Der sozialistische Mensch wischte sich die Schminke aus dem Gesicht und siehe, es war der alte Adam. Er trug Jeans und einen Schnurrbart und er wollte keine Weltrevolution, keine roten Flecken auf der Landkarte, die jedes Jahr größer werden, halb Afrika haben wir schon und auch in Südamerika erheben sich die Völker. Die ehrgeizigen Zielsetzungen des elften Parteitags waren ihm restlos gleichgültig. Er wollte keine politisch-ökonomische Vision eines angeblichen Kollektivs, er wollte seinen eigenen Traum. Seine Ansprüche waren nicht selbstlos, sie wurden von keiner historischen Notwendigkeit gerechtfertigt und beanspruchten nicht die Beseitigung der Unterdrückung der Massen seit Thomas Müntzer. Sein Traum war eigentlich nicht groß. Er war das Ende der Bevormundung im Betrieb, der Nörgelei der Hausgemeinschaftsleitung, des Schlangestehens und der Umtauschbeschränkung für Forint. Der Traum hatte auch mit fremden Ländern zu tun, mit Reisen und, natürlich, mit einem neuen Auto. Aber die neuen, glitzernden Dinge waren es eigentlich nicht, zumindest nicht an diesem Abend, vor allem wollte er über diese Mauer hinweg, sie überwinden, hinter sich lassen wie alle Mauern in diesem merkwürdigen, graubraunen Disneyland, in dem die Zeit stehengeblieben war. Er wollte sehen, was ihm seit Jahrzehnten verwehrt wurde, er wollte das bunte, verlockende, verwirrende, andere Leben. Ob es jenseits der Mauer besser sein würde, war nicht die Frage, entscheidend war, ob es gelänge, an diesem Grenzposten vorbeizukommen oder ob er und seine Kinder auf ewig nur das hoffen und atmen würden, was alte Männer in Wandlitz gestatteten. Bald würde der Traum auch an Grenzen stoßen, aber heute Abend gehörte er Adam und Adam war ein Held.

Es war merkwürdig, auf dem Bildschirm zu sehen wie eine Situation kippte, die mein Leben beschrieb. Auch ich hatte mich stets wohlverhalten, war im Raum meiner Mauern geblieben und hatte nicht aufbegehrt. Die Internatszeit war eine Suche nach Nischen, die das Leben erträglich machten, während ich die immer gleichen Wege verfluchte, auf denen ich getrottet war, immer entlang der Mauern, immer entlang der gewohnten Kanäle. Meine Anwesenheit in Berlin war nicht mein Verdienst, sie war mir in den Schoß gefallen, war ein Lustgewinn, der nur möglich war, weil mein Wunsch auf keinen Widerstand traf. Es war nicht meine Sache, Ansprüche zu stellen. Die Menge vor der Übergangsstelle sah mit Erstaunen und Genugtuung, wie der kleine blaue Ausweis nicht mit geheucheltem Bedauern zurückgegeben wurde.

Niemand forderte sie auf, den Durchgang freizumachen. Der Grenzbeamte blätterte in dem Papier, als stünde hier geschrieben, wie das Land mit seinen Einwohnern zu verfahren gedenke, und hoffte, dass endlich das Lagezentrum zurückrufen würde, weil er nicht wusste, was zu tun war und lieber zu Hause gewesen wäre oder wenigstens auf der anderen Seite der Glasscheibe. Aber die Befehle, die sonst wie Kaskaden eines Wasserfalls zuverlässig über die Hierarchien auf ihn herabregneten, blieben heute aus. Der Posten hatte den Sekretär nicht auf dem Bildschirm gesehen, der so hilflos auf seinen Zettel gestarrt hatte wie er jetzt auf den Ausweis. Sonst hätte er geahnt, dass auch das Lagezentrum auf einen Rückruf wartete, genauso wie die Zentrale der Grenztruppen und das Innenministerium. Und er hätte verstanden, warum sie immer mehr wurden hinter der Absperrung und so aufgeregt waren und weshalb im Westen auch schon einzelne Stimmen zu hören waren, um diese Zeit, zu der sonst alle im Bett lagen.

»Mensch«, sagte Anton, »das sind aber viele, die spät abends Westfernsehen schauen.« Der Bildschirm zeigte den Asphalt zwischen den Schlagbäumen und dahinter die Menschentrauben auf der östlichen Seite der Grenzübergänge. Dann löste sich ein Mann aus der Menschenansammlung und durchquerte das Bild. Er trug eine Jeansjacke und machte kantige Bewegungen. Die Hände hatte er in die viel zu engen Jeans gesteckt und zwischen den blauen Hosen und seinen Schuhen leuchteten weiße Tennissocken. Er ging so schnell, dass er fast lief. Die Jeans, der leere Raum des Niemandslandes und die vor Angst ungelenken Bewegungen erinnerten an einen Western. Aber der Schuss aus dem Hinterhalt blieb aus.

Stattdessen tauchten noch zwei Gestalten in Jeans auf, die sich mit raschen Schritten nach Westen bewegten, wo das Trio mit Applaus und Bravorufen empfangen wurde. Dann kam noch einer und mit einem Mal wurde der Schlagbaum hochgehoben und der ganze Bildschirm war voller Köpfe, die in den Westen strömten. Den mutigen Ersten hatten die Grenzsoldaten noch Stempel in die Ausweise gedrückt, um sie nicht mehr zurückzulassen zu Familie, Wohnung und Freunden. Aber bald wurden sie der nachdrängenden Massen nicht mehr Herr, öffneten die Schranke und ließen mit einer Mischung aus Entrüstung und Belustigung alle, die vom Osten durch das Nadelöhr drängten, ohne Kontrolle passieren.

Meike sagte, »kommt, da müssen wir hin«, Anton murmelte, »zu spät, zu kalt.« Aber nach einer halben Stunde standen wir am Grenzübergang Heinrich-Heine-Straße zwischen Menschen, die mit den Armen winkten, riefen, weinten und sich umarmten. Natürlich waren alle diese Leute peinlich, Ost wie West. Sie waren schlecht angezogen, hatten eigentlich gar keinen Haarschnitt und bestimmt war es unmöglich, sich mit ihnen länger als fünf Minuten zu unterhalten. Die Frau neben mir war doppelt so alt wie ich. Ihre Haare erinnerten an Blondie 1979 und klebten schief an ihrem Kopf. Aber dann wendete sie sich mir zu und lachte aus ganzem Herzen, so dass ich einfach mitlachte. Sie war so bei sich, dass ich mich gar nicht fragte, wo ich eigentlich war. Und als ich diese merkwürdig aussehenden Ostdeutschen mit ihren Kunststoffschuhen ansah, schämte ich mich ein wenig für meine rahmengenähten Sanders, die mir Anton zur Ankunft in Berlin geschenkt hatte.

Mittlerweile rollten die ersten Autos durch den Übergang und durften nicht weiterfahren, bevor nicht jeder Insasse alle erreichbaren Hände geschüttelt hatte und von den umstehenden Damen geküsst worden war. Und tatsächlich, auch ich reichte meine Hand und sie wurde wirklich geschüttelt und dann trommelte ich zu meinem eigenen Erstaunen auf dem Plastikdach eines Trabanten herum. Als ich einen alten Mann sah, dem die Tränen aus dem faltigen Gesicht sprangen, wischte auch ich mir die Augen. Meike und Anton waren mit den Menschenmassen weitergetrieben worden, die um diesen Übergang herum wogten, aber das war nicht wichtig, weil ich mich unter diesen Leuten hier gut fühlte. Genauso wie es nicht wichtig war, dass sie Jeans trugen und karierte Hemden, sich einen Schnurrbart stehen ließen und morgens womöglich vor dem Spiegel zu den Puhdys tanzten.

Während ich in dem Trubel hin- und hergeschoben wurde, fragte ich mich, was eigentlich los war und warum ich nicht nach Hause ging. Mich vor den Fernseher setzte, mit Anton Wein trank und mit Meike über unmögliche Frisuren in Ost und West sprach. Und mit einem Mal verstand ich gar nicht mehr richtig, warum ich nicht dazugehören wollte. Warum alle, die ich kannte, darauf bedacht waren, sich abzugrenzen. Anders zu sein als die Masse, keinem Verein, keiner Partei, keiner Gruppe anzugehören. Zur Revierabgrenzung kleine Gartenzäune in Form von Vorlieben für Musik, Kleidung und Ausgehgewohnheiten aufstellten.

All die Jahre hatte ich das Banale und Alltägliche nicht ertragen können, weil es mich an die Ziellosigkeit und Leere des Lebens von Menschen erinnerte, die sich selbst verachten. Genau genommen erinnerte es mich an mein eigenes Leben.

Aber auch der Umzug nach Berlin war eine Absetzbewegung, ein Versuch sich abzugrenzen, eine subventionierte Nische zu finden, in der sich ein bequemes Leben mit irgendeiner Art von Besonderheit verbinden ließ. Und jetzt überwanden diese Menschen, die wie zum Hohn dem Klischee des durchschnittlichen, ununterscheidbaren Deutschen entsprachen, die Mauer. Waren diese Leute denn lebensmüde, hatten sie vergessen, was in Berlin dreiundfünfzig, in Budapest sechsundfünfzig und in Prag achtundsechzig geschehen war? Was hatten die Dissidenten in Prag und die Werftarbeiter in Danzig denn schon erreicht?

»Wir sind das Volk« zu brüllen erschien mir grotesk, pathetisch und stumpf. Aber gleichzeitig wusste ich, dass meine Freiheit darin bestand, rosa statt blaue Hemden zu tragen. Der Satz »mir kann nichts passieren« war höchst zweideutig. Wie das ganze Land hatte ich dafür gesorgt, dass keine Zugluft in die kleine, gemütliche und etwas vermuffte Nische drang, die mein Leben war. Auf der Straße ging es um mehr, nicht nur, weil Mut dazugehörte und auf den anderen Seite Grenzbeamte mit Pistolen standen. Ein aufregendes Buch, ein paar Platten oder neue Schuhe würden diese Menschen nicht besänftigen. Der billige Ersatz, sich an einem Anderssein zu berauschen, interessierte hier niemanden. Intellektuelle mit Brillen aus den Siebzigerjahren, Kirchenleute und Kulturmenschen forderten freie Wahlen und Presse- und Reisefreiheit. Mollige Verkäuferinnen, schnurrbärtige Arbeiter und verhärmte Büroangestellte gingen zusammen zu Montagsdemonstrationen. Schüler und Studenten zündeten Kerzen vor den Kirchen an und trotzten den Uniformen. Diese Menschen mit ihren lächerlichen Kleidern, ihren merkwürdigen Schuhen und dem Freiheitspathos, das sowieso zu nichts führen würde, waren nicht mehr peinlich und abstoßend. Sie hatten nicht taktiert, hatten es nicht besser gewusst und sich den Verhältnissen angepasst. Sie hatten nicht über die Sinnlosigkeit der Moderne und die Übermacht des Staates räsoniert, die Teilung nicht historisch, politisch oder ökonomisch gerechtfertigt, sondern waren aufgestanden. Wo ich dem sinnentleerten Immergleichen entfliehen wollte, hatten sie die Mauer überwunden, die ihnen im Weg war. Als mich die Frau mit den blonden Haaren umarmte, spürte ich den Ekel vor ihrer Nähe, ihrem säuerlichen Atem und dem Geruch von Schweiß. Und doch setzte ich mich nicht ab. Als die ersten Ostdeutschen an mir vorbeiliefen und ich ihre frohen und erleichterten Gesichter sah, wusste ich, dass ich etwas anderes wollte als das Nicht-dazu-Gehören und Fortlaufen aus einem leeren Leben in einem Land, das sich selbst unerträglich war. Dass mir in Zukunft kein Ersatz, keine Ausflüchte, keine Schreckensszenarien mehr Luft verschaffen würden. Dass es ein Dasein jenseits von Rückzug, Selbstverachtung und Selbstauslöschung geben musste. Mit diesen Menschen, diesem Land und mir geschah wirklich etwas, nicht wie in den verregneten Herbstwochen im Internat, »ich wünschte, dass endlich etwas passiert«, nur ein Ende dieser Angststarre vor Raketen und vergifteten Flüssen und der Wiederkehr der Nazis. Wenn das hier Geschichte war, dann handelte sie nicht von einer Analyse vergangener oder kommender Katastrophen, sondern von verschwitzten, aufgelösten und ein wenig hilflosen

Menschen, die scheu in die Fernsehkameras blinzelten. Im Vergleich zu Brecht, Lukacs und Amery waren diese Leute banal. Aber sie waren echt. Das Gewöhnliche glänzte. »Unglaublich«, dachte ich, »mich gibt es ja wirklich.«

5

Erkundung

Wie die Sonne die Landschaft verändert, wenn sie weiterzieht, verwandelte der Mauerfall meine Welt. Was im Dunkeln lag, wurde hell beleuchtet, was zuvor im gleißenden Licht lag, geriet in den Schatten. Die Endzeiterwartung der späten achtziger Jahre verschwand unter dem Jubel der Mauerspechte, die begannen, das Symbol der Teilung zu durchlöchern. Nach den zähen Achtzigerjahren, der Furcht vor dem Waldsterben, dem sauren Regen, der Atomkraft und dem Ende der Ölvorräte, der Luxuswelle und dem gepflegten Zynismus war eine Revolution in unser Selbstmitleid und unseren Trübsinn geplatzt. Die raunenden Befürchtungen, die Fluchten in den Konsum und die ironische Distanz verblassten gegenüber der Beschleunigung der Wirklichkeit.

Antons Vorträge liefen zunehmend ins Leere. Früher hatte ich an seinen Lippen gehangen, wenn er von Trafalgar Square und Soho, von Byron und Shelley erzählte. Jetzt waren Warschau, Budapest und Ostberlin interessanter als London. Es war, als ob eine Zeitmaschine den Zugang zu einer parallelen Wirklichkeit eröffnet hätte, die lange verschlossen gewesen war. Der Osten Europas war ein Teil unserer Welt geworden. Genau genommen hatte er sich als der bessere Teil erwiesen: Das Recht auf Selbstbestimmung war dort nicht herablassend belächelt, sondern mit dem eigenen Leben verteidigt worden. Dort war echt, was uns nur noch Lippenbekenntnisse wert war. Keine Waffen und kein organisierter Aufstand hatte die Mauer durchbrochen, es war das Verlangen nach Freiheit gewesen.

Anton blieben meine Gedanken nicht verborgen. Er beschwerte sich über meine »Rührseligkeiten.« Wo ich mich über den Sieg der Sehnsucht über eine schlechte Wirklichkeit freute, sah Anton eine Implosion der Dummheit:

»Mit diesen Schreihälsen ist kein Staat zu machen«, warnte er. »›Wir sind das Volk‹ war in Ordnung. ›Wenn die D-Mark nicht zu uns kommt, gehen wir zu ihr‹ kommt der Wahrheit allerdings näher. Opportunismus ist keine Freiheitsliebe. Nicht umsonst formulieren sie ihre Ansichten als Drohung.«

»Immerhin«, beharrte ich, »haben sie den Lauf der Geschichte geändert.«

»Jetzt hat jeder seine Arbeit, seinen Trabi, seine Datsche und die Kollegen. Bald ist alles unübersichtlich und anstrengend. Dann wollen sie ihre Mauer wiederhaben. Deine Idealisten sind genauso egoistisch und habsüchtig wie alle anderen.«

Früher hatten wir es genossen, miteinander zu streiten. Es tat mir gut, wenn Anton meine verzweifelnde

Sehnsucht nach Gerechtigkeit und Befreiung dämpfte. Er war es gewesen, der mir geholfen hatte, das Internat zu überstehen und den Mut zu bewahren. Es war tröstlich gewesen zu hören, dass der Mensch nun einmal nicht zum Engel geboren ist. Dass Hobbes und Freud vor seiner Wolfsnatur gewarnt haben. Wahrscheinlich hatte Anton auch diesmal recht und in ein paar Jahren würden sich die Bürgerrechtler selbst von der Freiheit abwenden, die sie mutig erkämpft hatten. Aber jetzt hatten sie gesiegt, sie hatten bewiesen, dass die Welt nicht blind in den Abgrund taumelte. Sie waren auf einem Weg zum Ziel gekommen, der aussichtslos schien. Jeden Tag hatten sie sich der Gefahr von Schikanen, Verfolgung, Verhaftung und psychischer Folter ausgesetzt. Und natürlich, ich wollte wie sie sein, eigene Schritte tun, eigene Entscheidungen treffen, mich nicht mehr treiben lassen. Antons schulterzuckender Fatalismus erschien mir jetzt beschränkt, hilflos und einfältig. Der Freund, zu dem ich lange aufgesehen hatte, begann rechthaberisch und zunehmend lächerlich zu wirken.

Und nicht nur in meinen Augen. Früher hatte mir Meike einen freundlichen, aber auch etwas mitleidigen Blick zugeworfen, wenn ich meine romantischen Positionen vertrat. Jetzt stellte sie sich schon nach wenigen Sätzen offen auf meine Seite. Sie nannte Anton einen »pessimistischen Pedanten« und verbat sich weitere Belehrungen über die menschliche Natur. Vor dem Mauerfall hatte Anton in unseren Gesprächen den Ton angegeben, nun wurde er immer öfter von Meike und mir überstimmt. Bald wirkte Anton matt und seine Rede kraftlos, als ob sich seine

Selbstzweifel mit unserer Skepsis zu einer Kettenreaktion verbunden hätten, die ihm den Atem nahm. Schwer zu sagen, ob es meine Zurückhaltung war, oder ob sich Meike aus eigenem Antrieb Antons Nähe entzog. Jedenfalls nahm sie auch seine Launen nicht mehr widerspruchslos hin und die neuen roten Schuhe, die er aus London für sie mitgebracht hatte, lagen eine Woche lang im Flur, ohne dass sie sie anprobiert hätte.

Während Anton bei seiner Mutter war, dachte ich oft an Bernd. Er war mit uns auf dem Internat gewesen, aber dann zu seinen Großeltern nach München gezogen. Er war klein, dunkelhaarig und still. Eines Morgens erschien er nicht zum Unterricht. Wie sich herausstellte, hatte er Schlaftabletten geschluckt. Die Sache war nicht lebensbedrohlich: Mit modernen Barbituraten allein verlässt niemand diese Welt. Die Schulleitung vertuschte den Vorfall, aber bald nahmen ihn seine Großeltern zu sich. Bernd verschenkte seine Sachen, bevor er zu ihnen zog. Obwohl wir uns nicht gut kannten, gab er mir ein Buch. Er kam in mein Zimmer, sagte »für dich«, sah mich einen Moment zu lange aus seinen dunklen, traurigen Augen an und ging dann ohne ein weiteres Wort. Wir haben uns noch einmal in München getroffen, aber wir konnten nicht miteinander sprechen, nicht einmal über das Buch. Es handelte von einer Motorradreise durch Amerika, der Sehnsucht anzukommen und der Verzweiflung, an einen schwachen Körper und eine labile Psyche gebunden zu sein. Der Text ging mir nahe – so sehr, dass ich das Buch bald weglegen musste. In diesen Zeilen war eine Vertrautheit zu Bernd, die uns in Wirklichkeit nicht vergönnt gewesen war. Erst als die Menschen unter dem Brandenburger Tor tanzten, fand ich den Mut, das abgegriffene Exemplar wieder in die Hand zu nehmen. Zum ersten Mal vertiefte ich mich in den Text, ohne nach wenigen Sätzen abzubrechen. Der Roman hatte sich mit meinem Blick auf ihn, mit dem Ende des Eisernen Vorhangs, gewandelt. Es war nicht mehr die Geschichte einer Verzweiflung, sondern eines sanften Aufbruchs. Im Winter neunundachtzig schien mir, für Bernd hätte alles gut werden können, wenn der Mauerfall früher gekommen wäre. Er wäre mit mir durch Berlin gezogen, vielleicht hätten wir Motorräder gekauft. Wir wären durch Brandenburger Alleen gefahren, um unsere Verzweiflung zum Schweigen zu bringen, und dann weiter, bis an die Ostsee. Jetzt, mit der Wende, gab es neue Wege, neue Möglichkeiten. Es war keineswegs ausgemacht, dass auf vergangene Katastrophen neue folgen mussten. Die Zukunft war nicht mehr grau verhangen, und so wie die Mauer an tausend Stellen mit Hämmern und Meißeln aufgebrochen wurde, erschienen die apokalyptischen Visionen der Achtziger nur noch wie eine löchrige Fassade. Aber Bernd hatte weniger Glück gehabt als ich, er war den grauen Tagen im Internat nicht entkommen. Sein Umzug zu den Großeltern hatte keine Beruhigung gebracht, er hatte seine Medikamente immer wieder nicht genommen und war wiederholt nach Haar eingewiesen worden. Sein zweiter Versuch, im Badezimmer seiner Großeltern, war nicht fehlgeschlagen.

Der Mauerfall kam ohne die erwartete Welle von Selbsttötungen aus. Während gesellschaftliche Ereignisse die Zahl der Suizide in der Regel steigen lassen, sank sie nun deutlich, und zwar nicht nur im Osten – wo sie während der Teilung des Landes beim anderthalbfachen des westdeutschen Wertes gelegen hatte –, sondern auch im Westen. Die Jugendlichen im Osten wiesen nach dem Mauerfall den stärksten Rückgang auf: Die Zahl ihrer Suizide halbierte sich im Lauf der neunziger Jahre. In den alten Ländern fiel sie bei den Männern um dreißig, bei den Frauen um vierzig Prozent. Seit dem Beginn systematischer Erhebungen am Ende des neunzehnten Jahrhunderts gab es kein Ereignis, das die Gefahr der Selbstauslöschung wirksamer reduziert hätte.

Wahrscheinlich konnte ich Bernds Buch jetzt lesen, weil das Schicksal nicht mehr unausweichlich erschien. Nicht, dass es keine Atomraketen und Umweltzerstörung mehr gegeben hätte. Aber es war anders gekommen, als es Mettmann und die anderen Untergangspropheten ausgemalt hatten. Es gab keine automatische Geschichte, keine unausweichliche Dialektik, der wir ausgeliefert waren. In den Tagen nach der Wende hatte ich immer wieder einen Traum: auf einer weiten Fläche zu stehen und mit großer Gelassenheit darüber nachzudenken, wohin ich meinen Fuß setzen sollte. Ohne Unruhe und Sorge frei entscheiden zu können, in welche Richtung ich gehen wollte. In meinem Traum waren alle Möglichkeiten meines Lebens in meinem Körper gespeichert, nicht nur als abstrakte Optionen, sondern als physische Bestandteile.

An einem Morgen Mitte November klingelte es und in der Tür stand ein Mann in Lederjacke, schwarzem T-Shirt, Jeans und ungepflegten Haaren. Er fragte nach Meike. Sie führte ihn in die Küche und setzte Kaffee auf. Anton und ich standen am Fenster und sahen schweigend zu. Als ihr unsere Blicke zu viel wurden, wendete sie sich uns mit einem Ruck zu und sagte: »Mein Bruder Hagen.«

Hagen war nach einem Streit von seiner Freundin an die Luft gesetzt worden, hatte die Nacht auf der Straße verbracht und suchte jetzt ein Dach über dem Kopf. Er lebte seit Anfang der Achtziger in Berlin und war acht Jahre älter als Meike. Wenn man die beiden sah, schätzte man den Altersunterschied geringer ein. Meike ließ Hagen unbeholfen erscheinen. Mit einer Mischung aus Vertrautheit und nachsichtigem Spott schickte sie ihn unter die Dusche, stopfte seine Kleidung in die Waschmaschine und zog frische Sachen aus Antons Schrank. Hagens Ohrringe und zottige, schwarz gefärbte Haare boten einen hübschen Kontrast zu Antons rosa Polohemd. Er wurde in meinem Zimmer untergebracht, es sollte nur für ein paar Tage sein.

Wenn es um Politik ging, streifte Hagen seine Unbeholfenheit ab und sein norddeutscher Akzent klang schneidend. Er ließ durchblicken, dass er sich an Aktionen zur Befreiung von Tieren aus Versuchslabors beteiligt hatte. Auch bei Essigsäureanschlägen auf teure Restaurants sei er dabei gewesen. Mit ehrlicher Überzeugung verteidigte er die Vollbeschäftigung im Osten als soziale Leistung. Meike rollte die Augen: »Hagen, du redest schon wie Vater. Ich bin nicht nach Berlin gezogen, um mir diesen Unsinn anzuhören. Deine Vollbeschäftigung ist staatlich organisierte Unterbeschäftigung. Außerdem scheren sich die Sozialisten nicht um Tierschutz.«

»Es wäre der erste Staat, in dem die Herrschenden keine Privilegien genießen«, warf Anton ein. »Überall gibt es eine Klasse von Herrschenden, man darf nur ihrer Heuchelei nicht glauben.«

Hagen starrte irritiert auf das Logo von Antons Polohemd und stammelte etwas, das nach Zustimmung klang.

»Gestern habe ich Ostfernsehen gesehen«, versuchte Meike abzulenken. »Ein Reporter war in diesem Prominentenghetto in Wandlitz. Ratet mal, was die für Waschmaschinen haben – frisch importiert aus dem Westen. Auch der Kaufladen war voll von Westlebensmitteln. Der Verkäuferin waren die Kameras sichtlich peinlich. Wahrscheinlich hat sie deshalb zugegeben, dass die Waren schon immer aus dem Westen kommen. Ist das nicht abartig: von Gleichheit zu sprechen, aber sich Privilegien zu genehmigen, von denen andere nur träumen?«

Hagen fing an, von der Überlegenheit der Klasse der Werktätigen zu sprechen. Aber als er Meikes Gesicht sah, verstummte er.

Es war nicht meine Absicht, allein mit Meike nach Ostberlin zu fahren. Und schon gar nicht, Anton zu hintergehen. Es hat sich so ergeben, wahrscheinlich war es unvermeidlich. Anton konnte uns, was den Osten anbelangte, nicht folgen. Weder unserer Begeisterung für den Umbruch, noch dem Interesse an dem anderen Deutschland. Zu dritt waren wir glücklich gewesen, aber die Situation war gekippt. Er wollte bleiben, wir wollten weiter.

Als ich sagte, »merkwürdig, wir reden über ein Land, das wir nicht kennen und doch nur ein paar S-Bahn-Stationen entfernt ist«, antwortete Meike ohne Zögern: »Lass uns morgen fahren.« Anton sah uns erstaunt an, ungläubig wandte er den Blick von Meike zu mir und zurück. Dann murmelte er etwas von einem Seminar, das er vorbereiten müsse, während Hagen erklärte, kein Geld für den Zwangsumtausch zu haben. Anton lehnte sich zurück, verschränkte die Arme und nickte uns zu: »Dann fahrt ihr.«

Wir nahmen die U-Bahn bis Charlottenburg, bestiegen dort die S-Bahn, spürten, wie der Zug stockend anfuhr, durchquerten den Westen der Stadt und betrachteten die Windungen der Spree, die die Trasse kreuzte. Als wir den Mauerstreifen überquerten, rückte Meike näher an mich heran. Den Tag mit ihr zu verbringen, sie anzusehen und ihre Stimme zu hören, war eine erfreuliche Aussicht.

Während in der westlichen Innenstadt Lärm, Hektik und die grellen Farben der Reklame herrschten, schlummerte ihre östliche Schwester in vielerlei Grau. Die Mischung aus Kohlegeruch und Desinfektionsmittel, die uns beim Umsteigen auf dem Bahnhof Friedrichstraße in die Nase stieg, verband sich mit dem staubigen Bahnsteig, den schwarzen Stahlträgern, den von Staub blinden Glasscheiben und den winzigen Anzeigetafeln zu einem tristen Bild heruntergekommener Moderne. Nachdem wir eine spärlich beleuchtete Unterführung durchquert hatten, erreichten wir das Abfertigungsgebäude, wegen der Abschiedsszenen Tränenpalast genannt. Die Grenzsoldaten versahen ihre Tätigkeit, als wäre die Mauer nie gefallen. Wir wurden getrennt und traten einzeln in Schleusen ein, deren Eisentüren mit elektrischen Riegeln versehen waren. Ein Relais klackte und die Tür schloss sich hinter mir. Die Wände waren mit Holzimitat versehen und so hoch, dass es unmöglich war darüberzuklettern. Die bedrückende Enge wurde dadurch verstärkt, dass der uniformierte Grenzbeamte hinter einer Glasscheibe auf einem Podest thronte und auf mich herabsah. Durch einen Schlitz auf Augenhöhe sollte ich ihm meinen Pass reichen, den die Staatsmacht mit herablassender Strenge entgegennahm. Dann war das rechte Ohr freizumachen – vorgeblich zur Identifizierung, tatsächlich wohl auch um zu prüfen, ob Anweisungen widerstandslos befolgt wurden. Der Beamte sah von seinem Thron streng auf mich herab, während ich mich in den resopalverkleideten Metallkäfig duckte. Eigentlich war die Kontrolle nach der Öffnung der Mauer gegenstandslos geworden, doch die Beamten vollzogen weiterhin ihr Ritual.

Auch mir war bewusst, dass ihre im Kasernenton vorgetragenen Anweisungen ein Relikt aus einer versinkenden Zeit war. Aber die Zelle und ihre Ausstattung, die reibungslosen Abläufe, die routiniert hervorgestoßenen Worte ließen mich anstandslos funktionieren, wie ein Stück Vieh, das in einen Pferch gezwängt wird, um es zu scheren oder ihm ein Brandzeichen aufzusetzen. Ich war froh, dass es keine Unregelmäßigkeiten gab, dass alles seinen Gang ging, meine Gehirn fasste keinen Gedanken, der Obstruktion oder Humor oder auch nur ein überflüssiges Wort hervorbringen hätte können. Nachdem ich den geforderten Zwangsumtausch bezahlt hatte und im Gegenzug Ostscheine erhalten hatte, die mir absurd klein vorkamen, war es, als ob der Beamte und ich nur noch ein Ziel hätten, das gemeinsame Interesse, mich nach den Regeln des Verfahrens aus dieser wie zum Hohn mit freundlicher Holzmaserung versehenen Metallzelle herauszubringen, die, wie mir schien, nach dem Angstschweiß derer roch, die vor mir diesen Weg gegangen waren, nur raus hier, Himmel sehen, durchatmen. Der Pass wurde zurückgereicht, das Gesicht hinter der Scheibe war immer noch streng, doch eine Spur gelassener, »wüllkommninderDDR«, erstaunlich wie er sprach, die Zähne zusammengebissen, ohne die Kiefer zu öffnen, wieder das Klacken, diesmal an der Tür vor mir, die ich ruckartig aufzog, und, ohne einen Blick zurückzuwerfen, aus dem Verschlag stolperte.

Draußen wurde Meike fast im gleichen Moment aus der Zelle neben mir entlassen. Den Blick auf den blauen Novemberhimmel gerichtet, fragte ich mich, ob sie aus Gewohnheit oder Mangel an Alternativen bei »machnsiesreschteohrfrei« blieben, ob es ihr Leben war, in diesem klackenden Metallkäfig zu sitzen und ob Anton recht hatte, wenn er sagte, dass für die meisten Menschen nur die Gewohnheit zähle und dass Gleichförmigkeit ihr größtes Glück sei. Meike sah mich sorgenvoll an, fragte, ob mir gut sei und zog mich auf die Friedrichstraße, wo ich aus meiner Benommenheit allmählich zu mir kam.

Während der Klassenfahrt vor drei Jahren war ich schon einmal in Ostberlin gewesen. Es war ein heißer Sommertag,

Anton und ich fuhren zum Müggelsee und gingen baden. In Erinnerung geblieben ist mir wässeriges Bier und die Auswahl des Buchladens, in dem wir unseren Zwangsumtausch ausgaben. Die ehrliche Begeisterung für das sozialistische Verlagswesen hatte einen Dämpfer erhalten, als ich feststellte, dass in der Ostausgabe von »Erfolg« die Stellen fehlten, in denen Feuchtwanger die Ähnlichkeit von Nazis und Kommunisten beschreibt. Soweit reichten die Freiheiten eines antifaschistischen Schriftstellers offenbar doch nicht.

Nach dem Mauerfall machte Ostberlin einen freundlicheren Eindruck. Zwar bliesen knatternde Kolonnen von himmelblauen Trabanten immer noch graublaue Rauchfahnen in die Luft. Die Gebäude waren wie zuvor schwarz von Ruß und gezeichnet von Einschüssen und Granatsplittern. Aber das Gefühl der Enge, der hermetischen Abgeschlossenheit, verging. Die Menschen bewegten sich schneller, als ob sie fürchteten, in der neuen Zeit etwas zu versäumen. Die Polizisten, die vorher an den Straßenkreuzungen in kleinen, verspiegelten Häuschen gesessen hatten, standen jetzt blinzelnd in der spätherbstlichen Sonne, als wollten sie sich den neuen Perspektiven stellen.

Meine Anspannung wich einer freudigen Zuversicht. Meike ging mit mir durch Straßen, in denen wir nie gewesen waren. Es war eine Parallelwelt zu der Stadt, in der wir lebten. Hier war nicht der westliche Teil der Stadt, den sich Anton erobert hatte. Hier war unerschlossenes Gebiet, ein unrenoviertes, unbesetztes Berlin, das wir uns zu eigen machen konnten. Ganz gleich, wie die Geschichte weitergehen würde, dieser sonnige Novembertag kurz nach dem Mauerfall würde uns gehören. Den ganzen Tag verglich ich, was ich im Osten sah, mit dem, was ich aus dem Westen kannte. Dabei ging es mir nicht um die Unterschiede. Im Gegenteil, ich freute mich, dass beide Stadthälften unübersehbar zusammengehörten. Dass die S Bahn hier wie dort fuhr, dass die Straßen ähnlich angelegt waren und in ihnen die gleichen Altbauten standen. Die Teilung der Stadt war ein dramaturgischer Kniff, sie schärfte das Bewusstsein für die Gemeinsamkeit, den gleichen Ursprung, die Zusammengehörigkeit trotz der Trennung. Die Freude beim Entdecken der Gemeinsamkeiten im Unterschied war ein Gefühl, das ich von dem Pendeln zwischen meinen Eltern kannte. Die Suche nach Beweisen, dass sie einmal ein Paar gewesen waren, sich geliebt und miteinander gelebt hatten. Das Bedürfnis, sich der eigenen Herkunft in einer gespaltenen Gegenwart zu versichern, die Lust, Gemeinsamkeiten in Gegensätzen aufzuspüren, die Befriedigung, in verfeindeten Parteien das Verbindende zu entdecken. Auf eine unbestimmte Art hoffte ich auch, dass sich die Verbindung zwischen Anton und Meike als genauso widernatürlich erweisen würde wie die Teilung der Stadt, dass sie stattdessen zu mir finden würde, und es uns ginge wie dem ganzen Land, das die naheliegendste Lösung so lange ignoriert hatte. Dass sie die innere Grenze für historisch unvermeidlich gehalten hatte und jetzt feststellte, dass die Zukunft offen war und nicht mehr vermauert, mit Beton blockiert und durch Selbstschussanlagen gesichert. Die drohende Entzweiung mit Anton, der Zwiespalt mit meinen Eltern: Die Spaltung war nicht mehr in mir, sondern um mich, ich war Berlin und wenn Berlin wieder eins geworden war, dann würde auch ich meine Zerrissenheit aushalten, überwinden, heilen.

Und der Sand. Im Osten gab es in jeder Straße eine Brache, die der Krieg zurückgelassen hatte, ein aufgelassenes Grundstück, auf dem einmal ein Haus oder eine Fabrik gestanden hatte und das jetzt notdürftig mit Wellblech eingezäunt war. Hinter dem Zaun waren Hügel und manchmal auch Krater, in denen krautige Gewächse wucherten und ab und zu eine Birke. Wenn am Körper Berlins eine Wunde gerissen wurde, kam der Sand zum Vorschein, als Mahnung an die Vergänglichkeit und Warnung, dass sich die Stadt wieder zurückverwandeln konnte in die märkische Einöde, aus der sie einmal entstanden war. Der Sand war Erinnerung an die schlechten Böden, in denen nur Kartoffeln wirklich gut wuchsen, und an die Mühsal, aus der Preußen erstanden war. Und er war zugleich Versprechen: eine Ahnung von Strand, Leichtigkeit und Neubeginn.

Von der Friedrichstraße liefen wir durch Unter den Linden bis zum Alexanderplatz. Der Fernsehturm und die Hochhäuser erschienen uns gewollt repräsentativ, der Platz übergroß und leer. Die wenigen Menschen, die zu sehen waren, wirkten in dieser Weite klein und verloren. Wahrscheinlich musste man diesen für Großkundgebungen erbauten Ort mit fahnenbewehrten Hundertschaften bevölkern, um ihn angemessen zu nutzen.

Aber in Richtung Westen machten wir ein Gewirr schmaler Straßen aus. Wir stießen auf einen kleinen Friedhof, auf dem preußische Offiziere begraben lagen. »Gneisenau, Scharnhorst, Kleist« las Meike von den Kreuzen der Gräber ab. Obwohl oder gerade weil die Grabstellen halb verfallen waren, berührte uns ihre schlichte Eleganz. Wir verbrachten den Nachmittag unter den Bäumen, wanderten auf den halb überwachsenen Wegen auf und ab und unterhielten uns leise. Ich erzählte vom Internat, meiner Mutter und Mettmann. Meike sprach von ihren Eltern und der Küste. Ihr Vater hatte mit seinen Kindern stundenlang Vögel im Watt beobachtet, baute im strömenden Regen Übergänge für die Krötenwanderung und unternahm Fahrradtouren, die sich bis zur Erschöpfung der Kinder hinzogen. Hagen hatte es härter getroffen als sie. Er war älter und ein Junge: Der Vater hatte ihm viel abverlangt. Der Großvater war ein Nazischriftsteller, von dem sich der Vater abgrenzen wollte, von dem er aber zugleich eine harte Hand hatte. Die Eltern waren sich Ende der fünfziger Jahre bei den Nachfolgern des Wandervogels begegnet, verehrten Bach und hatten zusammen in einem Chor gesungen. Mit Meikes Geburt hatte ihre Mutter – beide Eltern waren Lehrer gewesen – aufgehört zu arbeiten. Sie war schon immer schwermütig gewesen und zog sich zunehmend zurück, während sich der Vater um die Kinder kümmerte und mit ihnen immer ausgedehntere Ausflüge unternahm. Mit den Jahren wurde ihre Depression stärker, so dass sie kaum noch das Haus verließ. Beides, die Schwermut der Mutter und die übermäßige Naturbegeisterung des Vaters, seien Gründe, warum ihre Kinder in Berlin lebten. Sie, Meike, hoffe jedenfalls ihren dunklen Gedanken in der Stadt leichter zu entfliehen als auf dem Land.

Der Friedhof wirkte beruhigend auf mich. Es war, als ob die Figuren auf den Gräbern meiner Verzweiflung über das Bestehende die Kraft nehmen würden. Auch Meike schien der Ort gut zu tun, so freimütig hatte ich sie selten sprechen hören. Vielleicht hörte ich ihr auch besser zu als der oft mit sich selbst beschäftigte Anton. »Das Leben wird besser«, sagte ich, »spätestens, wenn du selbst Kinder hast.« Meike lächelte traurig, eine Anerkennung für den Versuch, sie aufzumuntern. Alle Frauen wünschen sich Kinder, das dachte ich damals jedenfalls. Aber sie antwortete: »Ich will nicht enden wie meine Mutter, verzweifelt und einsam. Und ich bin nicht sicher, dass ich mit Kindern besser umgehe als mein Vater. Also lasse ich es lieber. Wollen wir zurück?«, fragte sie dann, als wäre schon alles gesagt, »es wird kühl.« »Noch nicht«, hatte ich geantwortet. Und so liefen wir noch ein Stück Richtung Norden, in die entgegengesetzte Richtung auf der Friedrichstraße, über die wir wieder ausreisen mussten. Mit dem Sonnenuntergang war es kalt geworden und wir fanden keinen Ort, um uns aufzuwärmen. Als wir schon umkehren wollten, sahen wir die Kneipe. Sie befand sich in einer ehemaligen Brauerei, die im historisierenden Stil der Jahrhundertwende errichtet worden war und trotz ihrer märkischen Klinkerfassade an eine Burg erinnerte. An der Straßenkreuzung erhob sich ein Turm über die umliegenden Häuser, an seinem Fuß führten einige Stufen in die Gasträume. Die Inneneinrichtung war einfach, aber modern. Auf der Bühne in einem Seitenzimmer des Schankraums sollte »Campanella is dead« spielen. Als ich Anton später von dem Konzert erzählte, konnte er sich vor Lachen kaum beruhigen. Tommaso Campanella, so berichtete er, war ein italienischer Utopist des 17. Jahrhunderts, der von einem Sonnenstaat geträumt hatte, in dem Armut und Reichtum abgeschafft und die Arbeitszeit auf vier Stunden am Tag begrenzt wäre. In seinem Staat sollte es kein Privateigentum geben: Mahlzeiten, Wohnungen, Frauen und Männer würden von allen geteilt. Campanella stellte sich seine Utopie als streng gegliederte Ordnung vor. An der Spitze des zentralistischen, mathematisch und naturwissenschaftlich ausgerichteten Staates steht ein Priesterkönig. »Sozusagen ein Gulag mit Luxusversorgung.«

»Campanella hat die Sowjetunion und ihre Satelliten besser verstanden als Gorbatschow«, sagte Anton. »Wo Zentralstaat und Bürokratie zerfallen, ist Marx nicht zu retten.«

»›Marx ist dead‹ konnten sie sich schlecht nennen.«

»In der Tat. Campanella ist ein Vorläufer Lenins. Auch die Diktatur des Proletariats ist eine Diktatur.«

Als Meike und ich Kaffee tranken, setze sich ein Mittzwanziger an unseren Tisch. Er hatte den Schädel geschoren, trug olivgrüne Armeehosen, einen dicken schwarzen Pullover und eine Weste, die aus einem Flokati-Teppich zusammengenäht war. Er lächelte uns freundlich an, stellte sich vor und gab uns die Hand, blieb dabei aber sitzen. Meike erwiderte zögernd seinen Gruß, während ich mich halb erhob und in gekrümmter Stellung viel zu lange seine Rechte schüttelte. Meike grinste. Frank, das war sein Name, erklärte, dass es sich bei dem Lokal um eine Art Jugendzentrum mit angeschlossener Küche handele. »Eine der Kneipen, in die man gehen kann.« Sein weiches Gesicht, seine kräftigen Hände und die modische Kleidung waren eine merkwürdige Mischung. Als hätte man einen Bankangestellten ein halbes Jahr Holz hacken und dann von einem Kunststudenten einkleiden lassen.

Prenzlauer Berg sei das Zentrum der Unangepassten, Künstler, Studenten und Wohnungsbesetzer. Erstaunt fragte Meike, ob es im Osten auch Besetzer gäbe. Frank berichtete, dass viele Altbauwohnungen leer stünden. Es sei schwer, an einen Wohnungsantrag zu kommen, aber wenn man ihn erst einmal in Händen hielte, könne man Wohnungen ohne Schaden ablehnen. Sei eine Wohnung drei Mal abgelehnt, gelte sie als unvermietbar und werde nicht mehr angeboten. Wohnungen, die schlecht ausgestattet seien, Wasserflecken hätten oder schlecht zu heizen wären, etwa weil sie über einer Einfahrt lägen, würden auf diese Weise schnell aus dem Angebot herausfallen. Und sei ein Haus erst einmal zur Hälfte leer, dann wäre auch der Rest kaum zu vermieten. Außerdem ersetze die Regierung Altbauten durch Plattenkomplexe und hätte deshalb die Vermietung eingeschränkt. »Aber dazu steht nichts im Neuen Deutschland. Die Leute werden in ein paar Tagen umgesetzt und die alten Häuser gesprengt.«

Meike berichtete von einem Besuch in einem besetzten Westberliner Haus. Bekannte von Hagen waren im Sommer in das leerstehende Gebäude gezogen. Es stand wie ein einzelner Zahn auf einer von Glassplittern übersäten Brachfläche. Das Gas war vor langer Zeit abgestellt worden und die Kachelöfen hatte der Besitzer mit einem Vorschlaghammer unbrauchbar machen lassen. Wasser und Strom kamen über jeweils eine einzige Leitung, die von einer nahen Kleingartensiedlung in das Haus gelegt worden war. In der Nacht vor ihrem Besuch hatte es den ersten Frost gegeben und als sie eintrafen, war die Hälfte der Besetzer schon ausgezogen.

Frank lächelte: »Strom, Gas und Wasser kosten hier nur ein paar Mark. Niemand macht sich die Mühe, Leitungen zu kappen, wenn die alten Mieter ausziehen. Und weil weder Stadtwerke noch Wohnungsverwaltung wissen, dass dort jemand wohnt, fragt niemand nach dem Verbrauch.«

Er machte eine verschwörerische Miene und rückte näher. »Das wirkliche Problem ist die HGL. Die Hausgemeinschaftsleitung haben verdiente Mieter, meistens Parteigenossen. Auch ein Bier?«

Ohne eine Antwort abzuwarten, ging er zum Tresen und kam mit drei Flaschen wieder. »Andererseits«, fuhr er mit einem Augenzwinkern fort, »bekommen sie kein Geld für ihre Tätigkeit. Es kann ihnen also niemand verübeln, wenn sie gar nicht merken, dass in der leeren Wohnung jemand wohnt.«

»Und wo wohnt ihr«, fragte ich.

»Rykestraße«, antwortete er und kritzelte die Adresse auf ein Stück Papier, »kommt doch vorbei.«

Kurz darauf kamen Jana, die Frank als seine Freundin vorstellte, sowie Alexander und Janine an unseren Tisch. Ihr Berliner Dialekt war so stark, dass wir sie kaum verstanden. Meike und ich wurden herzlich begrüßt. Vielleicht, weil wir aus dem Westen kamen und uns für den Osten interessierten. Dann fingen die Campanellas an zu spielen. Wir stiegen von Bier auf Gin Tonic um und es wurde ein sehr angenehmer Abend.

Genau genommen wurde es ein zu angenehmer Abend. Frank tanzte mit Jana, Alexander mit Janine und Meike wiederholte mit mir das Ritual aus der Turbine. Wir sprachen über Ost und West, das Überschreiten von Grenzen und wie wir den Mauerfall erlebt hatten. Meike saß neben mir und ich fühlte mich gut. Sie sah mich an und ich legte meine Hand auf ihre. Sie lächelte kurz und dann küsste sie mich. Erst kurz und dann lang. Mich überkam ein Gefühl der Schwerelosigkeit. Hier kannte uns niemand: Wer uns sah, hielt uns für ein Paar. Der Abend in Ostberlin war ein zweiter Mauerfall, eine Grenzüberschreitung, die Aussicht in Berlin anzukommen, ohne in Antons Kielwasser zu segeln. Es war gut, Meike anzusehen, ihre Stimme zu hören, ihre Hand zu halten, mit ihr zu tanzen und sie zu küssen. Am liebsten wäre ich an diesem Abend mit ihr in einen Zug nach Osten gestiegen, um Tage und Nächte zu fahren, durch Warschau, Minsk und Moskau, vorbei am Baikalsee bis zum Nordmeer, das, ganz sicher, die graublaue Farbe ihrer Augen haben würde.

6

Das Auge des Orkans

Das schwebende Gefühl des vergangenen Abends war am nächsten Morgen noch in mir. Es war nicht das Bier, der Gin oder die lange Nacht. Es war Meikes Kuss. Was sollte ich damit, hier, in der Wohnung meines besten Freundes? Ihr weicher, warmer Kuss, ein Versprechen, wie es sein könnte, wenn wir zusammen wären, vielleicht in Ost-Berlin, diesem nach Braunkohle riechenden Kokon, der jetzt unübersehbare Möglichkeiten bot. Mit anderen Freunden, einer anderen Wohnung, in einem anderen Deutschland. Zuerst wollte ich aufstehen und mit Anton sprechen. Ihm alles erzählen, reinen Tisch machen, nicht nur wegen Meike. Auch wegen ihm und mir. Zu lange schon war ich sein Trittbrettfahrer, sein Sancho Pansa, sein Faktotum. Dann fragte ich mich, was ich ihm sagen konnte. Dass Meike und ich miteinander getanzt hatten? Das taten wir immer. Dass der Abend schön gewesen war? Es würde ihn freuen. Dass wir uns geküsst hatten? Er würde mit den Schultern zucken. Dass ich nicht mehr ein noch aus wusste? Er würde mich auslachen.

Meike ließ sich nichts anmerken. Als wir mit Anton und Hagen Kaffee tranken, erzählte sie von dem Konzert und Franks Flokati-Weste. Hagen zeigte Interesse an den Besetzungen im Osten und nutzte die Gelegenheit, einmal mehr von der Stürmung des Supermarktes bei den Maikrawallen 1988 zu berichten. Anders als sonst protestierte Meike nicht gegen seine Erinnerungen und auch ich war über den Themenwechsel erleichtert. Mein Kopf tat immer noch weh und es fiel mir schwer, Meike nicht anzusehen.

Gemeinsam mit Anton und Meike in der Wohnung zu sein, war mir unangenehm, und so fuhr ich noch einmal nach Ostberlin. Vielleicht würde unsere Situation klarer, wenn ich die Reise, die Meike gestern mit mir angetreten hatte, noch einmal machte.

Am S-Bahnhof Marx-Engels-Forum musste ich in die Straßenbahn umsteigen. Das Gebäude war aus roten Klinkern gemauert und von einem Glasdach überwölbt. An den Seiten waren runde Fenster eingelassen, durch die man auf den Platz vor der Station sehen konnte. Um die Fenster waren schwarz und weiß gefärbte Ziegel in regelmäßigen Mustern angeordnet. Der Bahnhof war älter als die anderen der Strecke und ragte wie ein Relikt des neunzehnten Jahrhunderts auf den von Brachflächen gesäumten Platz hinaus. Auch wenn das Ensemble der Häuser, in das er ehemals eingefügt worden war, nicht mehr bestand, strahlte er Ruhe und Würde aus.

Die Brauerei war noch geschlossen, aber die Rykestraße lag direkt dahinter. Den Zettel mit Franks Adresse hatte ich noch in der Jackentasche. Neben der Hausnummer stand »Vorderhaus, drei Treppen, links«, was mir merkwürdig vorkam, bis ich feststellte, dass an der Tür keine Namen standen. Nachdem ich zwei Mal geklopft hatte und wieder gehen wollte, öffnete ein riesenhafter Mann die Tür. Er machte ein grimmiges Gesicht, aber als ich nach Frank fragte, hellte sich seine Miene auf. Freundlich stellte er sich vor: Er sagte: »Paul, Franks Bruder. Frank ist bei Jana, aber komm rein.« Die Wohnung war ziemlich leer, dafür brannten überall Kerzen und ließen den trüben Novembermittag heller erscheinen. An der Wand hing ein Plakat, das in Fetzen gerissene Anschläge auf einer Plakatwand zeigte. In der unteren rechten Ecke waren auf den übrig gebliebenen Fetzen die Worte »Politik« und »Auf gutem Kurs« zu entziffern. Gut lesbar war einzig die Ankündigung in der Mitte »Leipziger Theater Neue Szene, Die Übergangsgesellschaft.« Paul bemerkte meinen Blick und lachte: »Das mit der Übergangsgesellschaft war nicht übertrieben, aber die wird auch noch im Westen ankommen.«

»Wollen wir es hoffen«, sagte ich und grinste zurück.

In der Küche lief ein Kassettenrekorder, Kirchenmusik. Während Paul Tee einschenkte, las ich auf der Hülle »Johann Sebastian Bach, Johannes Passion, Fassung 1725.«

»Seid ihr gläubig?«, fragte ich.

»Gläubisch«, antwortete er, sächsischen Akzent nachahmend. »Ei nu, sochen wir, wir bemühen uns um Gulltuhr.«

»Kultur«, fragte ich, »ist etwas anderes als Religion, oder?«

»Interessante Frage«, antwortete er und nippte von seinem Tee. »Sagen wir mal: Der Glaube steigert die Fähigkeit der Menschen, die tägliche Misere zu überwinden. Das ist dann Kultur.«

»Es soll ja Leute geben, die glauben an den Kommunismus«, sagte ich.

»Zumindest gab es die«, antwortete er und lächelte. »Aber die Misere hat er nicht aus der Welt geschafft. Im Gegenteil.«

»Trotzdem«, hakte ich nach, »warum hörst du eine Passion?«

»Bach ist schau. Nichts kann man immer hören. Zweitens hat eine Freundin bei der Aufnahme mitgesungen. Sie singt nicht nur schön, sondern ist es auch. Und drittens, nun, suchen wir doch alle nach einem Glauben.« Bei den letzten Worten löste er seine verschränkten Arme und drehte die Handflächen in einer Geste der Offenheit nach außen.

»Nachdem Himmelreich auf Erden ausgefallen ist«, antwortete ich und grinste.

»Nein«, sagte er ernst, »das ist keine Mode. In der Sowjetunion orientiert sich die Kunst schon seit einigen Jahren an Religion und Romantik.«

»Weil sie nach einer Alternative zum offiziellen Dogma suchen?«, fragte ich.

»Und weil sie nach einer Alternative zur Moderne suchen«, antwortete er.

Die Kerzen flackerten, der Chor sang »macht mir den Himmel auf und schließt die Hölle zu«, und ich dachte, dass er wahrscheinlich recht hatte.

Paul hatte seinen Tee ausgetrunken, sah nach der Uhr und sagte: »Sei nicht böse, aber ich muss. In einer halben

Stunde kommt der Zug nach Leipzig. Die Sängerin.«

Während ich über die Moderne nachdachte und wie der Westen aus dem Osten wohl aussah, sah ich zu, wie sich Paul gegen die nasse Novemberkälte vermummte. Wenigstens noch einen Moment wollte ich in seiner Nähe bleiben, oder zumindest in der Wohnung mit den Kerzen und der Musik.

Auf dem Weg nach Süden geriet ich in ein Altbauquartier. Die Fassaden waren seit Jahrzehnten nicht mehr gestrichen worden. An einigen Häusern war der Stuck abgeschlagen und durch Rauputz ersetzt worden. Aus vielen Fensteröffnungen blickten zu kleine Kunststofffenster, die für Plattenbauten produziert worden waren und oben und an der Seite mit Brettern ergänzt werden mussten, um die Aussparungen auszufüllen. Aber manchmal war einer ganzen Straße der Schmuck geblieben und unter den grauen Fassaden die ehemalige Pracht zu ahnen. Jeder Schritt führte mich weiter in eine Stadtlandschaft hinein, die nur aus Versehen mit modern gekleideten Menschen bevölkert schien. Mit jeder neuen Straße wurde das neunzehnte Jahrhundert wirklicher und die Versuche in Ost und West absurder, einander mit unbeholfenen Neubauten zu überbieten.

Das Haus hatte drei Stockwerke und eine Stuckfassade, von der bereits einige Teile abgefallen waren. An den Lücken waren rote Backsteine zu sehen, die handwerkliche Grundierung des Klassizismus. Durch das Schaufenster des Elektrikers im Erdgeschoss blickte ich auf eine dorische Säule, neben der Kabel und Schalter gestapelt waren. Der Rollladen des zweiten Geschäfts war geschlossen, eine

Inschrift an der Mauer neben seinem Eingang warb in verschnörkelter Schrift für Brot und Brötchen. Die Teerfarbe war mehrfach übermalt worden, aber an der verwahrlosten Fassade der Vorkriegszeit umso besser lesbar. Das Regenfallrohr war gebrochen. Das Wasser sammelte sich auf dem Gehweg und tropfte von dort in die Keller.

Beim Anblick des Hauses erinnerte ich mich an einen anderen regnerischen Nachmittag. An einem Sonntag im Oktober waren Meike, Anton und ich aus Langeweile darauf verfallen, einen Film anzusehen. Der Name des russischen Regisseurs war uns unbekannt und der Titel »Nostalghia« hörte sich nach plüschigen Sofas und schmachtenden Liebhabern an. Tatsächlich hatte der Film mit den immer gleichen Floskeln der Ausweglosigkeit ökologischer und atomarer Bedrohung ebenso wenig zu tun wie mit der glitzernden Welt der Autos, Häuser und Traumreisen. Stattdessen handelte er von einem Mann, dessen Seele Ruhe suchte, der sich an seine Kindheit erinnerte und Sehnsucht nach der Heimat hatte, aus der er vertrieben worden war. Diese Gedanken wurden in einem Bild gebündelt, das, wie ich später entdeckt habe, bis in die Details einem Gemälde von Caspar David Friedrich entsprach. Im Film war ein einfaches, strohgedecktes Bauernhaus zu sehen, aus dem Rauch aufstieg. Die Kate machte einen einladenden Eindruck, vor ihr lag ein Hund, der den Betrachter ansah. Als die Kamera zurückfuhr, geriet die Umgebung in den Blick. Wo ich sanfte Hügel erwartete, waren schroffe Zacken zu sehen: Die Hütte stand in der Ruine einer gotischen Kathedrale.

Caspar David Friedrich hatte dem Hund noch zwei Wanderer hinzugefügt und die Ruine des Klosters von der Ostsee in das Riesengebirge versetzt. Die verfallene Kirche war den Resten des Klosters Eldena bei Greifswald nachempfunden. Die Ruine stand für die Größe vergangener Zeiten, die Abenddämmerung des Riesengebirges verwies auf die Aufgehobenheit des Menschen in der Ewigkeit Gottes, die durch die Berge im Hintergrund symbolisiert wurde. Diese Zuversicht fehlte dem Film. Was blieb, war die vornehme Schlichtheit der Hütte und die Erhabenheit der Ruine von San Galgano in der Toskana. Die Handlung lebte von geographischen und zeitlichen Spannungen: Der Held irrte durch ein verregnetes Oberitalien, aber er sehnte sich nach Russland, der bescheidenen Hütte, dem Hund, dem Zutrauen der Kindheit. Gleichzeitig hing er an der gotischen Architektur, der Kultur Westeuropas. Die Zerrissenheit zwischen der Erinnerung an die Heimat und der Ästhetik des Westens wurde in das Bild der Hütte in der Kathedrale gebannt. Später las ich, dass der Film autobiographisch geprägt sei. Dem Regisseur war es verwehrt, in die damalige Sowjetunion zurückzukehren, wo er als Dissident verfolgt wurde. Der Hauptdarsteller fühlte sich Westeuropa verbunden, aber er sehnte sich zurück in das Land, an dem seine Seele hing. Vielleicht gab es eine Kraft, die sich aus dem Leiden an Diktaturen speiste. Die aus der tatsächlichen oder inneren Emigration erwuchs. Es musste eine Sehnsucht sein, die nicht auftrumpft, die ihre Erfüllung im Beiläufigen, Aufgelassenen findet. In jenen Ruinen, in dem Geräusch von Wassertropfen in einem leeren Zimmer, in dem Blick eines Hundes aus Kindertagen. Der Film räumte diesen Bildern viel Raum ein. Es war, als ob die Tropfen, die endlos langsam fielen, in mir einen Widerhall fanden, als ob das Zimmer, in dem der Held übernachtete, mir seit langem vertraut war.

Meike fand den Film traurig und wollte erst einmal einen Kaffee trinken gehen. Anton war einsilbig. Im Café bemerkte er, dass es bei so viel Schwermut kein Wunder sei, dass der Held an einem Herzinfarkt starb. Mir war, als habe jemand eine Tür aufgestoßen und mich in einen Raum geführt, in dem ich vor Jahren glückliche Zeiten erlebt, dann aber völlig vergessen hatte. Eine bange Erwartung überkam mich, in der sich Vertrautheit, Wiedersehensfreude und Trauer über das verlorene Glück der Kindheit mischten. Meike und Anton sahen mich belustigt und ein wenig besorgt an.

Als ich vor jenem Berliner Mietshaus stand, kehrte die Erinnerung an jenen erträumten Raum zurück. Während ich auf die abgeblätterte Fassade, aus der einzelne Stuckteile herausgebrochen waren, sah, erfüllte mich Ruhe und Zuversicht. Aus der löchrigen Regenrinne hörte ich das Wasser auf die Fensterbänke tropfen mit einem Geräusch, als wollte sich die Zeit endlos dehnen. Als ich die alten Inschriften betrachtete, neben »Brot und Brötchen« noch »Milch« und »Kohlen« fand, fragte ich mich, ob meine Großmutter wohl als Mädchen in solchen Läden eingekauft hatte. In der Ebenmäßigkeit der Anlage, der ökonomischen Zweckmäßigkeit und seinem Putz spürte ich die Würde des Gebäudes, den bürgerlichen Stolz, mit dem einst seine Errichtung betrieben worden war und die Beharrlichkeit, mit der es den Kriegen, den Diktaturen und dem Verfall getrotzt hatte. Tatsächlich sollte dieses Viertel schon seit Ende der siebziger Jahre abgerissen werden. Dem Geldmangel und der Trägheit der Regierenden war zu verdanken, dass das Haus nicht in einem Akt vernichtender Vergangenheitsbewältigung gesprengt und durch die Art von Neubauten ersetzt worden war, die in ihrer auftrumpfenden Biederkeit ihren Erbauern glichen.

Das Haus war erhalten, wie ganz Deutschland vor den Kriegen ausgesehen haben musste. Seine Kultiviertheit war selbstverständlich und schlicht. Sein Schmuck gab sich zurückhaltend, aber selbstbewusst. Es wirkte einladend, aber nicht anbiedernd. Die Wunden, die ihm die Zeit geschlagen hatten, steigerten seine Würde noch. Seine Proportionen erinnerten an Hellas, wie es die deutsche Klassik erträumt hatte. Es war einfach und anspruchsvoll, Bauernhaus und Kathedrale in einem.

In meiner Erinnerung haben sich die Eindrücke des Kinobesuchs und des Spaziergangs vermischt, der Film und das Haus sind ineinander verschmolzen. Ich erinnere mich an das Geräusch von tropfendem Wasser. Ich erinnere mich an lange Abstände zwischen den Tropfen, so lange, dass ich mich fragte, ob wohl noch einer kommen mochte. Ich erinnere mich, dass die Zeit wie eine vom Regen glänzende Brücke vor mir lag. Ich erinnere mich an Gefühle von Geborgensein und Erhabenheit. An jenem dunklen Novembertag im Jahr 1989 endete für mich die Nachkriegszeit.

Die Gewissheit, dass es jenseits der klotzigen Großmannssucht der Nazis, der Verwüstungen des Krieges und der ebenso hilflosen wie geschichtsverleugnenden Identitätssuche in Ost und West noch etwas anderes gab, war das Geschenk der Einheit. Der Wettlauf der Systeme war beendet und mit ihm der Versuch, die eigene Vergangenheit in besinnungsloser Selbstverleugnung auszulöschen. Die hochfahrenden Pläne waren gescheitert. Was blieb, war die bescheidene Eleganz des Klassizismus.

Nachdem ich eine Weile vor dem Haus gestanden hatte, fand ich die Eingangstür unverschlossen, durchquerte das Treppenhaus und trat auf den Hof. Als ich an der Fassade des Hinterhauses hinaufblickte, sah ich im obersten Stockwerk eine grauhaarige Frau am Fenster stehen. Da sie meinen Gruß erwiderte, rief ich hinauf, dass ich eine Wohnung suche. Zu meiner Überraschung antwortete sie, die dritte Etage stünde leer. Voller Freude bedankte ich mich und stieg die Treppen des Vorderhauses hinauf. Dort fand ich zwei Eingangstüren mit prächtigen, geschnitzten Rahmen. Die alten Flügeltüren wirkten massiv und waren mit jeweils zwei Schlössern gesichert. Mir war nicht klar, wie ich die Türen öffnen könnte und fürchtete, die Nachbarn würden wohl kaum Verständnis für Wohnungsbesetzer aus Westdeutschland haben. Ganz abgesehen von der Polizei. Als ich mich an Franks Erzählung über die Bürokratie der Wohnungsverwaltung erinnerte, erschien mir ein Besuch dort aussichtslos.

Trotzdem hoffte ich, einmal hinter diesen Türen zu wohnen, einen eigenen Ort zu erobern und anzukommen. Dieses Haus war etwas Eigenes, etwas, das ich für mich entdeckt hatte, ohne dass Anton es schon vorher bemerkt, besessen und dann an mich weitergereicht hatte wie seine Tweedjacken, die alt, aber noch viel zu gut in Schuss waren für das Rote Kreuz. Schließlich hatte seine Mutter sie ihm in einer hervorragenden englischen Schneiderei nähen lassen.

Waren meine Gefühle für Meike nicht auch Neid auf Antons Leben? Auf seine Beziehung, seine Wohnung, seinen Mut? Seine Fähigkeit, sich in Berlin einzurichten, während ich meinen Zivildienst ableistete? War meine Zuneigung zu Meike Rache an Anton, dem Übermächtigen, der immer alles konnte, alles wusste, Geld hatte und nach London flog, während ich meine Mutter in ihrer kleinen Zweizimmerwohnung besuchte? Warum verliebte ich mich ausgerechnet in Meike? Weil sie im Zimmer nebenan wohnte? Oder weil sie Antons Freundin war und ich mich in den letzten Jahren daran gewöhnt hatte, in seinem Kielwasser zu schwimmen? Seit der Ankunft im Internat, als er mich vor dem Mob beschützte, hatte ich in seinem Schatten gelebt. Die Zeit ohne ihn während des Zivildienstes war eigentlich nur ein Warten auf das gemeinsame Leben in Berlin.

Seit ich Anton kannte, trieb mich die Bewunderung für ihn und auch der Neid dazu, ihm nachzueifern. Aber bei jedem Versuch, ihn zu erreichen, verlor ich mehr von dem, was mich ausmachte. Mit jeder Anstrengung wurde ich ihm ähnlicher und doch vergrößerte sich die Distanz zwischen uns. Die Frage war, ob ich aus eigener Kraft etwas sein, etwas werden konnte, ohne Antons Schutz, der mich schon im Internat gerettet hatte, ohne meine Bewunderung für seine Unabhängigkeit, seinen Mut und seine Konsequenz, die mir auch in Berlin den Weg geebnet hatte. In meinen Gefühlen für Meike spiegelte sich die Abhängigkeit von Anton. Er war es, an dem sich mein Lebensentwurf maß. Das Haus aber war das Versprechen einer anderen Zukunft: Hütte und Kathedrale. Ich wollte kein Leben aus zweiter Hand mehr, ich wollte eine eigene Erde, die ich nicht der wohlwollenden Duldung anderer zu verdanken hatte, und einen eigenen Himmel, an dem endlich meine Sterne standen.

Zwei Tage nach der zweiten Fahrt nach Ostberlin sah ich am schwarzen Brett neben der Mensa einen Zettel mit einem Wohnungsangebot. Die Miete war günstig, da der Vertrag noch sieben Monate lief, aber der Vormieter schon ausgezogen war. Die Wohnung lag in einem Altbau am Kurfürstendamm und hatte zwei Zimmer mit Küche und Bad. Im Haus war ein asiatischer Imbiss. Wenn man das Fenster öffnete, roch es nach frischem Koriander. Anton sagte ich, dass es auf Dauer zu eng wäre, wenn ich das Gästezimmer mit Hagen teilte. Das war nicht gelogen, aber nur die halbe Wahrheit. Vor allem fiel es mir schwer, ihn mit Meike zusammen zu sehen.

Mit einem Taxi transportierte ich meinen Koffer, eine Lampe, einen Futon sowie das Bettzeug in die Wohnung. Den Futon legte ich in das größere der beiden Zimmer, daneben die Lampe und die mitgebrachten Bücher. Als Sitzgelegenheit benutzte ich Telefonbücher, die ich in einer Ecke fand. In dem Laden an der Ecke kaufte ich einen Topf, eine Tasse, einen Teller und Besteck. In den Räumen des Altbaus wirkte meine Matratze wie Apollo 13 in den Tälern des Mondes.

7

Ein Auftritt

Als der Dozent in den Hörsaal trat, verstummten die Gespräche. Er trug einen cremefarbenen Anzug, ein rosa Hemd und eine Krawatte, mit schmalen gelben, hellgrünen und weißen Streifen. Schon auf der Straße hätte diese Erscheinung Aufsehen erregt. In dem Saal, dessen Putz seit Jahrzehnten von der Wand blätterte, war sie ein Ereignis. Ohne Eile ging er zum Katheder, nahm das Sakko ab und hängte es über einen Stuhl. Seit mein Großvater gestorben war, hatte ich niemanden mehr gesehen, der Manschettenknöpfe trug. Die Form seiner Schuhe ließ seine Füße winzig erscheinen. Er war braun gebrannt und hatte den Schädel rasiert. Er wirkte wie ein exotisches Insekt, das sich aus Amazonien in einen Brandenburger Kiefernwald verirrt hatte. Seine Körperhaltung, sein Gang, seine Gesten und seine Kleidung strahlten eine beunruhigende Selbstsicherheit aus. Aufmerksam musterte er die ringförmig angeordneten Bänke, auf denen schwarz gekleidete Gestalten hockten. Nie hatte ich in einer Lehrveranstaltung der Universität solch eine gespannte Stille erlebt. Entweder man liebte diesen Menschen für seine Erscheinung oder man hasste ihn aus demselben Grund. Im ersten Moment war ich versucht, aufzustehen und zu gehen, um dieser zutiefst verstörenden Situation zu entkommen. Dann wünschte ich mir, dieses merkwürdige Tier aus der Nähe zu betrachten, sein ohne Zweifel teures Rasierwasser zu riechen und an seiner kosmopolitischen Aura teilzuhaben.

»Mein Name ist Wolff.« Die Kreide quietschte, als der Dozent seinen Namen ohne Vornamen und Titel auf die Tafel schrieb. Er hatte lange in Südostasien gelebt. Der Mauerfall hatte ihn bewogen, nach Deutschland zurückzukehren und in Berlin zu lehren. »An einem Ort, der wie kein anderer dazu bestimmt ist, Neues hervorzubringen.« Die Ankündigung der Veranstaltung hatte interessant geklungen: »Wolff, K.M. – Wirtschaft, Ethos und Gesellschaft am Beispiel asiatischer Volkswirtschaften. Die Wechselwirkung ökonomischer Gegebenheiten und des vorherrschenden Wertekanons als Grundlagen gesellschaftlicher Entwicklung.«

In seinem Vortrag berichtete Wolff von der paternalistischen Verflechtung von Familien- und Staatspolitik in Indonesien, der umfassenden Lenkung von Produktion und Handel durch das japanische Wirtschaftsministerium und dem Erfolg der vier kleinen Tiger Hongkong, Singapur, Taiwan und Südkorea. Er warb dafür, die Ausrichtung aller Politikbereiche auf die industrielle Entwicklung als Ausdruck von Gemeinsinn zu verstehen. Dieser Weg sei in der Anfangsphase mit der Unterdrückung oppositioneller

Kräfte verbunden, erlaube aber nach dem Aufbau wettbewerbsfähiger Industrien die Umstellung auf exportorientierte Güter. Neben der Entwicklung von technischen, organisatorischen und logistischen Fähigkeiten müsse jedoch eine Kontinuität der Werte sichergestellt werden. Das wirtschaftliche Ethos beruhe also auf zwei Pfeilern: dem Austausch mit dem Fremden und der Besinnung auf das Eigene. Beides sei aufeinander bezogen: Der Austausch erlaube die Vergewisserung des Eigenen, und die gefestigte Identität ermögliche, das Fremde zu schätzen. Fehlender Austausch führe zu Stagnation, Verlust der Identität zu Verfall. Natürlich ging es in dem Vortrag nicht nur um Südostasien. Jedes Wort war ohne Weiteres auch auf Deutschland und Berlin zu beziehen.

»Beinhaltet Ihre These, dass wirtschaftlicher Erfolg auf nationaler Identität beruht? Löst die Globalisierung diese Bezüge nicht auf?«

Wolff überlegte einen Moment, er wog die Worte. »Austausch und Eigenes schließen sich nicht aus, sie bedingen sich. Nur wer sich selbst kennt und schätzt, kann dem Anderen begegnen. Selbstachtung ist keine obsolete Kategorie, sondern die Überlebensfrage des Westens. Postmoderne Beliebigkeit lähmt letztlich auch die Wirtschaft. Dem Verfall des kulturellen Bewusstseins folgt der Niedergang geistiger und materieller Produktivität.«

Während ich Wolff zuhörte, verwischten in meinem Kopf die Konturen. Das ohnehin brüchige Schreckenstableau bekam Zwischentöne. Die Vorlesung war geradezu als Kommentar zum Mauerfall und Anleitung zum weiteren Vorgehen angelegt. Die Forderung nach Wiederentdeckung und Pflege kultureller Eigenheiten war der Kontrapunkt zu der Selbstanklage und Katastrophenverliebtheit Mettmanns, deren Botschaft als Refrain stets gewesen war, dass es unmöglich wäre, in diesem Land zu leben. Diese Unmöglichkeit hatte ihn allerdings nicht davon abgehalten, das stattliche Gehalt eines verbeamteten Lehrers entgegenzunehmen. Er predigte gegen den Staat, dem er sein komfortables Dasein verdankte. Vielleicht gerade deshalb: je größer die Privilegien, desto entschiedener die Verachtung für die Quelle des eigenen Wohlstands. Nicht, dass mir die von Mettmann übernommenen apokalyptischen Erwartungen banal erschienen wären. Im Gegenteil: Die Verweigerung des Eigenen war ein hilfloses Ausweichen gewesen, eine Flucht. Das Land wurde nicht besser, wenn man sich blass und verzweifelt daraus wegwünschte. Eine eigene Position erhöhte den Schuldkoeffizienten nicht, sondern erlaubte überhaupt erst einen Blick auf die Verhältnisse. Mettmann blieb in der Kluft zwischen Deutungsanspruch und Lebenswirklichkeit gefangen, Wolff zeigte einen Ausweg.

Dabei war Wolffs Auftreten der eigentliche Skandal. Die Forderung nach Selbstbewusstsein hätte nichts bewirkt, wäre es nicht von ihm verkörpert worden. Durchaus nicht frei von Selbstverliebtheit und Provokation, aber überzeugend. Und mit einem Mal musste ich lachen, weil mir ein rosa Hemd und eine gestreifte Krawatte Erleichterung verschafft hatten. Dabei waren seine hellen Sachen wahrscheinlich gar keine Gegenposition zu dem Berliner Schwarzgrau, in Hongkong trug sicher niemand dunkle Wollanzüge. Kichernd saß ich auf meiner Bank, unter den verstörten Blicken der Kommilitonen, die aus dem Hörsaal strömten. Der Dozent warf mir einen kurzen Blick zu, als er seine Jacke von dem Stuhl nahm, und ein Lächeln flog über sein Gesicht. Erst kam ich mir albern vor und ärgerte mich über meine Unbeherrschtheit, dann war ich froh, dass die Pose der Verzweiflung von mir abfiel.

Die soziologische Fakultät war in einer ehemaligen Schule untergebracht, die wie ein kleines Schloss zwischen zwei Bürgerhäusern stand. Ein Kleinod aus Backstein, eine Oase des Wissens und der Kontemplation. Die Ruhe und der Geruch der Bibliothek gefielen mir und ich freute mich, im Treppenhaus bekannten Gesichtern zu begegnen. Doch im Lauf des ersten Semesters wuchs mein Unbehagen, die Vorträge der Dozenten erschienen mir immer öfter als endlose, selbstbezogene Tiraden. Ein Seminar über Migrationsforschung erwies sich als Höhepunkt der Ernüchterung. Nach den einleitenden Worten des Referenten zu dem aktuellen Text meldete sich ein Kommilitone und erklärte, er habe den Text zwar nicht gelesen, die kulturelle Bereicherung durch Einwanderung stünde jedoch außer Frage. Darauf antwortete eine Studentin mit streng gescheitelten Haaren, sie habe den Text ebenfalls nicht gelesen, aber der Begriff kulturelle Bereicherung sei ungenau und müsse unter Genderaspekten erörtert werden. Worauf sich ohne Kenntnis der Quelle, aber auch ohne Eingreifen des Dozenten eine Diskussion entspann. Seitdem erschien mir mein Studium als Kakophonie der Ignoranz, als verwirrende und immer öfter deprimierende Talkshow, in der jeder zum Besten gab, was ihm gerade durch den Kopf ging.

Wolff hatte im Sommersemester nach dem Mauerfall eine befristete Professur angetreten. Er führte ein straffes Regiment. Unsere Referate ergänzte er mit Kommentaren, die deutlich machten, dass auch er sich die Quellentexte noch einmal vorgenommen hatte. Wenn wir in Hausarbeiten seine Gedanken referierten, schrieb er an die Seite »keine eigene Überlegung.« Mit abweichenden Ansichten ging er jedoch sehr rücksichtsvoll um und ermunterte uns, die Gegenposition mit weiteren Argumenten zu stärken. Diese Mischung aus Autorität und weltgewandter Gelassenheit sorgte am Institut für Unruhe. Ein großer Teil der Dozenten stand ihm reserviert, wenn nicht ablehnend gegenüber. Selbstbewusstsein und Identität waren schwierige Themen in einer Situation, in der sich nicht nur Linke fragten, ob ein wiedervereinigtes Deutschland eine Gefahr für Europa werden würde. »Deutschland hat im zwanzigsten Jahrhundert eine Reihe von Brüchen in seinem Selbstverständnis erlebt. Vom Kaiserreich bis in die Gegenwart gibt es keine Generation, die nicht mit den Vorstellungen ihrer Väter gebrochen hätte. Man muss sich vor dem Hass derer in Acht nehmen, die nicht ertragen, an ihre Herkunft erinnert zu werden.«

Am Ende der dritten Vorlesung erwähnte Wolff, dass er zumindest die nächsten zwei Semester am Institut verbringen werde und für diesen Zeitraum eine Tutorenstelle zu besetzen habe. Als die anderen Studenten zum Ausgang strömten, ging ich zum Pult. Die blauen Augen wirkten unnahbar. Doch als ich stammelnd die Worte »Interesse« und »Tutorenstelle« über die Lippen brachte, nickte er mir freundlich zu. »Ich habe jetzt noch eine Verabredung. Aber wenn Sie wollen, kommen Sie doch mit. Unterwegs können wir reden.« Als wir zu seinem Wagen gingen, spürte ich die Blicke der Kommilitonen in meinem Rücken.

Der Wechsel von den verwahrlosten Institutsräumen zu der komfortablen Limousine war ein Schritt in eine andere Welt. Mit einer Mischung aus Ehrfurcht und Verachtung für so viel Luxus betrachtete ich die Ledersitze, die Armaturen, das Wurzelholz und den CD-Spieler. Als Wolff meinen Blick bemerkte, lächelte er. »Es muss einmal eine Zeit in diesem Land gegeben haben, da waren Universitäten besser ausgestattet als Autos.« Er fragte nach meinen Studieninteressen und den bisherigen Noten und fand meine Auskünfte offenbar zufriedenstellend. Dann sprachen wir über die Aufgaben eines Tutors, bis er mich fragte, wo er mich absetzen könnte. Es war angenehm in seinem Auto und da keine U-Bahn in der Nähe war, sagte ich, dass ich gern noch ein Stück mitkommen würde. Er sah mich kurz an und antwortete dann: »Hören Sie, mein nächster Termin beginnt in fünf Minuten, er ist etwas unkonventionell, aber Sie können gern mitkommen, wenn Sie wollen, sonst sehen wir uns nächste Woche im Seminar.« Vielleicht war es ein aus Höflichkeit geborenes Missverständnis: Während ich mich wunderte, dass er mich nicht an einer Haltestelle aussteigen ließ, fragte er sich, warum ich mitkommen wollte. Jedenfalls hielt der Wagen vor einem Laden, auf dessen Schaufenstern das Wort Schwul-O-Mat prangte. »Himmel«, dachte ich, »was kommt jetzt?«, und spürte, wie ich rot anlief. Natürlich hätte ich meine Sachen nehmen und gehen können, aber gleichzeitig war ich neugierig und folgte Wolff, der auf seine Armbanduhr blickte und dann mit großen Schritten dem Eingang zustrebte.

Das Innere des Ladens war weniger spektakulär als sein Name. Durchgesessene IKEA-Sofas, Papierstapel auf Kiefernholztischen, Schränke mit Ordnern, Berliner Selbsthilfemilieu. Ein Mann im dezent karierten Zweireiher kam auf Wolff zu und umarmte ihn. Als er mich sah, leuchtete sein Gesicht. »Freut mich, dass der Karl so charmante Begleitung hat.« Er hatte ein warmes Lachen und eine angenehme Stimme. Das r rollte er wie ein Österreicher: »dehr Kahrrl.« Wolff räusperte sich und wies auf sein Gegenüber. »Peter Heufeld, Immobilienkaufmann – Peter, das ist mein neuer Tutor, er wird mich bei den Seminaren unterstützen.« Vor Freude schoss mir das Blut ein zweites Mal in das Gesicht.

Im Hinterzimmer des Ladens saßen etwa zehn Männer an einem riesigen dunkelbraunen Gründerzeittisch, die meisten in Jeans, T-Shirt und kurz geschorenen Haaren. An den Wänden hingen Plakate, die geballte Fäuste und untergehakte Transvestiten zeigten. Wolff und Heufeld setzten sich auf zwei reservierte Plätze am Kopfende des Tisches, ich nahm einen freien Stuhl und rückte ihn an die Wand neben der Tür, so dass ich den beiden gegenübersaß. »Willkommen zu unserem Selbsthilfekreis ›Gewalt gegen Schwule‹, wir haben heute Prof. Karl-Maria Wolff zu Gast. Er ist Dozent am Institut für Soziologie und nach vier Jahren in Hongkong wieder in Berlin.« Heufeld machte eine Pause und sah Wolff an, der ihm zunickte. Die Teilnehmer stellten sich vor. Als die Reihe an mir war, sagte ich, dass ich Soziologie studiere und in diesem Zusammenhang gern der Sitzung beiwohnen würde, falls niemand etwas dagegen hätte. Niemand widersprach. Die Teilnehmer waren Männer, die in Kneipen, Videotheken oder als Friseure arbeiteten. Die meisten waren zwischen zwanzig und dreißig. Sie hatten meist einfache Jobs und wechselnde Partner, viele von ihnen kamen aus dem Südwesten Deutschlands. Der letzte in der Reihe war Roberta, deutlich untergewichtig und wohnhaft in Moabit.

»Die Eltern sind ausgezogen und der Sohn lebt jetzt nebenan. Er hat einen Kampfhund und ist Araber«, Roberta sah unsicher zu Heufeld, »abends kommen seine Freunde und wenn sie mich auf der Treppe sehen, beschimpfen sie mich.« Er sah zu Boden. »Ich war sogar schon bei den Bullen, aber die können ohne Beweise nichts tun.«

»Da haben die Bullen recht«, ergänzte Heufeld, »sonst hätten wir einen Anwalt eingeschaltet.«

»Jedenfalls kann ich mir keine andere Wohnung leisten. Das Problem ist mein Lover, er ist auch Türke.« Er machte eine Pause. »Ein schwuler Türke ist für die so ziemlich das Letzte.« Verständnisvolles Nicken in der Runde. »Als er am letzten Wochenende da war, haben sie geklingelt, sind in unsere Wohnung gestürzt und haben gedroht, den Hund auf ihn loszulassen. Dann haben sie auf Türkisch auf ihn eingeschrien. Abay, mein Freund, wollte mir nicht sagen, was sie wollten. Aber wenn jemand angespuckt wird, braucht man keinen Übersetzer.« Roberta lächelte unsicher. »Abay stand in der Ecke, der Hund zehn Zentimeter von ihm entfernt. Mit gefletschten Zähnen und geiferbeschmiertem Maul, halb wahnsinnig, weil er endlich zupacken wollte. Sie zogen das Vieh an der Leine zwei Meter von ihm weg und ließen ihn dann wieder auf uns zulaufen. Sie lachten, während Abay zitternd mit dem Rücken an der Wand stand.«

Von meinem Platz aus sah ich, wie Wolff die Gruppe beobachtete. Er hatte rote Flecken im Gesicht, wahrscheinlich aus Ärger, vielleicht aus Hilflosigkeit.

»Nach einer Weile hat einer den Hund genommen und der andere hat meinen Freund verprügelt. Er hat sogar noch auf ihn eingeschlagen, als er auf dem Boden lag. Als er fertig war, sagte der mit dem Hund zu mir, ›Wenn du nicht verschwindest, geht es dir wie deiner verdeutschten Hure‹.«

Mir brach der kalte Schweiß aus, Erinnerungen an das Internat stiegen auf. Gedemütigt zu werden ist schrecklich, nicht fliehen zu können eine Katastrophe. Jetzt sahen alle zu Wolff. Seine Augen waren feucht und als er aufstand, wischte er sich über die Backe.

»Danke, Roberta. Danke für deinen Mut. Danke für euren Mut, über Momente in eurem Leben zu sprechen, die ihr lieber vergessen würdet.« Das war ein wenig dick aufgetragen. Vielleicht spürte er es, jedenfalls fing er an, um den Tisch herumzulaufen. Wie ein Schäferhund, der seine Herde zusammentreibt, dachte ich. »Ich weiß, es ist nicht leicht, hierher zu kommen. Womöglich weiß der eine oder andere eurer Lieben auch gar nicht, dass ihr hier seid.« Verschwörerisches Grinsen in der Runde. »Aber schwul zu sein ist keine Schande, gleichgültig von wem ihr angefeindet werdet. Steht zu dem, was ihr seid und tragt den Kopf oben. Freiheit ist das eine, Stolz ist das andere. Seid stolz darauf, was ihr seid.« Er machte eine Pause. »Die letzten Monate haben Veränderungen gebracht. Die Mauer ist gefallen und freie Wahlen sind angesetzt. Die Demokratiebewegung hat bewiesen, man darf den Kampf um Würde und Freiheit auch in einer scheinbar ausweglosen Lage nicht aufgeben.« Noch eine Pause. »Wie manche von euch vielleicht wissen, vertreten Peter und ich einen werteorientierten, freiheitlichen Ansatz, den wir auch verstärkt in die Öffentlichkeit tragen wollen. Wir bezeichnen ihn als libertär. Er steht für weitgehende Selbstbestimmtheit, die dort ihre Grenzen findet, wo die Freiheit eines anderen beschnitten wird. Dies ist bei Roberta offensichtlich der Fall. Solange, wie es nicht möglich ist, Immigranten auf die Werte des Grundgesetzes zu verpflichten, solange es eine große Gruppe von Zugezogenen gibt, die nicht bereit sind, die Würde ihrer Mitmenschen zu achten, stehen wir dafür, den Zuzug auszusetzen oder zumindest stark einzuschränken. Konkret verlassen vierzig Prozent der türkischen Jugendlichen in Berlin die Schule ohne Abschluss, weitere zwanzig Prozent machen einen Hauptschulabschluss. Sie sind auf dem Arbeitsmarkt kaum zu vermitteln und sie heiraten meist keine in Deutschland aufgewachsene Frau. Stattdessen wird eine Hochzeit mit einer wenig gebildeten und meist deutlich jüngeren Frau aus den ländlichen Gebieten der Türkei arrangiert. Im Zuge der Familienzusammenführung kommt diese dann nach Deutschland, lebt – wie ihr Mann – oft von Sozialhilfe und bekommt Kinder, die kein Deutsch sprechen, wenn sie in die Schule kommen. Mit jeder neuen Generation wird die Integration in die deutsche Gesellschaft unwahrscheinlicher und die Gewaltbereitschaft höher. Gerade vor dem Hintergrund des Mauerfalls brauchen wir ein Moratorium der Zuwanderung.« Er hielt ein und blickte in die Runde. »Robertas Problem können wir hoffentlich mit der Hilfe eines Freundes lösen. Er ist Rechtsanwalt und Türke. Er wird mit dem Vater deines Nachbarn sprechen. In zwei Wochen bin ich wieder hier und berichte, wie es in der Angelegenheit steht.«

Wolff war wieder an seinem Platz angekommen und setzte sich. Seine Rede war angekommen, am Tisch herrschte Kopfnicken und zustimmendes Gemurmel. Als er über den Mauerfall sprach und die Notwendigkeit, aus den Nischen der Gesellschaft in ihre Mitte zurückzukehren, fühlte auch ich mich angesprochen. Dagegen wusste ich nicht, was ich von einer Beschränkung der Zuwanderung halten sollte. Robertas Geschichte war eine gute Vorlage für das Thema, aber durfte man sie verallgemeinern?

Es war mutig, dass Wolff die Randgruppenrhetorik vermied und über Freiheit und Würde gesprochen hatte. Statt die Türken, die Heteros und die Gesellschaft anzuklagen, statt seine Herde unter Kontrolle zu halten und seine Position mit einer Klage über die repressiven Verhältnisse zu stärken, hatte er ihnen die Last der Mündigkeit zugemutet. Und tatsächlich, es kamen keine grundsätzlichen Vorbehalte, sondern nur Fragen nach der konkreten Gestaltung der Maßnahmen, die Wolff mit restriktiveren Genehmigungen, dem Hinweis auf Sprachprüfungen vor der Einreise und der Forderung nach einem selbst zu erwirtschaftenden Mindesteinkommen des Ehemannes beantwortete. Unklar blieb mir, aus welchem Grund Wolff überhaupt hier war.

Nach der Sitzung lud Heufeld Wolff und mich – »den charrmanten Tutorr« – zum Essen ein. Das Restaurant war im Stil eines französischen Bistros eingerichtet, mit signierten Fotos von Schauspielern und Schriftstellern an den

Wänden. Paare in teuren Anzügen und Kostümen begrüßten einander wie alte Bekannte. Heufeld bestellte Wein und Pasteten, Fisch und Ente für alle und machte sich über das Essen her. Als wir beim Kaffee saßen, entschuldigte sich Wolff, er müsse telefonieren. Ich fragte Heufeld, warum Wolff in Asien gewesen sei. Er antwortete, Wolff stamme aus kleinbürgerlichen katholischen Verhältnissen im ostdeutschen Eichsfeld und sei Ende der fünfziger Jahre nach Westdeutschland gegangen. Sie hätten zusammen studiert und seien Ende der 60er Jahre zusammen auf Demos gegangen. Die K-Gruppen und die Depression des deutschen Herbstes sei nicht mehr ihre Sache gewesen. Anfang der achtziger Jahre sei Wolff gegen ein Europa zu Felde gezogen, das sich zu einer Ansammlung von Beliebigkeiten entwickelte. Seinem Buch von 1985 »Wohin in Europa? Ein Kontinent verleugnet seine Werte« wurde Eurozentrismus vorgeworfen. »Und das war noch das Mindeste«, sagte Heufeld, »an der Uni haben sie eine Hexenjagd veranstaltet.« Danach ging Wolff als Gastprofessor nach Hongkong, in Deutschland hätte er mit seiner Publikation kaum Chancen gehabt, eine Anstellung zu finden. Vor dem Hintergrund der Bedrohung der dortigen Demokratie nach der Übergabe an China plädiere er für ein stärkeres Selbstbewusstsein offener Gesellschaften.

Es war gut, mit Heufeld in diesem teuren Restaurant zu sitzen. Nicht nur, dass es interessant war, was er erzählte. Er nahm mich ernst und ließ mich an seinem Wissen auf eine Weise teilhaben, die mir das Gefühl gab, ein ebenbürtiger Gesprächspartner zu sein. Für ihn war es vielleicht ein Flirt, schließlich konnte er nicht wissen, wie zufällig ich in diese Gruppe geraten war. Für mich war das Gespräch eine Versuchung. Nicht, dass mich gleichgeschlechtliche Kontakte interessiert hätten. Es waren eher die Umstände: die Autofahrt, Robertas Hilflosigkeit, das Restaurant, Gespräche über Politik und die Zukunft. Hier gab es im Überfluss, was ich im Internat vermisst hatte: Gefühle, Anteilnahme, Perspektiven, Orientierung. Und das Essen war auch noch gut. Gern hätte ich gewusst, wie sich Kinder fühlten, die von schwulen Paaren adoptiert wurden. Ob sie in ihrer Pubertät ihre Mutter vermissten, oder ob sie von zwei Vätern die Ansprache bekamen, die sie brauchten. Zwischen Wolff und Heufeld fühlte ich mich jedenfalls, wie es mir mit meinem Vater nie gewesen war: aufgehoben, gelassen und froh. Heufeld schien die Situation an seine Jugend zu erinnern: Er erzählte von der Studentenzeit mit Wolff und fragte mich über die soziologische Fakultät aus.

»Karl, wir sprechen gerade über China«, rief Heufeld sichtlich gut gelaunt, als Wolff wieder erschien.

Wolff wandte sich an mich. »Interessiert dich das Land?«

»Leider weiß ich davon kaum mehr, als aus Ihren Vorlesungen zu erfahren war.«

Heufeld lachte: »Gute Antwort, eine Begabung für die Politik.«

»Apropos Politik«, sagte ich, »den libertären Ansatz verstärkt in die Öffentlichkeit tragen? Was bedeutet das?«

»Uns scheint« – Wolff versicherte sich mit einem Seitenblick der Zustimmung Heufelds –, »dass es in den letzten Jahren nicht gut bestellt war um Freiheit und Selbstverantwortung. Dass der Staat immer mehr Aufgaben übernommen hat und sich die Menschen gleichzeitig zurückgezogen haben. Dass das Land immer mehr Schulden aufnimmt, aber unklar ist, wer sie abtragen soll. Dass diese staatlichen Aufwendungen Abhängigkeiten erzeugen und die bürokratischen Apparate aufblähen. Und dass sie eine Selbstwahrnehmung als Opfer unterstützen.«

»Und was hat das mit Roberta zu tun?«

»Grundsätzlich gesprochen«, fuhr Wolff fort, »wir, die Deutschen, haben den Einwanderern beigebracht, wie sie sich als Opfer definieren. Dass sie nicht arbeiten müssen und wie sie Ansprüche auf soziale Leistungen optimieren. Wir haben ihnen aus Selbstverachtung Honig um den Bart geschmiert, wir haben sie verdorben.«

»Eine weitere Frage ist, wie die Integration von Migranten zu leisten ist, die diese Gesellschaft verachten«, warf Heufeld ein. »Für die es eine Erleichterung bedeutet, auf Schwule oder Frauen herabzusehen. Seit der Wende sind die arabischen und türkischen Jugendlichen besonders aggressiv«, Heufeld wiegte den Kopf, »als hätten sie Angst, im Wendetrubel nicht mehr wahrgenommen zu werden.«

Wolff nickte. »Die Ausländerfeindlichkeit in Ostdeutschland trägt nicht zur Beruhigung bei. Jahrzehntelang hat man den Menschen erzählt, die Nazis säßen im Westen und sie wären die besseren Deutschen. Jetzt stellen sie fest, dass Ostdeutschland nicht nur politisch, sondern auch wirtschaftlich und kulturell am Ende ist. Sie stabilisieren ihr Selbstbewusstsein auf Kosten der Migranten.«

Vorsichtig fragte ich: »Vielleicht ist es dann besser, die Wiedervereinigung zu vertagen?«

Mit einem Kopfschütteln fuhr Wolff fort: »Das würde ich nicht sagen.«

»Im Gegenteil«, ergänzte Heufeld. »Der Mauerfall ist ein guter Zeitpunkt, um dieser Entwicklung etwas entgegenzusetzen. Dem Nachkriegstrott zu entkommen, einen Neuanfang zu wagen.«

»Und der Weg dorthin«, antwortete ich, »führt über schwule Selbsthilfegruppen?«

Heufeld lachte und Wolff fuhr fort: »Es ist ähnlich wie in Hongkong. Alle Augen richten sich auf die Wirtschaft. Aber tatsächlich ist die Frage, ob der Westen die Kraft hat, den Osten von seinen Werten zu überzeugen. Freie Meinungsäußerung, Selbstverantwortung, die offene Gesellschaft. Uns interessiert, ob wir diese Botschaft übermitteln können.«

»Deshalb der Schwul-O-Mat?«

»Auch deshalb«, sagte Wolff. »Wir sind dem Laden aber auch von früher her verpflichtet.«

»Gleichzeitig kann jeder, der Augen hat, sehen, dass die gleichzeitige Integration von Ausländern und Ostdeutschland eine prekäre Situation schafft«, ergänzte Heufeld. »Leider gibt es keine Partei, die das Problem klar benennt.«

»Prroblehm klarr benennt«, machte das Echo in meinem Hirn. War das etwas anderes als Antons Pessimismus? Die Erwartung, dass die Einheit mehr Probleme schaffte, als sie löste? Immerhin wussten Wolff und Heufeld, dass sie eine Art bürgerliche Radikalität wollten.

»Das klingt nach einer neuen Partei«, sagte ich, ohne meine Worte zu bedenken. Wolff nickte: »Das ist das Ziel. Praktisch geht es um unangenehme Wahrheiten und Schritte in die Zukunft. Vorrangige Aufgabe unserer Bemühungen muss die Integration sein – die Ostdeutschlands, der hier lebenden und zuziehenden Ausländer, Aussiedler und Umsiedler. Aber man kann nicht alles gleichzeitig umsetzen. Deshalb ist die Beschränkung der Einwanderung Voraussetzung der Integration – eine Reduzierung des Familiennachzugs, eine Vorprüfung von Asylbewerbern. Ich sage das so deutlich, damit du weißt, worauf du dich einlässt. Als mein Tutor wirst du auch mit meinen politischen Aktivitäten identifiziert werden. Überleg dir gut, ob du das mittragen kannst.«

Einerseits erschienen mir die Konsequenzen des politischen Projektes unabsehbar. Wenn eine solche Gruppierung erfolgreich war, würde sie sich nicht den geballten Unmut der politischen Klasse zuziehen? Und würde sie nicht zu Recht abgelehnt? Durfte man in teuren Restaurants sitzen und über die Bedrohung der Demokratie sprechen? Eine selbstbewusste, freie Gesellschaft fordern, die sich dann weigerte, Flüchtlinge aufzunehmen?

Andererseits war das vielleicht ein Neuanfang, den ich mir auch wünschte. Es musste ja etwas kommen nach der Dekade der Apokalypsesehnsucht, nach den indischen Hemden und den Ritualen der Selbstbezichtigung. Vielleicht war der Mauerfall der richtige Zeitpunkt, auf jeden Fall war Berlin der richtige Ort. Nirgendwo sonst trafen West und Ost so direkt aufeinander, nirgendwo waren die Wunden der Nachkriegszeit und die kommenden Konflikte so sichtbar. Vielleicht war Wolffs Appell zur Selbstverantwortlichkeit pathetisch. Aber tatsächlich stellte sich die Frage, was sich nach der friedlichen Revolution in Ostdeutschland ändern musste. Als wir uns vor dem Lokal verabschiedeten, erbat ich zwei Tage Bedenkzeit.

An diesem Abend starrte ich lange an die Decke meines Zimmers. Am nächsten Morgen zog ich mich an, ging zur Zelle auf der Straße und wählte Antons Nummer. Zu meiner Überraschung wusste ich sie noch auswendig. Wir trafen uns zum Frühstück in einem Café aus den Zeiten, als wir zu dritt unterwegs gewesen waren. Während ich von dem vergangenen Abend berichtete, nippte Anton an seinem Kaffee. Als ich sagte, dass ich gern für Wolff arbeiten würde, sah mich Anton erstaunt an.

»Erinnerst du dich an Mettmann? Der immer nur vom Faschismus sprach? Für mich klang es immer nach Fachidiotismus. Und vielleicht ist das auch so: Es gibt einen linken Fachidiotismus und einen rechten. Mettmann war ein Vertreter des linken Flügels und dieser Wolff« – er machte eine Pause und verzog verächtlich sein Gesicht – »scheint der rechten Fraktion anzugehören.«

Bevor ich antworten konnte, redete er weiter. »In unserer Schulzeit sind wir mit linken Ansichten gefüttert worden. Wir waren kleine Antifaschisten und haben brav gegen Umweltzerstörung und Atomraketen protestiert. Jetzt ist die Mauer gefallen. Gut. Aber ich verspüre keine Veranlassung, mich von dem nächsten Schreihals in die entgegengesetzte Richtung treiben zu lassen. Hier wird eine Ideologie durch die andere ersetzt, nach der Umweltkatastrophe ist es die geistige Orientierungslosigkeit und übermorgen vielleicht wieder der drohende Faschismus. Aber in den Ansagen dieser Weltverbesserer geht es nie um dich und um dein Leben.«

Anton hatte sich zu mir gebeugt und sprach hastig. Mir war unheimlich, wie er sich erregte. Der kühle Analytiker ereiferte sich über jemanden, der ihm durchaus ähnlich war.

»Was du über Mettmann sagst, verstehe ich. Aber es geht nicht um die Depressionen eines frustrierten Studienrates in einem verregneten Gebirgsdorf. Nach dem Fall der Mauer kann man nicht einfach zur Tagesordnung übergehen.«

Anton verschränkte die Arme. »Warum nicht? Was hat sich schon geändert? Schuhe von Sanders gab es seit der Währungsunion in Ostberlin und wenig später in Rostock und Görlitz. Und sonst? Zwei Fernsehprogramme weniger, die ich mir nie angesehen habe.«

»Ach komm, Anton«, seufzte ich, »wie hast du die Zone genannt – eine Diktatur der Geriatrie? Du bist auch froh, dass an der Grenze niemand mehr erschossen wird. Mettmann hat sich den Osten schöngeredet, oder vielmehr den Westen schlecht gemacht. Wolff hat das nicht nötig. Er will Geschäftsleute mit Schlips und bärtige Bürgerrechtler an einem Tisch sehen. Wenn das jemand schafft, dann er. Der Mann ist weder Ost noch West, weder rechts noch links. Er ist ein weißer Rabe.«

Anton schüttelte energisch den Kopf. »Die ausländerfeindlichen Übergriffe im Osten sind das Ergebnis von Verwahrlosung – aber der Westen ist genauso orientierungslos. Wenn ein Vakuum auf das andere trifft, dann entsteht keine Kettenreaktion, die die Verzweiflung der Moderne aus der Welt schafft. When the void hits the void I'm gonna carry on undetoid. Du bist einem Schwindler aufgesessen. Und zwar einem größeren, als es unser Studiendirektor war. Er hatte dreißig familienlose Halbwüchsige am Hals und hat ihnen erzählt, was er schlecht findet an der Welt. Das war deprimierend, aber ehrlich. Dein Scharlatan verspricht das Blaue vom Himmel.«

Anton hatte sich in Rage geredet. Es war gut, mit ihm zu streiten und sich nahe zu sein. Und doch trieb ich von ihm weg. War es Wolffs Persönlichkeit und seine väterliche Art? War es die Hoffnung, in seinen Worten einen Sinn in den Ereignissen der letzten Monate zu finden? Oder war es die Lust, Anton zu widersprechen und mich endlich aus seinem Schatten zu lösen? Als ich abends wieder auf meinem Bett lag und auf den immer gleichen Fleck an der Decke starrte, erschien ein Bild vor meinen Augen. Das Haus, das ein Jahrhundert der Grausamkeiten und der Verzweiflung überstanden hatte, Hütte und Kathedrale in einem. Die Fassade grau und abgestoßen, mit Schäden am Putz und einer leckenden Regenrinne, gerade in seiner Unauffälligkeit und Bescheidenheit Bote einer besseren Welt. Es muss eine Zeit ohne Zynismus und Selbsthass gewesen sein, als in diesem Land solche Häuser gebaut wurden. Diese Straßen waren nicht das Ergebnis lauer Zitate, abwiegelnder Surrogate oder ironischer Immunisierungsstrategien. Irgendjemand musste diese Proportionen, die Materialien, den Stuck und die Malereien verinnerlicht haben, er musste an sie geglaubt, sie in sein Fühlen, Denken und Handeln aufgesogen haben. Ein Ort, an dem man wohnen konnte und denken, der praktisch war und zugleich verbunden mit dem Andenken an die griechische Bürgergesellschaft, von der Wolff in seinen Vorlesungen sprach. Eine Mischung aus Handwerk und Idee, Verstand und Vision. Der Westen war erfolgreich, aber hohl. Leergelaufen, verbrannt, ohne Interesse an Neuem. Soweit hatte Anton recht. Aber die Revolution im Osten hatte er nicht verstanden. Warum sollte man die Begeisterung des Ostens und die Möglichkeiten des Westens nicht zusammenführen und aneinander wachsen lassen?

Am folgenden Abend rief ich Wolff an und sagte, dass ich gern als sein Tutor arbeiten würde. Außerdem bot ich an, mich in sein politisches Projekt einzubringen. Er nahm mein Angebot an und schlug vor, dass ich ihn bei der Öffentlichkeitsarbeit unterstützen sollte.

8

Landnahme

Zwei Tage später hing im Glaskasten des soziologischen Institutes ein Zeitungsausschnitt: »Unter den Gastprofessuren der Berliner Wissenschaftslandschaft sticht Prof. Karl-Maria Wolff hervor. Er plädiert dafür, den herrschenden Wertekanon nicht als Resultat, sondern als determinierenden Faktor wirtschaftlicher und gesellschaftlicher Entwicklung zu begreifen. Die Besinnung auf das Eigene ist Teil einer offensiven Bürgerlichkeit, die die Spaltung von Sein und Bewusstsein dialektisch offenhalten will und totalitäre Systeme als zum Scheitern verurteilte Versuche der Aufhebung von Entfremdung begreift. Er begreift Individualisierung, Freiheit und die Stadt als geistigen Ort als Errungenschaften. Da Prof. Wolff einen repräsentativen Lebensstil pflegt, wird seine Berufung auch als gesellschaftliches Ereignis betrachtet.«

»Na, studierst du fleißig?«, ich spürte eine Hand auf meiner Schulter.

»Hagen, was treibt dich in die Hallen der Wissenschaft?«

»Ein Kumpel aus Kreuzberg macht das Studentencafé, schon mal da gewesen?

»Der Hort autonomer Agitation? Davon gehört.«

»Dann komm, ich stelle dich vor.«

Auf dem Weg nach oben erzählte ich von Wolff, was sich als Fehler erwies. »Hallo Assel«, Hagen schüttelte die Hand eines schwarz gewandeten und mit Nierengürteln behängten Jünglings, »hier, ein Freund meiner Schwester. Ist bei Wolff im Seminar und fast schon bekehrt. Wieso dürfen die Rechten bei euch eigentlich ungestraft Erstsemester verführen?« Grinsend fügte er hinzu: »Schafft ihr nicht mehr, eine Vorlesung zu stören?«

Assel setzte ein müdes Lächeln auf und gab auch mir die Hand. Der Raum war früher einmal ein Büro gewesen, jetzt hatte man die Wände mit rotem Samt ausgeschlagen, was ihn kleiner erscheinen ließ. In der Ecke blubberten zwei nicht sehr saubere Kaffeemaschinen und auf den Resopaltischen standen Muscheln, die als Aschenbecher dienten. Die Stühle bestanden aus übertrieben stabilen Stahlrohrrahmen, auf die man Holzplatten geschraubt hatte. Sie sahen aus, als wären sie für Schüler hergestellt. Jedenfalls waren sie für Erwachsene zu klein und zwangen die darauf hockenden Gestalten, die zu ihrem Kaffee selbstgedrehte Zigaretten rauchten, zu merkwürdigen Verrenkungen.

Assel bewegte sich hinter den mit rosa Lackfolie bezogenen Tresen und kam mit drei Kaffeetassen zurück. »Wolff ist schlau, er meidet die Provokation. Nach seiner Antrittsvorlesung hat er sich mit den anderen Profs über das Verhältnis von Sein und Bewusstsein unterhalten – unter

Altlinken sozusagen. Im Moment fehlt der Anlass, etwas gegen ihn auf die Beine zu stellen.«

Hagen wechselte das Thema. Er erzählte, dass sich im Osten eine Besetzerszene entwickle und viele Häuser leerstünden. Gewiss, die Besetzung sei ein Risiko und niemand wisse, wie sich die politische Lage entwickle. Aber wenn die Szene so weiter wachse, wären tagelange Straßenkämpfe nötig, um alle wieder zu vertreiben. Dann zeigte er auf mich und fügte hinzu: »Hier, ein weiterer Kandidat für ein autonomes Wohnprojekt.« Assel sah mich erwartungsvoll an.

»Bin gerade dabei, eine Wohnung auszugucken«, fing ich an und ärgerte mich im selben Moment über den halbherzigen Satz. »Leider habe ich noch nicht rausgefunden, wie die Tür zu knacken ist.« Schon besser, dachte ich.

»In meinem Keller steht ein Koffer mit vielen Haken und Drähten. Die haben schon manche Tür schwach werden lassen. Wir werden uns«, Hagen blinzelte Assel verschwörerisch zu, »die Sache ansehen.«

Vom Institut fuhren wir zu Hagens Wohnung. Wahrscheinlich war es gar nicht seine, jedenfalls stand sein Name nicht auf dem Klingelschild. Er ging mit mir nach oben, um den Kellerschlüssel zu holen. Das Haus war ein Bau aus den Fünfzigerjahren. Niedrige Decken, ein kleines Treppenhaus, winzige Türen. Eine Plakette am Eingang verkündete, dass es im Rahmen des Berliner Wiederaufbauprogramms errichtet worden war. Er klingelte und eine Frau mit blonden Haaren öffnete. Sie war hübsch, aber ihre Augen sahen müde aus. Bei Hagens Anblick konnte sie sich nicht zwischen Freude und Ärger entscheiden. Er stellte mich vor und sie bat uns herein. Schon im Flur stolperte man über Kinderspielzeug, davon abgesehen war es auffällig ordentlich und sauber. Nicht gerade das klassische Umfeld für den Kampf gegen den Imperialismus. Kein Wunder, dass die beiden oft Streit hatten.

Nachdem wir den Rucksack aus dem Keller geholt hatten, liefen wir zur U-Bahn. Hagen machte ein grimmiges Gesicht. Um ihn aufzumuntern, fragte ich ihn nach dem Kind. »Julia ist klasse. Ein Sonnenschein, leider nicht meins. Der Vater hat die beiden noch in der Schwangerschaft sitzen lassen.«

»Und, wie läuft es mit ihrer Mutter?«

»On and off. Was soll ich sagen. Wir sind seit drei Jahren zusammen. Du hast ja gesehen, wie eng es ist. Aber ohne sie geht es auch nicht.« Nach einer Weile fügte er hinzu: »Seit du weg bist, läuft es übrigens auch zwischen Meike und Anton nicht mehr rund.« Auf meinen fragenden Blick hin zuckte er mit den Schultern: »Jedenfalls ziehe ich demnächst aus.« Auch wenn ich mich dafür schämte: ich freute mich über die Nachricht. Gern hätte ich Einzelheiten erfahren, aber für den Moment zog ich vor, mir die Ungewissheit zu erhalten.

Am Bahnhof Friedrichstraße waren die Grenzkontrollen seit der Abschaffung des Zwangsumtauschs eingeschränkt worden. Die Grenzer waren in Gespräche vertieft und wenn sie aufsahen, bemühten sie sich um ein freundliches Gesicht. Auf dem Weg zu dem Haus klirrte das Werkzeug im Rucksack auf Hagens Rücken. Mir war unwohl und ich fürchtete, man würde uns auf frischer Tat ertappen. Der Gang durch das Altbauviertel half: Wie beim vorangegangenen Besuch waren mir die grauen Fassaden, das Aufgelassene, Unfertige angenehm. Ein Ort, der aus der Zeit gefallen ist, ein Ort der war und sein wird, aber nicht ist. Ein Relikt, eine Reminiszenz, die nicht zuzuordnen ist, aber einen eigenen Klang hat, einen eigenen Geruch, ein eigenes Gesicht. Die Stille im Auge des Orkans, streunende Katzen wie in einem Dorf, schiefe Birken hinter Blechwänden, fünf Querstraßen von der Oper entfernt. Ein Traumgespinst, eine verwunschene Zone, Stalker kommt um die Ecke mit dem Professor, den Kopf kahlgeschoren, sich vorwärts tastend, voller Respekt für diese tektonische Platte, die in das vergangene Jahrhundert ragt und zugleich über das gegenwärtige hinaus. Ein leerer Platz, die Bewohner fortgezogen oder gestorben, reine Substanz, die Akzidenzien verrottet, vermodert, verweht. Der Traum aller, die in westdeutschen Reihenhaussiedlungen aufgewachsen sind, mit billigen Surrogaten, ohne Geschichte, »if people were made to live in boxes, God would have given them strings.« Ein Nichtort um auszuruhen und zu wachsen, vielleicht unpassend und schief, wie die Birken, deren Samen ein gnädiger Ostwind aus einem russischen Wäldchen hierhergeweht hat, aber doch wachsen, ausruhen, sich strecken und weiterwachsen.

Wie bei meinem ersten Besuch stand die Haustür offen, aber die grauhaarige Frau war nicht zu sehen. Das Treppenhaus roch nach Braunkohle und die Türen waren unverändert. Später habe ich gehört, dass es nach der Wende eine Reihe von Einbrüchen gab, bei denen nichts gestohlen wurde. Die Polizei rätselte über diese Fälle, bis sie einen der

Missetäter fasste. Der erklärte, er suche nur eine Wohnung und wenn sich hinter der aufgebrochenen Tür Möbel und Kleidung fänden, würde er selbstverständlich nichts anrühren.

Leise stiegen wir das Treppenhaus hinauf und waren froh, niemandem zu begegnen. Dann klopften wir an der Tür. Als nichts zu hören war, packte Hagen das Werkzeug aus. Weil es keine Steckdose gab, waren die Elektrogeräte nutzlos. Bis jetzt hatte ich Hagen für einen erfahrenen Besetzer gehalten, aber als er mit der Bohrmaschine in der Hand vor mir stand, das Kabel an seiner Seite baumelnd, wuchsen meine Zweifel. Dann packte er verschiedene Haken und Dietriche aus, aber ihr Einsatz blieb erfolglos. Nachdem wir eine Weile in der dunklen Öffnung des Schlüssellochs herumgebohrt hatten, stellten wir fest, dass die Tür mit einem Einsteckschloss gesichert war. Hagen erklärte, es handele sich um einen in das ursprüngliche Schloss geschraubten Einsatz, der nur mit einem Sicherheitsschlüssel zu öffnen sei.

Zudem habe es einen Durchmesser von einem Zentimeter, selbst ein Diamantbohrer wäre aussichtslos. Schließlich verfiel er auf die Idee, den Schnapper mit einer Scheckkarte zurückzuschieben. Ich gab zu bedenken, dass es immerhin zwei Schlösser waren, vielleicht zusätzlich durch Riegel gesichert. Aber Hagen ließ sich auf keine Diskussion ein. Er behauptete zu wissen, was er tue, und rammte meine Postbankkarte zwischen die Flügel der Tür. Sie brach schon beim ersten Versuch ab und ragte fortan wie ein blau-gelbes Menetekel aus dem Schlitz.

Wir starrten auf den Stummel der Karte und unsere nervöse Überdrehtheit fiel in sich zusammen. Hagen sah zum ersten Mal so alt aus, wie er wirklich war. Er ließ sich auf eine Treppenstufe sinken und stützte die Hände in den Kopf. Auch ich fragte mich, was ich hier tat. Vielleicht war meine Begeisterung für das Haus nur eine ziellose Aufgeregtheit, folgenlos wie die Nächte im Internat, in denen ich mich nach Berlin gewünscht hatte. Der Traum hellenischer Ebenmäßigkeit drohte sich in eine nach Braunkohle stinkende Halbruine zu verwandeln. Meike würde lachen, wenn sie uns sähe. Don Quichotte und Sancho Pansa, so in dem Stil. Eigentlich war nicht zu erwarten, dass wir etwas erreichten. Wenn ich darüber nachdachte, war es sogar ziemlich unwahrscheinlich.

Hagen hockte rechts neben mir auf den Stufen, daneben stand der Rucksack. Ich wollte mich nicht auf den Boden setzen und lehnte mich rückwärts gegen die Tür. Zu meinem Erstaunen gab sie ein Stück nach. Als ich den Türknauf wieder angeschraubt hatte und daran rüttelte, bewegten sich beide Flügel. Während der linke deutlich nachgab, öffnete sich der rechte nur einen Spalt. Dass die linke Flügeltür Spiel hatte, war durch die Schlösser zu erklären. Wenn aber die rechte nachgab, dann war sie mit Riegeln gesichert. So würde es gehen. Im Stillen lobte ich die Bankkarte, sie war nicht sinnlos geopfert worden. Hagen stemmte sich gegen die untere Hälfte des linken Flügels, so dass ich mit einem Schraubenzieher zwischen den linken und rechten Teil fahren konnte. Die Riegel waren oben und unten in den rechten Flügel eingearbeitet. Während Hagen links den Spalt offen hielt, stieß ich in eine Vertiefung an der unteren Stirnseite. Ein kräftiger Zug ließ den unteren Riegel mit lautem Klacken zurückspringen. Hagens Gesicht leuchtete. Der obere Riegel war jetzt nicht mehr zu erreichen, er saß näher am Schloss und die beiden Teile der Tür gaben dem Druck so weit nach, dass der Schraubenzieher nicht mehr zwischen die Flügel passte. Wir mussten den unteren Riegel wieder einrasten, um an den oberen zu kommen, hatten schließlich beide gelöst und drückten atemlos die Flügel auf.

Mit Wohnungen ist es wie mit Menschen: Der erste Moment ist entscheidend. Räume haben eine Gestalt, die in wenigen Momenten Zuneigung oder Ablehnung auslöst. Der ursprüngliche Eindruck wird sich vertiefen, emotional färben, in Einzelheiten verändern. Aber der erste Eindruck wird immer die Folie unserer Wahrnehmung bleiben. Jede weitere Begegnung wird sich in ihm spiegeln und jeder Korrekturversuch wird seine Eigenarten schärfer hervortreten lassen.

Als die Flügeltüren krachend aufgesprungen waren, sah ich, dass die Dielen des Flurs mit Ochsenblut bemalt waren, einer tiefroten Farbe. »Wie im Haus meiner Großmutter«, dachte ich. Es war eine preiswerte Farbe, ihre Pigmente fielen als Abfallprodukt der Eisenerzeugung an. Dabei ist das Rot angenehm und warm. Ich hatte es immer gemocht, zumal meine Spielzeugautos dort besser rollten als auf dem Teppichboden meiner Eltern.

Während ich auf die Dielen starrte, zischte Hagen: »Mensch, lass uns zumachen.« Wir schraubten die Beschläge ab, nahmen das Schloss aus seiner Aussparung und befestigten den Türknauf wieder. Dann besichtigten wir die Räume und fanden eine große Küche in Form eines Berliner Zimmers und zwei Räume mit Stuck und Rosetten. Unter den Fenstern lag Stroh, vermutlich um das Parkett vor Feuchtigkeit zu schützen. Mir erschien das Stroh wie ein Gruß des Vormieters und auch als Aufforderung, die Räume gut zu pflegen. Die Dielen knarrten, es war lange niemand auf ihnen gegangen. Die Öfen schienen intakt, Strom und Gas waren angestellt und nach etwas Gegurgel floss auch Wasser aus dem Hahn. Die Wohnung roch angenehm nach trockenem Holz und Stroh. In der Küche standen ein Tisch, ein Stuhl und eine alte Anrichte. Aus den Fenstern sah man einen Klinkerbau auf der anderen Seite der Straße. Der Stuck über seinen Fenstern war mit Engelsköpfen verziert, er war grau und schartig, vielleicht von den Granatsplittern des Krieges. Doch die Engel erschienen mir freundlich und wachsam.

Es war etwas Verwunschenes an dieser Wohnung, die vor sich hingeschlummert hatte, während man in den Vorstädten Plattenbauten hochzog und Stahlwerke in die märkische Heide setzte. Eine Flaschenpost aus der Zeit, als Berlin der wirtschaftliche und kulturelle Mittelpunkt Europas war. Nicht nur die Wohnung, das ganze Viertel hatte im Windschatten der Mauer wie hinter Dornröschens Dornenhecke vor sich hingeträumt. In der Straße standen höchstens fünf dieser ostdeutschen Trabanten, unwahrscheinlich kleine, meist graublaue Wägelchen aus Plastik, die ihr Geknatter nur selten an den mit Löchern übersäten Fassaden vorbei in den Berliner Frühsommerhimmel sandten. Zwischen den Häusern liefen streunende Katzen herum, die in den Kellern ihren Nachwuchs aufzogen. Zwischen den Häusern waren Brachflächen, die zur Straße hin mit Wellblechzäunen abgeschirmt waren. Von oben sah man Gras, Blumen und junge Birken. Die Aufgeregtheiten der Nachwendezeit waren nicht in das Viertel gedrungen, für das geographische Zentrum einer Dreimillionenstadt war es unwirklich still. Vielleicht hatte hier eine alte Frau bis zu ihrem Ende gelebt, vielleicht hatte die Genehmigung eines Ausreiseantrags die letzten Mieter zum Auszug bewogen. Es waren sicher nicht die Stützen der Gesellschaft, die in dieser Gegend bei Kohleöfen und Außentoiletten ausgeharrt hatten. Die grauen Fassaden, die Sprünge im Stuck und die fehlenden Sprossen im Treppengeländer verbargen, welcher Schatz diese Häuser waren. Als ob das schief angenagelte Linoleum im Treppenhaus eine besonders raffinierte Form der Untertreibung wäre, um sie vor dem Abriss zu schützen. Um ihr vornehmes Wesen zu schützen und im entscheidenden Augenblick wieder zur Geltung zu bringen.

Als ich in der Wohnung stand, musste ich an die Zimmer im Internat denken und wie sie nach dem Angstschweiß frühpubertärer Jungen rochen. Vom Speisesaal liefen wir nach oben auf unser Zimmer, öffneten den mit einem Vorhängeschloss gesicherten Schrank, starrten auf unsere Habseligkeiten, ein paar Bücher und Kassetten, vielleicht ein Stück Schokolade, eine bittersüße Erinnerung an das täglich mehr entschwindende Zuhause und verschlossen den Schrank, um wieder hinauszugehen und doch nach einer Viertelstunde zurückzukehren. Es gab nichts anderes zu tun, als hin- und herzulaufen und auf das nächste Klingelzeichen zu warten, das uns in die Studiersäle oder zum Essen rufen würde. Das Internatsgebäude war wie ein Moloch, der in regelmäßigen Abständen blasse Kinder mit Ringen unter den Augen aufsaugte und wieder ausspuckte. Wundersamerweise blieb ihre Zahl beim abendlichen Löschen der Lichter immer gleich. Im Mittelalter galt der Hund als Verkörperung der Verzweiflung, weil er keine Ruhe findet und unablässig etwas sucht, von dem unklar ist, ob es noch existiert. Wie Jagdhunde, die den Geruch der Fährte noch in der Nase haben, aber sie nicht mehr finden können, suchten wir eine Spur, die uns unseren Eltern näherbrächte. Aber natürlich suchten wir umsonst, es gab keinen Weg zurück, schließlich hatten uns die Eltern selbst an diesen Ort gebracht. Wir waren Treibgut der gesellschaftlichen Auflösung der siebziger Jahre, zerrissen zwischen der Hoffnung, dass sich unsere Anwesenheit als Missverständnis herausstellen würde, und der Angst, den Quälereien der Älteren ausgeliefert zu sein, bis wir eines Tages selbst die Jüngeren zum Ziel unserer eigenen hilflosen Wut machen würden.

An einem offenen Fenster sitzend, den schweren Atem der schlafenden Zimmergenossen neben mir, hatte ich mir seitdem einen Raum für mich allein gewünscht. Ein Zimmer, ich dem ich auf- und abgehen könnte, reden, lachen, Musik hören und Handstand machen könnte, ohne jemanden zu stören. Ein Ort, an dem ich mich bewegen könnte, wie ich wollte. Keine Angst mehr, dass ich der Grund für das Unglück meiner Mutter sei, dass das Ende der Welt nahte oder Stefano mit seiner Terrortruppe aus der unteren Etage. In meinem Zimmer sollte es Bücher geben und Musik, ein Sofa, um zu lesen, und mindestens zwei Fenster, um das Licht hereinzulassen. Aber keine Erzieher, die mit ihren Tagesplänen meine Zeit zerstückelten, mich in überflüssige Unterhaltungen zwangen und jeden Hauch von Privatheit ignorierten. Mein Leben wäre kein Sammelsurium von fremden Einflüssen mehr, sondern Ruhe, Besinnung, Konzentration. Die Zimmer müssten hoch und groß sein, keine Hamsterkäfige aus der Nachkriegszeit. Stuck und Parkett wären gut, dazu eine kulturell gesättigte Umgebung, Theater in Laufweite, Museen, am besten auch eine Oper, aber nicht zu glatt und schick, überrenoviert nach Münchner Art.

Als ich in der Wohnung stand, verschmolzen Traum und Wirklichkeit. Es war, als ob sich der Traum auf den Weg gemacht hätte, um diese Wohnung zu finden und mich zu ihr zu führen. Es hatte sich gefügt, und mit etwas Glück würde ich auch einen Mietvertrag bekommen. »All I need is the sun in the morning and the moon at night« sang Doris Day in meinem Kopf, ich ging durch die Zimmer und war glücklich.

In einem Eisenwarenladen an der Zionskirche hatten wir ein neues Einsteckschloss und die dazu gehörenden Schlüssel gekauft. Es machte keinen besonders stabilen Eindruck, würde aber genügen, um die Wohnung zu sichern. Der Körper der Schlüssel war aus Kunststoff, dem man einen Bart aus Metall eingesetzt hatte. Dieser Versuch der ostdeutschen Mangelwirtschaft, kostbares Metall zu sparen, kam mir entgegen: Er unterstrich das Vorläufige.

Als das Schloss in der Tür montiert war, hatte ich das Gefühl, angekommen zu sein. An einem Ort jenseits der Geschichte, in einem windstillen Hafen, in dem ich meine Vergangenheit zugleich annehmen und hinter mir lassen konnte. Es war immer so gewesen, dass niemand auf uns gewartet hatte. Wir waren die Endmoräne der Kinderwelle der Nachkriegszeit. Vom Kindergarten über Schule, Uni, Wohnungs- und Arbeitsmarkt: Letztlich hatte man uns bedeutet, überflüssig zu sein. Unsere Eltern hatten uns mit wohlmeinenden Mienen durchgefüttert. Aber auf die zunehmende Saturiertheit der sechziger Jahre folgte eine Explosion des Narzissmus. Nach der Fress- kam die Sexwelle, dann jede Menge Scheidungen und zuletzt eine bunte Palette obskurer Selbstverwirklichungspraktiken. Nicht gerade kinderfreundliche Aktivitäten, weshalb wir viel Zeit vor dem Fernseher verbrachten. Auf unserer Jugend lastete der Zuckerguss wohlstandsgesättigter Stagnation, auch wenn sich der Geldsegen zunehmend als auf Schulden gebaute Illusion entpuppte. Wobei mein Bedürfnis kein materielles war. Auch wenn ich in ein paar Wochen die Zimmer am Kurfürstendamm räumen musste, hätte ich kaum unter einer Brücke geschlafen. Es war die Sehnsucht nach einem eigenen Ort, jenseits der Bevormundung durch sozialstaatliche Fürsorge und alternativer Zukunftsangst. Ein Ort, der die Erinnerung an die Zeit vor dem vergangenen Jahrhundert der Ideologien bewahrte. Es ging nicht um ein Dach über dem Kopf, sondern um einen Rahmen, der frei war von Selbsthass und Verzweiflung. Ein Niemandsland zwischen Ost und West, ein Rettungsfloß inmitten von Hoffnungslosigkeit und Überfluss. Ein Raum als Echo einer Kultur, dem die Irrwege der Nachkriegszeit nichts anhaben konnten, als Kompass und Marschzahl für mein eigenes Leben. Vor allem aber tat mir gut, dass ich nicht einfach dagesessen war und gehofft hatte, dass sich etwas ergab. Ich war nicht abgeholt, eingeteilt und verwaltet worden, sondern hatte mir die Wohnung genommen: Sie war Stein gewordene Selbstermächtigung.

Hagen wanderte durch die Räume und murmelte zustimmend. Egal wie weit seine Erfahrung als Besetzer reichte, mich beruhigte, dass ihm – »nicht schlecht, Alter, nicht schlecht« – die Wohnung gefiel. Wir beschlossen, dass es für heute genug war, drehten den Schlüssel zweimal im Schloss herum und machten uns auf den Rückweg.

Hagen wollte den Rucksack nicht mit zu Anton und Meike nehmen und so begleitete ich ihn nach Kreuzberg. Wir verstauten das Werkzeug und er lotste mich in eine Kellerkneipe mit dem Namen »Ex«. Bis auf die Lampen und Zapfhähne sah der Laden aus, als hätte man ihn in einen Topf schwarze Farbe getaucht.

Hagen erzählte von seiner Besetzerzeit. Er war mit siebzehn von zu Hause weggelaufen und hatte auf dem Weg nach Berlin Hausbesetzer kennengelernt, die ihn aufnahmen. Er lebte fünf Jahre bei ihnen. Sein Vater hatte als ehemaliges Mitglied des Kommunistischen Bundes für Hagens TonSteineScherben-Anarchismus nur Spott übrig. Vielleicht war es diese Haltung, die Hagen in die Arme der Spontiszene trieb. Auf jeden Fall hatte er zu viel alternative Rhetorik gehört, um sich mit einer theoretisch fundierteren Bewegung anzufreunden. Der Bruch zwischen den Besetzern kam, als Mitbewohner eine Gruppe gründeten, die sich als Keimzelle einer neuen außerparlamentarischen Linken verstand. Schon der Plan, einen Kader aufzubauen, sorgte für Unmut. Die Stimmung kippte, als linksalternative Einrichtungen unterwandert werden sollten. Es bildete sich eine Gruppe von Befürwortern der Initiative, Strukturalisten genannt, und eine bunt gemischte Front von Ablehnenden, die sich als Undogs, undogmatisch, bezeichneten. Letztere, zu denen auch Hagen gehörte, gerieten in den folgenden Grabenkämpfen in die Defensive und verließen schließlich unter Protest das Haus. Für Hagen war es wie der Auszug aus dem Paradies. Die Gemeinschaft von damals war immer noch sein Modell einer solidarischen Gesellschaft. Obwohl sie sich gespalten hatte, blieb das gemeinsame Leben jener Jahre sein Wunschbild.

In der folgenden Zeit fuhr ich fast täglich in die Wohnung. Dort passierte nicht viel, ich sah eine Weile aus dem Fenster oder saß in der Ecke des Zimmers und betrachtete den Stuck an der Decke. Meine Besuche bestanden aus einer Mischung von Tagtraum und Besitzergreifung. Es ging darum, mich an die Räume zu gewöhnen und meine Angst zu beruhigen, dass ich vertrieben werden könnte. Schließlich war ich illegal eingedrungen und es schien nicht unwahrscheinlich, dass die Nachbarn, die Hausverwaltung oder auch die Polizei kommen würden, um mich zum Abzug zu bewegen. Zum anderen bereitete es mir eine eigenartige Lust, mich an einem Ort zu behaupten, an dem ich nicht sein durfte. Immer war es so gewesen, dass ich mich überflüssig und ungewollt gefühlt hatte. Mein Leben war eine ständige Ausweichbewegung gewesen, eine Flucht vor Ablehnung und Heimatlosigkeit. Es war gut, diesen Ort, an dem ich auf eine andere Art unerwünscht war, zu dem meinen zu machen. »Vielleicht ist diese ganze Besetzerbewegung ja eine einzige Verhaltenstherapie für verwirrte Bürgerkinder.« Bei jedem Besuch brachte ich ein paar Bücher mit. Später reparierte ich den defekten Regenablauf vor dem Haus mit einem Stück Rohr aus dem Baumarkt. Als der Vertrag für die Räume am Kurfürstendamm auslief, transportierte ich den Rest meines Besitzes nach Mitte. Der Taxifahrer konnte nicht glauben, dass ich freiwillig in eine Wohnung ohne Dusche und Telefon zog. Zwei Tage später klopfte es an der Tür. Hagen war wieder einmal von seiner Freundin ausquartiert worden. Er zog in die freie Wohnung gegenüber.

9

Die Hütte in der Kathedrale

»Bitte sprechen Sie bis Ende der Woche im Sekretariat von Prof. Wolff vor«, stand auf dem Zettel, der in einem blauen Umschlag in meinem Briefkasten lag. Telefonanschlüsse waren im Osten nach wie vor selten. Wer etwas von mir wollte, musste einen Brief schicken oder persönlich vorbeikommen. Offensichtlich war Wolff noch an mir gelegen, sonst würde er nicht die Post bemühen. Die Sekretärin begrüßte mich freundlich und Wolff schien sich aufrichtig zu freuen, als er mich sah. Ausgiebig schüttelte er meine Hand, fast als ob ich und nicht er die Stelle zu vergeben hätte. Er bat mich, ein Tutorium zu den Texten seines Seminars durchzuführen.

»Außerdem kommen wir mit dem politischen Projekt voran. Heufeld hat die Parteigründung in die Wege geleitet. Satzung, Struktur, vorläufiges Programm, Rechenschaftsbericht. Er war übrigens angetan von Ihnen. Vielleicht können Sie zur Einführung in die Unterstützung der politischen Aktivitäten an einem Interview teilnehmen. Es geht um akademische Themen, das ist ein guter Einstieg.«

Am übernächsten Tag trafen wir uns vor dem Verlagsgebäude. Wie viele Berliner Blätter hatte die Zeitung ein neues Format, ein neues Layout und einen neuen Chefredakteur bekommen. Vor dem Mauerfall hatte die Presse eine Nebenrolle im Leben der Stadt gespielt, seit jenen Novembertagen erlebte sie einen Aufschwung. Man war begierig auf Nachrichten und Kommentare, um sich ein Bild der neuen Verhältnisse zu machen. Berlin galt als attraktiver Medienmarkt und die Hauptstadtdiskussion als einmalige Gelegenheit, sich als Blatt von europäischem Rang zu positionieren. Als wir das Gebäude betraten, hatte ich feuchte Hände. Der Eingangsbereich war voller Chrom und Glas und die Frau am Empfang trug ein Kostüm. Es war gut, in dieser Welt bei Wolff zu sein und im Schatten seiner kühlen Geschäftsmäßigkeit dahinzugleiten.

Der neue Chefredakteur hatte eine Serie über profilierte Hochschullehrer angeregt und nahm selbst an den Interviews teil. Das Gespräch fand im Büro des Chefs statt, der uns im blauen Anzug mit Einstecktuch und Krawattennadel begrüßte. Außerdem war noch ein Redakteur namens Schürer dabei. Er hatte ein breites Gesicht mit teigigem Teint, aber wache Augen. Schürer trug einen Vollbart, Rollkragenpullover und eine abgewetzte Tweedjacke. Seine Wangen waren gerötet, er machte einen reizbaren Eindruck. Wolff stellte mich als studentischen Mitarbeiter der Partei vor, der ihn bei Pressekontakten unterstütze.

»Soziologische Aspekte der inneren Einheit. Berlin als Werkstatt der Einheit.«

»Berlin als Ost-West Drehscheibe.«

»Ausbau der Verkehrswege. Berlin als Industriestandort.«

»Der Aufschwung in Ostdeutschland.«

»Die Beziehungen zu den mittel- und osteuropäischen Ländern.«

Die Fragen setzten voraus, dass die politische und wirtschaftliche Entwicklung von Ostdeutschland und Berlin zu einer Anpassung an den Westen führen würde. Der Chefredakteur und Schürer waren in den späten Vierzigern, der wirtschaftliche Wiederaufstieg Deutschlands nach dem Krieg erschien ihnen nicht als außergewöhnliche Leistung einer Generation, sondern als ökonomische und gesellschaftliche Zwangsläufigkeit. Das richtige Bewusstsein ergab sich aus dem westeuropäischen Status quo, deshalb war es entscheidend, die Haltung des Westens in den Osten zu importieren. Die Zeitung wollte zu einem »Benchmark westeuropäischer Standards« beitragen, gewissermaßen als journalistische Vergleichsdatenbank. Eine staatlich gelenkte Wirtschaftsförderung sollte das Übrige leisten.

Wolff war vorsichtig. Vornüber gebeugt saß er an dem dunkel furnierten Tisch des Chefredakteurs. Er sagte, dass sich Investitionsentscheidungen nicht erzwingen ließen, er sprach von Überkapazitäten im Westen, von einer fälligen Erneuerung der Sozialsysteme und den hohen Lohnnebenkosten. Seine Körpersprache machte den Ernst der Situation deutlich.

»Die Voraussetzungen des Wirtschaftswunders der fünfziger Jahre sind heute nicht gegeben. Nach dem Krieg entstand ein Gemeinwesen, auf das der Staat nur ordnenden Einfluss hatte. Statt ideologischer Indoktrination galt das

Prinzip der Eigenverantwortung. Deutschland wollte sich wirtschaftlich bewähren und konnte sich auf ein starkes Arbeitsethos und Sekundärtugenden stützen.«

Schürer lief bei dem Wort Arbeitsethos rot an. »Ein Choleriker«, dachte ich. Der Chefredakteur gab zu bedenken, dass in Ostdeutschland gegenwärtig der Wechsel von zentraler Steuerung zu Eigenverantwortung vollzogen werde.

Wolff nickte. »Es gibt eine Öffnung in wirtschaftlicher und kultureller Hinsicht. Aber für welches Ziel werden diese Freiräume genutzt? Im Deutschland der fünfziger Jahre gab es einen Willen zum Neuanfang. Es erfolgte eine Rückbesinnung auf kulturelle Wurzeln. Eine solche Selbstvergewisserung ist auch jetzt an der Zeit. Sowohl in Ost- als auch in Westdeutschland herrscht eine starke Verunsicherung hinsichtlich des eigenen Verständnisses. Das historische Geschenk der Einheit setzt den Rahmen für diese Diskussion.«

Wolffs Stimme war weich und werbend. Schürer war sichtlich gespalten zwischen Sympathie für Wolffs Person und der Ablehnung seiner Thesen.

»Berlin kann in dieser Hinsicht tatsächlich Werkstatt der Einheit sein, wenn sich die Stadt von ihrer Versorgungsmentalität verabschiedet. Während man Westberlin mit Sonderzulagen und Steuervorteilen bedacht hat, wurde der Osten bei der Verteilung von Konsumgütern und im Wohnungsbau bevorzugt. Ost- und Westberlin sind sich ähnlicher, als sie sich wahrnehmen.« Schürer fragte, ob die Wiederbelebung von Sekundärtugenden Teil dieser Diskussion sein sollte. Wolff sagte, dass das ein Randaspekt sei, im Mittelpunkt stünde die Identitätsfrage. Als das Interview erschien, lautete die Überschrift dennoch: »Sekundärtugenden statt Besitzstandsdenken?«

Der Chefredakteur führte uns durch das Haus. Es war ein Bau aus den Sechzigerjahren, der im Zuge der Erneuerung der Zeitung schrittweise modernisiert wurde. Im Vordergrund stand die Weiterentwicklung der Produktionsverfahren und der Organisation, gleichzeitig wurde das Gebäude saniert. Während eine riesige Druckmaschine die Ausgabe des kommenden Tages produzierte, verlegten Handwerker hinter einer Holzverschalung neue Versorgungsstränge. Alles wurde erneuert, nur die Ausrichtung der Zeitung sollte bleiben, wie sie vor dem Mauerfall gewesen war. Für das Blatt war ein neues Layout vorgesehen, aber die Themen waren dieselben wie vor der Wiedervereinigung. Das althergebrachte Berliner Format wurde abgeschafft, aber es gab kein neues Selbstverständnis der Redaktion. Während des kalten Krieges mochte es sinnvoll gewesen sein, sich auf technische Fragen zu beschränken, jetzt aber war die Mauer gefallen und ganz Europa fragte sich, wie sich Deutschland und Berlin entwickeln würden. Nachdem wir die Druckerei verlassen hatten, fragte ich den Chefredakteur nach den »inhaltlichen Konsequenzen des Falls der Mauer für die Zeitung.« Für einen Moment zögerte er, und erklärte dann, dass man natürlich den Vereinigungsprozess begleite und zog es dann vor, weiter über Druckmaschinen, Rotationsumfänge und Ausstoß je Stunde zu sprechen. Die Redseligkeit an der Peripherie verdeckte die Sprachlosigkeit im Zentrum. Dabei waren Wolffs Thesen bei ihm gut angekommen. Anders als Schürer hatte er heftig mit dem Kopf genickt, als Wolff von Identität und Selbstvergewisserung sprach. Aber dann stand er doch wieder vor den neuen, summenden Druckmaschinen, statt in der Ruhe seines Büros über die Rolle seiner Zeitung im neuen Berlin nachzudenken. Ein Abbild eines Landes, das die Vorstellungen, die es von sich und der Welt hatte, mit den besten Absichten und in größter Seelenruhe unter einer Lawine effizienzsteigernder Maßnahmen begrub. Die Effizienz wurde tatsächlich gesteigert, nur wurde zunehmend unklar, wofür. Als Wolff ihn nach Vorbildern seiner Zeitung fragte, hielt er ohne Zögern einen Vortrag über die Auflage der »Post«, das Layout der »Monde« und das Format der »Times«.

In den Redaktionsräumen stellte uns Schürer seine Praktikantin vor. Für einen Moment sah ich nur eine rote, warme Wolke und roch ein Parfum, das ich kannte. Meike trug einen lila Angorapullover und am liebsten wäre ich ihr auf der Stelle in die weichen, wohlriechenden Arme gesunken. Stattdessen fragte ich mich, ob es ihr vor Schürer unangenehm wäre, sich wie alte Bekannte zu begrüßen. Wahrscheinlich hatte sie den gleichen Gedanken, jedenfalls gaben wir uns ohne ein Zeichen des Wiedererkennens die Hand. Beim Weitergehen schob sie mir einen Zettel mit ihrer Redaktionsnummer zu. Nachdem ich mich auf der Straße von Wolff verabschiedet hatte, rief ich sie von einer Zelle aus an. Wir verabredeten uns nach Redaktionsschluss in einer Kneipe gegenüber des Verlagsgebäudes.

Es ist mir immer schwergefallen, mich Mädchen gegenüber ungezwungen zu verhalten. Die Schule, die zum Internat gehörte, wurde auch von Schülerinnen der Umgegend besucht. Aber es galt als unpassend, sich ihnen zu nähern. Sie galten als provinziell und beschränkt, wofür es allerdings keine Anhaltspunkte gab. Im Gegenteil, es war unsere eigene Borniertheit, die dieses Vorurteil über die Jahre hinweg am Leben hielt. Die Behauptung war eine Entschuldigung für unsere Feigheit und nährte sich selbst: Wer nie Kontakt mit Mädchen hatte, fand sie auch weiterhin furchterregend. Da es keine Eltern gab, die in dieser Situation mäßigend oder vermittelnd eingreifen konnten, war unsere hilflose Arroganz das Maß der Dinge.

Als Meike in die Kneipe kam, wusste ich nicht, wie ich sie begrüßen sollte. Erst als sie schon an meinem Tisch stand, erhob ich mich steif. Sie sah mir meine Befangenheit an und drückte mir lachend einen Kuss auf die Wange. Mir schoss das Blut in den Kopf und ich hätte ihr gern gesagt, wie sehr ich sie in den letzten Wochen vermisst hatte. Ihr hing eine Strähne in der Stirn und sie war außer Atem. »Kaum zu glauben, was für ein Tempo die draufhaben. Morgens bewegen sie sich wie Schildkröten, dann trinken sie literweise Kaffee und kurz vor Redaktionsschluss werden sie zu Furien.« Sie strich sich die Haare aus dem Gesicht und strahlte mich an. Dann sagte sie, sie hätte zum ersten Mal in ihrem Leben das Gefühl, etwas Sinnvolles zu tun. Dass die Zeit nicht mehr wie eine träge Masse sei, die an ihr klebe und jede Bewegung zur Qual mache. Dass sie nicht mehr stundenlang im Bett läge, unfähig zu einer Entscheidung. Dass die Universität sie mit ihrer bürokratischen Routine und den Dozenten, die ihre abseitigen Liebhabereien als profunde Hauptseminare verkauften, nicht mehr lähme. Schürer sei aufbrausend und die Kollegen nicht frei von Intrige, aber jeder Zehnzeiler gäbe ihr das Gefühl von Freiheit. Sogar das Umformulieren von Agenturmeldungen, eine unbeliebte Aufgabe, bereite ihr Freude. Es sei, als habe die Wende ein Fenster aufgestoßen, durch das frische Luft hereinströme, die in alle Winkel der Stadt verteilt werden solle. Sie fühle sich als Wettergöttin, die diese Lüfte an einem Tag von Ost nach West und am nächsten in die entgegengesetzte Richtung wehen lasse.

Eines der externen Mädchen in meiner Klasse hieß Klara. Ihr Vater arbeitete als Ingenieur im Wasserwerk, weshalb sie sich von uns dumme Sprüche wie »das Wasser wird Klara« anhören musste. Ihre blonden Haare waren zu Zöpfen gebunden. Sie war freundlich und still. Am Ende jeden Schuljahres machten wir einen Ausflug. Mettmann fand, dass es wichtig sei, Arbeitsprozesse kennenzulernen. Also fuhren wir in einen Betrieb, in dem Schrauben hergestellt wurden. Klara kam mir entgegen, als ich gerade um den Bus herumlaufen wollte. Sie war auch allein. Ich erschrak, sah auf ihre Schuhe und machte kehrt – um auf der anderen Seite des Busses wiederum auf Klara zu treffen, der offensichtlich etwas Ähnliches widerfahren war. Dieses Mal war die Peinlichkeit nicht nur auf meiner Seite, sondern sozusagen verdoppelt, was die Kontaktaufnahme erleichterte. Obwohl ich nur ein dümmliches Grinsen zustande brachte, lächelte sie scheu zurück. Nach diesem Moment der Nähe gingen wir unserer Wege, als wäre uns der Leibhaftige auf den Fersen. Aber schon als wir in den Bus einstiegen, richtete ich es so ein, dass ich hinter ihr stand. Natürlich nicht direkt dahinter, das wäre zu auffällig gewesen, aber immerhin so, dass ich ihren Rücken betrachten konnte, was mich sehr beruhigte.

Als ich Meike zum ersten Mal in Antons Wohnung traf, konnte ich kaum die Augen von ihr lassen. Vielleicht erinnere ich mich deshalb daran, dass ihre Locken ein wenig wie die Weinreben aussahen, die den Stuck der Decke zierten. Antons Wohnung hatte den nachlässigen Charme einer Studentenbude. Meike ruhte in dieser Wohnung, sie gehörte dort hin. Und sie gehörte zu Anton. Die Freude, die ich in ihrer Nähe empfand, war falsch. Sie war geborgt, sie war unaufrichtig und undankbar gegenüber Anton. Andererseits war Anton auch die Brücke zu Meike. Nie hätte ich den Mut gefunden, sie anzusprechen. Genau genommen hatte ich es noch nie zu einer dauerhaften Beziehung gebracht. Es gab an der Schule und im Zivildienst Bekanntschaften, die sich aber früher oder später verliefen. Letztlich lag es an mir: Ich war zu unkonzentriert und zu sehr mit mir selbst beschäftigt, um den Kontakt aufrechtzuerhalten. Ich tröstete mich mit dem Gedanken, dass es nur eine Frage der Zeit sein würde, bis sich die Dinge von selbst ergeben würden, ohne Peinlichkeit und falsche Töne.

Es war schwer gewesen, Klara näherzukommen, ohne Aufsehen zu erregen. Vormittags waren wir in der Schule, mittags fuhr sie mit dem Bus in ihr Dorf. Selbst wenn sie den Nachmittag auf dem Schulgelände verbracht hätte, wären wir von Mitschülern und Lehrern umgeben gewesen.

Dann schlug Mettmann vor, Klara solle ein Referat über ihre Namensverwandte Clara Schumann halten. Die Verdienste großer Frauen würden ohnehin zu wenig gewürdigt.

Die Aufregung war Klara anzusehen, aber sie hielt einen guten Vortrag. Sie beschrieb Claras Talent und ihre frühen Erfolge als Wunderkind des Klaviers. Die Liebe zu Robert Schumann stellte sie so dar, dass Gekicher und anzügliche Kommentare ausblieben. Die Heirat gegen den Willen des Vaters, die gemeinsamen Konzertreisen, ihre Kompositionen und der Umzug nach Düsseldorf interessierten mich weniger, sehr jedoch die Vorstellung, dass Schumann vor seinem Tod mehr als zwei Jahre in einer Privatklinik eingesperrt war, ohne seine Familie sehen zu können. Klara versuchte zu erklären, dass die Ärzte Clara Schumann und den Kindern von einem regelmäßigen Kontakt mit ihrem Mann und Vater abgeraten hätten. Wahrscheinlich identifizierte ich mich mit Robert Schumann und das Internat mit seiner Heilanstalt. Jedenfalls erschien mir Klaras Erklärung nicht plausibel: Zu sterben, ohne seine Kinder wiedergesehen zu haben, war unwürdig.

Seit meinem Auszug aus Antons Wohnung fühlte ich mich anders mit Meike. Nicht nur, weil die Kneipe ein neutraler Ort war. Es war keine Zeit mehr für Gefühle aus zweiter Hand. So lange Anton nach London reiste und ich in den Alpen saß, auch als ich nach Berlin kam und wir zu dritt unterwegs waren, war er mein Beschützer und Vorbild. International und gewandt, humorvoll und gut gekleidet. Nach dem Mauerfall hatte sich das Blatt gewendet. Was ihn zuvor unangreifbar gemacht hatte, hielt ihn jetzt in der alten Zeit fest. Als die ganze Welt nach Berlin sah, wirkte es lächerlich, von London zu schwärmen. Als es darum ging, wie sich das Land entwickelte, war es fehl am Platz, wenn Anton über

Schuhe und Hemden sprach. Mettmanns schwarze Visionen waren ein Fluchtversuch vor der Wirklichkeit, der seit der Wende immer pathetischer und absurder wirkte. Aber jetzt wurde deutlich, dass Antons Pendeldiplomatie zwischen England und Deutschland kaum besser war.

Wenn Klara nicht die Initiative ergriffen hätte, wäre es so weitergegangen: mit scheuen Blicken und der versteckten Suche nach Nähe. Sie schrieb mir einen Brief, in dem stand, dass sie mich nett fände und mit mir reden wollte. Nachdem ich ihre Zeilen gelesen hatte, konnte ich vor Panik kaum denken. Im Internat kursierten Hefte mit verklebten Seiten, auf denen Frauen in unerhörten Posen abgebildet waren. Bei jedem Besuch in München war mehr nackte Haut auf den Werbeplakaten zu sehen. Aber wie ich mit einem Mädchen aus Fleisch und Blut umgehen sollte, war völlig unklar. Womöglich würde sie mich zu sich nach Hause einladen, in eine Familie, die nicht zerbrochen war und in der es auffallen würde, dass ich in Wahrheit ein Aussätziger war, den seine Eltern gewiss nicht ohne Anlass in ein abgelegenes Internat gesteckt hatten. Sie wusste gewiss, wie man sich benahm, wenn man einen Freund hatte. Ich hatte nur gelernt, mit abgegriffenen Hochglanzmagazinen umzugehen.

Meike fragte, wie ich an Wolff geraten sei, und ich berichtete von seinem Seminar und dem Tutorium. Mir fiel auf, dass ich vorgab, größeren Abstand zu ihm zu wahren als ich empfand. Aber offenbar konnte ich meine Gefühle schlecht verbergen, denn Meike hakte nach, ob es üblich sei, dass Tutoren ihre Professoren zu Interviewterminen begleiten. Ich nahm ihr das Versprechen ab, Anton und vor allem Hagen nichts zu sagen, und erzählte von dem Treffen im Schwul-o-Mat, Heufeld, der geplanten Parteigründung und meiner Zusage, mich an der Öffentlichkeitsarbeit zu beteiligen. »Hat sich ja einiges getan, seit du bei uns ausgezogen bist«, antwortete sie, kaute an ihrem Strohhalm und legte den Kopf auf die Seite.

Am Tag nach ihrem Brief schrieb ich Klara eine Antwort. Dort stand, dass ich ihres Interesses nicht würdig sei, wir uns zur falschen Zeit am falschen Ort begegnet wären und weiterer Kontakt sinnlos sei. Einerseits war es ein ehrlicher Brief, zumindest stand kein unwahres Wort darin. Andererseits verschwieg er, wie sehr ich mich nach ihrer Nähe sehnte. Zwei Tage schwankte ich zwischen Stolz und Sehnsucht und zerriss dann, in einem Anfall von Selbsthass, meinen Entwurf. Genau eine Woche nach ihrem Brief kam Klara in der großen Pause zu mir und fragte, ob sie eine Antwort bekäme. Ich stotterte, versuchte zu erklären und brachte schließlich nur heraus, dass ich geschrieben, aber das Blatt dann wieder zerrissen hatte.

Am Nachmittag fuhr ich in die Bücherei der Kleinstadt und las über Robert Schumann, was ich finden konnte. Es stellte sich heraus, dass Clara ihn während des über zwei Jahre dauernden Klinikaufenthaltes nur einmal unmittelbar vor seinem Tod besucht hatte. Dabei war er bei Bonn untergebracht, also nicht weit entfernt von Düsseldorf, wo sie weiter ihren gesellschaftlichen Verpflichtungen nachging. Einen ersten Brief schrieb sie erst nach fünf Monaten. Nicht einmal die Geburt seines jüngsten Sohnes Felix wurde ihm bis zu seinem Ende mitgeteilt. Dabei fanden ihn verschiedene Besucher bei klarem Bewusstsein. Bettina von Arnim hatte sich dafür eingesetzt, dass er an einem Ort untergebracht würde, wo er Musik hören und seine Kinder sehen könnte. Clara hatte dies abgelehnt. Seine Versuche, mit Verlegern Kontakt aufzunehmen, um seine Kompositionen zu verkaufen, wurden ebenfalls unterbunden. Krank vor Verzweiflung verweigerte er die Essensaufnahme und verhungerte zwei Tage nach Claras erstem und einzigem Besuch in seiner Zelle. Noch ergreifender war das Schicksal ihres gemeinsamen Sohnes Ludwig. Er litt sehr unter der Abwesenheit erst des Vaters und dann der Mutter und war nach dem Tod des Vaters mit acht Jahren in ein Internat in Bonn gegeben worden. Er versagte in der Schule, möglicherweise aufgrund eines Augenleidens, und wurde zu Claras Vater abgeschoben, der stets gegen die Verbindung seiner Tochter zu Robert Schumann gewesen war. Mit 22 Jahren wurde Ludwig in die düstere Landes-Irren-Versorgungsanstalt Colditz eingeliefert. Man brachte die Irren auf dem alten Schloss Colditz unter, nachdem es als Arbeitshaus für Landstreicher als nicht zumutbar befunden worden war. Clara besuchte ihn nachweislich nur dreimal, das letzte Mal vor seinem dreißigsten Geburtstag. Er erblindete völlig und verbrachte weitere dreiundzwanzig Jahre in Colditz, ohne dass seine Mutter, die als gefeierte Konzertpianistin Europa bereiste, ihn noch einmal aufsuchte.

Die wichtigsten Daten und Zusammenhänge schrieb ich mir heraus und konfrontierte Klara damit. Vielleicht verstand sie meine Situation besser als ich selbst, oder ich hatte davon gesprochen, dass ich mich – wie Ludwig in Colditz – von meiner Mutter im Internat entsorgt fühlte. Jedenfalls war sie verständnisvoll und nahm mich in den Arm. Bald darauf schrieb sie mir einen zweiten Brief, der mit der vagen Formulierung endete: »…dass wir uns zu einem späteren Moment wiederbegegnen mögen.«

»Eine neue Partei«, murmelte Meike nachdenklich, blies die Luft durch die Backen und sagte nach einer Pause: »Passt bloß auf, dass euch die Presse nicht in der Luft zerreißt. Europa sieht nervös auf Deutschland und fragt sich, was der Mauerfall bedeutet.«

»Dann müssen unsere Argumente einfach besser sein«, antwortete ich. »Sonst werden die Fleischtöpfe auf Kosten der folgenden Generationen gefüllt, der Osten kommt an den Tropf, und an den Verhältnissen ändert sich nichts.«

»Da ist was dran«, antwortete Meike, »trotzdem, seid vorsichtig. Jedenfalls wäre es interessant, Wolff zu befragen.«

»Vielleicht hilft ein Interview, die Debatte in Gang zu bekommen«, schlug ich vor, »Wolff ist ja jetzt als Gesprächspartner eingeführt. Du bekommst auf jeden Fall eine Einladung zur Pressekonferenz von Wolffs Kandidatur.«

Für einen Moment schwiegen wir. Sie sah mich an und ich spürte, wie ich rot anlief. Gern hätte ich gewusst, wie es in der Beziehung mit Anton ging. Stattdessen sagte ich: »Hat dein Bruder schon von seiner neuen Wohnung erzählt?«

»Vor einigen Wochen rief er an, weil er wieder einmal in Kreuzberg ausgezogen ist. Von einer eigenen Wohnung sagte er nichts.«

»Hat er nicht erzählt, dass er neben mir wohnt?«

»Am Kurfürstendamm?«

»Nein, in Mitte.« Als ich ihr überraschtes Gesicht sah, sagte ich: »Komm, ich zeige es dir.«

Nach Klaras zweitem Brief träumte ich, mit ihr durch das Dorf zu laufen. In dem Traum wirkte es vertraut und freundlich, nicht fremd und bedrohlich wie sonst. Klara sprach davon, wie das Wasser aus den Bergen in die Bäche fließt, wie man es aufbereitet und dass die Seele klar und rein wie ein Gebirgssee wird, wenn man davon trinkt. Das Wasser könne die Seele säubern und alle Lebewesen würden die Erhabenheit ihrer Reinheit erkennen, sie wären voller Zutrauen. In der Gegenwart einer tiefen und reinen Seele würden sich die Lebensumstände von selbst ordnen, es wäre, als ob alles seinen Platz fände. Im Traum nahm ich ihre Hand und spürte, wie mich eine große Zuversicht und Freude überkam.

Am Morgen beobachtete ich Klara unsicher und fragte mich, ob sie meine Traumbilder erahnen konnte. Aber sie beachtete mich nicht oder tat zumindest so und hatte bald einen der Allgäuer zum Freund.

Ende April waren die Nächte noch kühl, aber der Abend schmeckte schon süß nach beginnendem Frühling. Als Meike und ich das Lokal verließen, war die Luft wie Honig. Der Winter hatte das Land noch im Griff, aber seine Kraft war schon gebrochen. Es konnte nicht mehr lange dauern und es würde warm werden. Die lähmende Nachkriegszeit war endgültig vorbei, Meike arbeitete für die Zeitung und ich für Wolff. Gemeinsam würden wir helfen, die Stadt aus ihrer Erstarrung zu lösen, jeder an seinem Platz. Wir hatten kein bestimmtes Ziel, aber so wie aus wenigen versprengten Dissidenten eine Bewegung gewachsen war, die den Osten von der Diktatur befreit hatte, würden auch im Westen Starrheit und Lüge zurückgedrängt werden. Irgendwie waren doch alle unglücklich gewesen in dieser Mauerwelt, die einen in der erstickenden Abgeschlossenheit des allmächtigen Staates und die anderen in der Jagd nach immer höherem Wirtschaftswachstum. Die Nischenkulturen blühten hier wie dort, obskures Sektierertum verwirrte die Gedanken. Das Ende der Teilung Europas durch Mauer und Stacheldraht würde auch die Köpfe und Herzen befreien. Wer wollte bestreiten, dass eine neue Zeit neue Ideen erforderte.

Was hat mich damals davon abgehalten, mit Klara zusammenzukommen? Vielleicht wäre ich von den anderen Jungs ausgelacht worden, mich mit einer Allgäuerin einzulassen. Aber daran lag es nicht. Im Grunde traute ich meinem eigenen Glück nicht. In mir steckte einer, der immerzu rief, dass ich eigentlich gar nicht da sein dürfe. Dass es ein Versehen war, dass ich gezeugt und geboren wurde. Das Erzeugnis einer Ehe, die sinnlos, aussichtslos und entsprechend kurz war. Dass ich wie die anderen Jungs im Internat wie Falschgeld herumlief. Dass ich nicht in diese Welt gehörte, egal wie ich mich verstellen würde.

Wenn Klara mit mir zusammen gewesen wäre, hätte ich früher oder später ihre Eltern treffen müssen. Letztlich hatte ich Angst vor ihr, vor ihren Eltern, vor der Normalität, die ich gleichzeitig herbeisehnte. Ich verachtete mich für diese Unsicherheit, die Unfähigkeit, die Gelegenheit zu nutzen und eine Familie kennenzulernen, in der es einen Vater gab und die Mutter nicht mit lila gekleideten Freundinnen in Frauenkneipen saß. Es wäre eine Familie gewesen, wie es sich gehört. Sie wären an einem Tisch mit einem frischen Tischtuch gesessen und hätten gutes Essen gegessen, wären zueinander freundlich gewesen und hätten sich zugelacht. Während ich nicht gewusst hätte, wohin mit mir, hätte ich an die weißen Resopaltische im Internat gedacht und an die Nudeln und Kartoffeln, die in großen Blechschüsseln unsanft vor uns abgestellt wurden. Aus Höflichkeit hätten sie mich nicht merken lassen, dass sie mich längst durchschaut hatten, während ich vor Scham vergangen wäre. Dann hätten sie mich zurückgebracht in das Internat, und es wäre unweigerlich ein einmaliger Ausflug gewesen. In einer für alle peinlichen Szene hätten sie mir alles Gute gewünscht, nur um auf der Heimfahrt Klara schonend beizubringen, dass ich kein Umgang für sie wäre.

Auf der Straße nahm Meike meine Hand und ich dachte an unseren ersten Besuch in Mitte, an Frank, den Tanz und ihren Kuss. Als wir an der Friedrichstraße umstiegen, fand ich den Mut, meinen Arm um ihre Schulter zu legen. Sie ließ es geschehen.

In meinem Viertel war es, als ob wir uns einem Kraftfeld näherten. Die Straßen wirkten einladend, als ob sie auf uns gewartet hätten. Zusammen unterwegs zu sein fühlte sich fast so gut an wie im vergangenen Sommer. Obwohl Anton nicht dabei war – oder gerade deswegen. Das Haus, schien mir, zog uns an wie ein Magnet. Das Gefühl der Gemeinsamkeit war so stark, dass ich glaubte, es würde nie enden. Die Wende hatte uns ein Ziel gegeben, für das es sich zu leben lohnte. Es war wie in dem Traum mit Klara: Wir waren froh und gelassen, im Reinen mit uns und der Welt. Diesmal war ich überzeugt, zur richtigen Zeit am richtigen Ort zu sein.

Meike klopfte vergeblich bei Hagen. In Ermangelung eines Telefons hatte er einen Papierblock an seine Tür genagelt. Gemeinsam schrieben wir ihm ein paar Zeilen mit der Bitte, sich bald zu melden. Während ich Tee kochte, lief Meike durch die Räume, betrachtete versonnen den Stuck, bewunderte das Parkett und den alten Kachelofen mit der eingelassenen Platte, auf der ein spielender Engel dargestellt war.

»Ein hübscher Kerl«, sagte ich und deutete auf die Putte.

»Man könnte fast Lust bekommen, Kinder zu bekommen«, antwortete sie und lächelte mich an.

»Es ist gut, dich hier zu haben«, sagte ich und reichte ihr die dampfende Tasse, »in diesen kargen Räumen.«

Sie lächelte immer noch, traurig, aber wunderschön.

»Erinnerst du dich an Nostalghia? Weißt du noch, wie das Wasser von der Decke tropfte? Und wie still es zwischen den Tropfen war?«

»Damals war mir der Film unheimlich«, antwortete sie. »Aber in den letzten Wochen habe ich immer weniger Angst.«

»Die Stille in dem Film ist wie die in dieser Wohnung«, sagte ich. »Es gibt nichts, was vorherbestimmt wäre. Wir sind frei. Wir können gehen, wohin wir wollen. Zum ersten Mal habe ich das Gefühl, selbst über mein Leben zu bestimmen.«

Meike trank von ihrem Tee. Wenn sie die Tasse an die Lippen führte, fielen ihr die Haare ins Gesicht, so dass sie sie zurückstreichen musste. Ich sah ihr zu und war glücklich.

»Weißt du noch«, fragte sie, »wie die Hütte in der Kathedrale stand?«

Das Verlangen, sie zu berühren, wurde zu einem körperlichen Schmerz.

»Ich erinnere mich«, antwortete ich und strich ihr mit der Hand über das Gesicht. Sie lächelte mich an, umfasste meinen Nacken mit ihrer Hand und presste ihre Lippen auf meine. Die weiche, duftende Angorawolke verschlang mich und wir sanken auf die Matratze. Berlin war gut zu mir.

10

Landtagswahlkampf

Im März 1990 hatten in Ostdeutschland die ersten und zugleich letzten Wahlen nach demokratischen Grundsätzen stattgefunden. Der Gewinner war das konservative Wahlbündnis Allianz für Deutschland gewesen. Die Allianz hatte mit der SPD und den Liberalen eine große Koalition gebildet und die Wiedervereinigung mit Westdeutschland weiter vorangetrieben. Für Anfang Dezember war die erste gesamtdeutsche Bundestagswahl angesetzt gewesen, zeitgleich sollte das Berliner Abgeordnetenhaus neu gewählt werden. Diese Berliner Wahl war die erste Gesamtberliner Wahl seit 1946.

Vor dem Hintergrund der historischen Ereignisse sowie der starken Zustimmung für die Konservativen und die Wiedervereinigung, war die Kandidatur von Wolff und dem BÜNDNIS FÜR BERLIN auch innerparteilich umstritten. Obwohl sich das BÜNDNIS als überparteilich verstand, wurde es in der Öffentlichkeit im rechten politischen

Spektrum verortet und drohte den Verbleib der Konservativen in der Berliner Regierungsverantwortung zu vereiteln. Wolff argumentierte, dass sich der konservative Amtsinhaber Bethgen von dem sozialdemokratischen Kandidaten Schreiber »nur physisch, nicht aber politisch« unterschied. Tatsächlich waren zwischen den konkreten Anliegen der großen Parteien kaum Differenzen auszumachen.

Anders als das BÜNDNIS plädierten beide für eine starke Rolle des Staates: etwa für eine Beschäftigungsgarantie für die Angestellten des öffentlichen Dienstes in beiden Teilen der Stadt und den starken Einsatz öffentlicher Mittel im Wohnungswesen. Die Presse dankte Bethgen den Einsatz für staatliche Unterstützung mit Sätzen wie »Der Regierende Bürgermeister ist in jeder Hinsicht auf sozialen Ausgleich bedacht« oder »Amtsinhaber Bethgen weiß, dass Berlin eine Metropole mit Herz bleiben muss.«

Als das BÜNDNIS die Pressekonferenz zur Bekanntgabe der Kandidatur anberaumte, reagierten die Medien mehr als reserviert. Es war ein heißer Tag im Juni, und in dem gebuchten Saal eines Hotels war die Klimaanlage ausgefallen. Fünf Zeitungsjournalisten waren gekommen, dazu drei vom Fernsehen und einer vom Radio. Wolff musste die ersten Worte seiner Ansprache zwei Mal wiederholen, weil die Fernsehleute noch nicht bereit waren. Heufeld, der neu eingestellte Pressesprecher und ich saßen seitlich vom Rednerpult und schwitzen in unseren Anzügen. Es war eine klaustrophobische Situation, aber Wolff blieb erstaunlich ruhig. »Hiermit bewerbe ich mich als Spitzenkandidat des BÜNDNIS FÜR BERLIN für die Berliner Abgeordnetenhauswahl am 2. Dezember 1990. Hintergrund dieser Kandidatur ist die Tatsache, dass in Berlin trotz der historischen Umstände keine echte politische Alternative zur Wahl steht. Es ist allgemein anerkannt, dass in der kommenden Legislaturperiode wichtige Entscheidungen für das Zusammenwachsen Berlins getroffen werden müssen. Berlin muss ein Laboratorium der Einheit werden und gleichzeitig ein Schaufenster der Freiheit bleiben. Das Gelingen der inneren Einheit Berlins hat dabei Vorbildcharakter für die Einheit Deutschlands. Dies gilt nicht nur aufgrund der historischen Rolle und der geographischen Lage der ehemals geteilten Stadt, sondern auch, weil sie nach unserer festen Überzeugung die Hauptstadt des vereinigten Deutschlands werden muss.«

Wolff machte eine kleine Pause und blickte in die Runde. Seine ersten Sätze hatten Interesse gefunden, auch wenn es sich um die wenig kontroverse Einleitung handelte.

»Herr Schreiber ist ein ehrenwerter Kandidat, der den Mauerfall gebührlich begleitet hat. Gleichzeitig fordert er jedoch den Ausbau der Privilegien des öffentlichen Dienstes und will diese auf die Angestellten in Ostberlin übertragen. Die historischen Umstände verdecken, dass seine Partei keine Antworten auf eine wachsende Abhängigkeit von Migranten von staatlichen Unterstützungsleistungen hat, und dass der Wegfall der alliierten Zuzugsbeschränkungen eine weitere Konzentration von bildungsfernen Einwanderern befürchten lässt.«

»Noch problematischer ist die Haltung von Herrn Bethgen, der aufgrund seiner politischen Ausrichtung doch gerade auf Selbsthilfe statt staatlicher Unterstützung setzen müsste. Stattdessen bahnt sich ein Überbietungswettbewerb um den Einsatz öffentlicher Mittel an. Nicht anders als sein Herausforderer möchte Herr Bethgen in großem Umfang Schulden aufnehmen, um dem öffentlichen Dienst Privilegien zu sichern, er möchte das Wohnungsbauprogramm ausdehnen und die Plattenbauten im Osten möglichst umfassend sanieren. Diese Politik ist weder konservativ, noch liberal. Sie ist nicht gerecht gegenüber unseren Kindern, die diese Schulden einmal abtragen müssen, und sie ist nicht vernünftig, weil staatliche Einmischung vor allem zu einem Aufbau der Bürokratie führt. Richtig ist das Engagement des Staates dort, wo er Rahmenbedingungen für Innovationen und Wachstum schafft: in der Infrastruktur, vor allem in Bildung und Wissenschaft.«

Eine weitere Pause, die ersten Journalisten begannen auf ihren Plätzen unruhig zu werden.

»Berlin hat zur Jahrtausendwende eine Gründerzeit erlebt, die die Stadt zu einem wirtschaftlichen und kulturellen Zentrum Europas gemacht hat. Zum kommenden Jahrtausend hat Berlin alle Möglichkeiten, diese Erfolgsgeschichte zu wiederholen. Voraussetzungen sind ein starker Bildungssektor sowie die Vermeidung von höheren Steuern und der Bevormundung ihrer Bürger. Wer keine Arbeit hat und arbeitsfähig ist, soll gemeinnützig tätig werden. Es gibt genug Aufgaben, die jede Unterstützung gebrauchen können. Wer die bürgerliche Mitte stärken will, wer einen Aufbruch ohne staatliche Bevormundung unterstützen möchte, wer Bildung und Kultur stärken will, wird aufgerufen, im Dezember das BÜNDNIS FÜR BERLIN zu wählen.«

Der Pressesprecher dankte für ihre Aufmerksamkeit, verwies auf das ausliegende vorläufige Wahlprogramm und bat die Journalisten um Fragen an Wolff.

»Es ist bekannt, dass Sie erst seit kurzem in Berlin leben. Gleichzeitig stellen Sie die Politik der Volksparteien grundsätzlich in Frage. Sind Sie sich sicher, dass Sie ein angemessenes Verständnis für die Probleme der Stadt mitbringen?«

»Der Blick von außen ist kein Nachteil, im Gegenteil. Ich war in der Lage, die Diskussion um die Zukunft Hongkongs aus der Nähe mitzuerleben. Daraus ergeben sich wichtige Hinweise für den Umgang mit der kommunistischen Diktatur in Deutschland.«

»Sind Sie in Berlin gemeldet?«

»Ja.«

»Wie lautet Ihre Adresse?«

»Sie wird nicht bekannt gegeben.«

»Sie haben deutlich gemacht, dass Sie der Politik des Regierenden Bürgermeisters besonders kritisch gegenüberstehen. Treten Sie an, um seine Wiederwahl zu verhindern?«

»Ich trete an, um so viele Stimmen wie möglich auf meine Partei zu vereinen. Dabei geht es, wie Sie sicher bemerkt haben, um Grundsatztreue statt Klientelpolitik.«

An dieser Stelle wurde der Pressesprecher unruhig, tatsächlich konzentrierte sich die Konferenz auf die Frage der Politikfähigkeit.

»Politik wird als die Kunst des Möglichen, nicht des Grundsätzlichen beschrieben. Sind Sie bereit, ein politisches Amt zu übernehmen?«

»Wenn meine Partei gewählt wird, bin ich dazu bereit.«

»Welche weiteren Personen stehen zur Verfügung?«

»Das ist noch in der Abstimmung. Mein Stellvertreter ist Herr Heufeld.«

Wolff deutete auf Heufeld, dieser nickte in die Runde. Auf die Frage nach seinem Beruf antwortete er wahrheitsgemäß »Immobilienmakler«, worauf der Pressesprecher einen roten Kopf bekam und darum bat, die letzte Antwort als vertrauliche Mitteilung unter drei zu betrachten.

»Rechnen Sie damit, dass Ihre Partei in das Abgeordnetenhaus einziehen wird?« »Dafür werden wir kämpfen.«

»Rechnen Sie damit, dass Ihre Partei im Senat vertreten sein wird?«

»Nein.«

»Warum treten Sie dann an?«

»Dafür habe ich bereits eine Reihe von Gründen genannt, ich kann sie gern wiederholen.«

»Mit wie vielen Stimmen rechnen Sie, konservativ geschätzt?«

»Konservativ geschätzt: mit einer.« Wolff lächelte, während ein Raunen durch den Saal ging.

»Was würden Sie tun, wenn Sie zum Regierenden Bürgermeister gewählt werden?«

»Eine Nachauszählung beantragen.«

Einige Journalisten lachten bei den letzten beiden Antworten. Doch die meisten vergruben sich tiefer in ihre Notizblöcke. Wahrscheinlich gibt es eine Arbeitsteilung zwischen Politikern und Journalisten: Die Politik liefert Positionen, Ansichten und Vorschläge, und die Journalisten geistreiche Kommentare dazu. Wolff tat beides und ich war unsicher, ob das gutgehen konnte.

Der Pressesprecher hatte es jetzt eilig, die Pressekonferenz zu schließen, seine Aufforderung, weitere Fragen zu stellen, klang nicht sehr überzeugend. Tatsächlich löste sich die Versammlung rasch auf.

Berliner Tagesanzeiger, 22.6.1990, Der Wolff im Schafspelz

»Karl-Maria Wolff, Professor der Soziologie und Vorsitzender des BÜNDNIS FÜR BERLIN erklärte gestern die Teilnahme seiner Partei für die Berliner Abgeordnetenhauswahlen. Wolff, der als Spitzenkandidat antritt, erwähnte, dass er ›konservativ geschätzt‹ mit einer Stimme rechnet. Was in manchen Ohren humorvoll klingt, erscheint anderen als Bedrohung für das Zusammenleben in der Stadt. Besonders vor dem politischen Hintergrund der Bewerbung mehren sich die Stimmen, die vor einer offenen Konfrontation warnen. Prof. Wolff hat in der Positionierung des konservativen Amtsinhabers sozialdemokratische Tendenzen ausgemacht, zu der er und seine Gruppierung ein Gegengewicht bilden wollen. Die Klagen reichen von der angeblichen Privilegierung der öffentlichen Verwaltung über mangelnde Selbstverantwortung bis zu hohen Steuern. Während neoliberale Positionen angesichts von Massenentlassungen im Osten der Stadt nur fehl am Platz wirken, muss die Behauptung einer Einwanderung in die Sozialsysteme als rechtspopulistisch bezeichnet werden. Herr Wolff, der erst seit kurzem wieder in Deutschland lebt, ist sich möglicherweise nicht bewusst, wie gefährlich das Schüren von Ressentiments gegen den Empfang von staatlichen Leistungen durch Ausländer ist. In welche politische Tradition er sich mit derlei Anwürfen stellt, muss man ihm als – zugegeben eloquentem – Akademiker jedoch nicht erklären. Die Vorstellung, dass er solche Behauptungen nicht nur im Rahmen politischer Veranstaltungen, sondern auch in seiner Eigenschaft als Hochschullehrer äußert, lassen erhebliche Befürchtungen hinsichtlich der Unabhängigkeit der akademischen Lehre aufkommen. Als Herr Wolff am Ende der Pressekonferenz gefragt wurde, was er tun würde, wenn er zum Regierenden Bürgermeister gewählt werden würde, antwortete er: eine Nachauszählung beantragen. Eine witzige Antwort, zumal seine Partei kaum in die Verlegenheit kommen dürfte, Berlin zu regieren. Gleichzeitig ein Beleg für seine mangelnde Ernsthaftigkeit, die sich mit rechtspopulistischen Parolen paart.«

Die anderen Besprechungen waren ähnlich distanziert und ließen allenfalls grundsätzliche Sympathien für Ausgabendisziplin und Generationengerechtigkeit erkennen. Unsere Antwort war eine Presseerklärung, die sich gegen die Etikettierung als rechtspopulistisch wandte und darauf hinwies, »dass sich die Union als libertär versteht und damit im gängigen Parteienspektrum nicht zu verorten ist. Außerdem wird die seit Februar bestehende Nachfolgepartei der SED nicht als linkspopulistisch bezeichnet, obwohl ihre politischen Ziele jeglicher wirtschaftlichen Grundlage entbehren.«

Die Mitteilung verpuffte ohne Resonanz. Wenn die Journalisten mit uns persönlich sprachen, waren sie offen und zugänglich für unsere Argumente. Aber sobald sie sich an ihre Artikel setzten, kamen ihre Vorbehalte zum Vorschein. Es war, als ob wir gegen eine Wand aus Schaumstoff rannten. Wolff sagte scherzhaft, wir sollten die Flagge der »AnarkoKapitalistisk Front« Schwedens übernehmen: gold für die Freiheit und schwarz für die Anarchie, geteilt in der Diagonale.

Im Gegenzug zu den ablehnenden Presseberichten meldeten sich bei uns eine Reihe von jungen Ostdeutschen, denen Bethgens Auftreten und seine inhaltliche Nähe zu Schreiber missfiel und die wir in die Öffentlichkeitsarbeit einbanden. Heufeld kümmerte sich um die Finanzen und baute in wenigen Wochen ein Netzwerk von Unterstützern auf. Anfang Juli konnten wir die ersten eigenen Räume beziehen. Die Einweihung war ein froher, hoffnungsvoller Moment. Wir hatten jetzt eine Basis, von der aus wir operieren konnten. Gleichzeitig fühlten wir uns wie Hochstapler und fragten uns, ob wir dauerhaft für die Miete aufkommen können würden. Aber Heufeld hatte gute Verbindungen und das Selbstvertrauen, immer etwas mehr Geld auszugeben, als auf unserem Konto war. »Die Spenden kommen erst, wenn die Plakate hängen«, erklärte er, »wer nichts investiert, kann nichts gewinnen.« Wir hatten Prioritäten für unsere Öffentlichkeitsarbeit gesetzt: Zuerst kam die inhaltliche Arbeit, also Reden, Presseerklärungen und Positionspapiere. An zweiter Stelle investierten wir in Plakate, Leporellos und Broschüren und wenn noch Geld übrigblieb, verwendeten wir es auf Zeitungsanzeigen und Kleinmaterial wie Anstecknadeln und Kugelschreiber.

Eigentlich sollte ich eine Art Praktikant für die Pressearbeit sein, der dafür sorgte, dass Termine eingehalten werden, eine Hilfskraft, die ein paar weniger wichtige Kontakte pflegte und, wenn nötig, die Verbindung zum Kandidaten herstellte. Tatsächlich überstiegen die Anfragen nach Auskünften, Stellungnahmen, Informationsmaterial und Mitgliedsanträgen unsere Erwartungen deutlich und ab Anfang Juli verbrachte ich jeden Arbeitstag bis in die Nacht im Büro.

Wolff war ein guter Redner, doch entscheidend war seine Fähigkeit, im persönlichen Kontakt innerhalb von Augenblicken einen ebenso verbindlichen wie kompetenten Eindruck zu hinterlassen. Er kam mir vor wie ein Schwimmer, der sich mit seinem ganzen Körper in die Wellen warf, um mit dem gleichen Schwung wieder aus ihnen aufzutauchen. Er ließ sich im ersten Moment so rückhaltlos auf sein Gegenüber ein, dass man es ihm nicht übelnahm, wenn er im nächsten Augenblick schon weiter geglitten war. Den Oberkörper leicht nach vorn gebeugt, suchte Wolffs rechte Hand den Körperkontakt, griff mit der linken hinterher, ließ seine stahlblauen Augen blitzen, umfasste schließlich den Oberarm oder – in besonderen Fällen – die Schulter seines Gegenübers und nutzte den Moment der Überwältigung, um bereits nach dem nächsten Kontakt Ausschau zu halten. Ein Delphin, der seine Bewegung fast unmerklich verlangsamte um Luft zu holen, bevor er wieder in sein Element eintauchte. Stundenlang sah ich ihm zu, wie er in der Menge schwamm, auf Parteiveranstaltungen, in Einkaufszentren und Fußgängerzonen. Und ertappte mich dabei, wie ich meine Atmung auf seine Bewegungen abstimmte, aus Angst, er könnte versinken in diesem Meer aus Körpern und Armen, dass er keine Luft mehr bekäme, weil die Abfolge Hand-Hand-Blick-Oberarm aus dem Takt geraten wäre und ich ihn aus diesem Strudel von Gliedern herausziehen müsste, damit er nicht erstickte. Aber dann merkte ich, dass ihn, anders als mich, jeder Kontakt sicherer machte, dass ihm jeder Handschlag, jeder Blick Kraft gab, dass die Welle ihn trug, er immer schwereloser wurde und schließlich mit der Menge zu einer rhythmisch zuckenden Masse verschmolz.

Wolff war der, für den ich arbeitete, Tag und Nacht. Ab Mitte Juli gab es kein Leben mehr außerhalb der Kampagne. Das Telefon klingelte von sieben Uhr morgens bis zehn Uhr nachts. Ich nahm den Hörer nur ab, wenn Zeit dafür blieb. Wenn etwas wirklich Wichtiges passierte, kam jemand mit einem Zettel zu mir, auf dem die Einzelheiten standen. Die Kampagne wuchs um mich herum wie ein Baum. Zehn Jahresringe in einer Woche. Nach fünfzig Ringen war ich derjenige, der gefragt wurde, wenn ein Problem unlösbar erschien. Die offizielle Bezeichnung war Büroleiter. Ein Scherzbold hatte an meinem Schreibtisch ein Schild angebracht, auf dem »Kommandantur« stand.

Nach Wolff, Heufeld und dem Pressesprecher war ich die Nummer vier. Die Rangordnung widerstrebte mir, aber Parteien sind hierarchische Gebilde. Selbst wenn es keinen Organisationsplan gab, strebten alle in die Nähe des Leittiers. Das Entscheidende waren nicht Posten oder ihre Dotierung, es war die Anerkennung. Es gab eine inoffizielle

Börse, an der mit Respekt gehandelt wurde. Die Kurse wurden täglich neu notiert, Spekulationsblasen und Abstürze inbegriffen. Gern hätte ich geglaubt, dass mich mein Status nicht interessierte, dass es mir nur um die Sache ging, um die Bewegung, um Wolff, um die Ehrlichkeit und den Neuanfang. Schließlich wollten Klarheit und Wahrheit organisiert sein. Aber es war schon ein Wunder, dass sich ein dreißig Jahre älteres Parteimitglied von mir sagen ließ, wann und wo die Plakate aufgehängt werden sollten, an meinen Lippen hing und sich voller Zustimmung nach meinen Vorgaben richtete. Der Zeitdruck legitimierte diese von Wolff geliehene Autorität. Wenn ich Gelegenheit gehabt hätte über sie nachzudenken, wären mir wohl Worte wie Macht und Korruption in den Sinn gekommen. Andererseits hatte ich mich nicht nach dieser Rolle gedrängt. Sie hatte sich ergeben, weil ich von Anfang an dabei war. Und weil ich keine Gelegenheit hatte, mich nicht zu bewähren. Wie einer Hydra wuchsen meinen Aufgaben die abgeschlagenen Köpfe zweifach nach. Aber ich hatte nur zwei Hände, einen Mund und einen Kopf, in dem nachts, wenn ich zu schlafen versuchte, die Kämpfe des Tages widerhallten.

Gorbatschow hatte in einer kaukasischen Jagdhütte die Zustimmung zur vollen Souveränität eines wiedervereinigten Deutschlands einschließlich der Mitgliedschaft in der NATO erteilt. Was Jahrzehnte undenkbar war, ergab sich wie von selbst. Obwohl oder vielleicht gerade weil die Presse über uns mit deutlicher Distanz berichtete, stiegen die Umfragewerte. Es war, als ob die Menschen in den Monaten nach dem Mauerfall offener wären für neue Konstellationen. Zumal Wolff nicht müde wurde zu betonen, dass das

BÜNDNIS als libertäre Partei jenseits des Rechts-Links-Schemas stünde. Vor allem aber war es seine Präsenz in den Straßen, die uns voranbrachte. Ende Juli lagen die Umfragewerte bei drei Prozent, Tendenz steigend. Die Marke von fünf Prozent, mit der wir in die Stadtverordnetenversammlung einziehen würden, geriet in den Blick. Die Zeitungen fingen an zu rechnen, und die Spekulationen blühten, zu wessen Vorteil unser Erfolg sein könnte.

Neue Berliner Zeitung, 19.7.1990, Für wen kandidiert Wolff?

»Aus einem außergewöhnlichen Wahlkampf, den ersten demokratischen Wahlen in Gesamtberlin seit dem Ende des Krieges, ragt die Person des Professors für Soziologie Wolff hervor. Der Vorname Karl-Maria deutet an, dass es sich um keinen gebürtigen Berliner handelt, umso erstaunlicher ist der Erfolg seiner Partei, die sich den magischen fünf Prozent nähert. Wolff sieht Berlin als Stadt der ungenutzten Möglichkeiten und sich selbst, mit einem Selbstbewusstsein, das manchmal überzogen erscheint, als den Mann, dies zu ändern. Ob die Stadt dies ebenso sieht, wird sich bis zum Wahltag zeigen.

Was bewegt den Kandidaten zur Kandidatur? Persönliche Eitelkeit kann es kaum sein, da er eine Neigung hat, den beiden Kandidaten der Volksparteien kurzsichtige Eigeninteressen zu unterstellen. Anders als jene nimmt er in Anspruch, Verschuldung und Steuern zu begrenzen sowie bedürftige Ausländer aus der Stadt herauszuhalten. Ein

Schelm, wer diese Haltung für kurzsichtigen Populismus hält. Das taktische Ziel von Karl-Maria Wolff und seiner Gruppierung kann nur sein, dem sozial ausgerichteten Flügel der bürgerlichen Mitte zu schaden, der über Berlin hinaus mit dem Namen des Regierenden Bürgermeisters Bethgen verbunden ist.

Es muss die Frage erlaubt sein, ob einer modernen Volkspartei die Vielfalt einer Großstadt nicht eine liberale Haltung wert sein sollte. Oder ob, anders herum, der sozialdemokratische Kandidat nichts dabei findet, sich von einer Kleinpartei mit dubiosem Auftreten in den Sattel helfen zu lassen, weil diese die etablierten bürgerlichen Kräfte schwächt.«

Der Name des Autors ließ mich aufhorchen: Es war Schürer, Meikes Mentor bei der Neuen Berliner Zeitung. Verteidigte er Bethgen, weil er ihn für einen guten Politiker hielt, das soziale Gewissen der Stadt, einen Konservativen mit dem Herz am rechten Fleck? Das konnte ich mir kaum vorstellen. Sein Habitus und seine Wortwahl bei unserem Treffen hatten sehr viel mehr dafür gesprochen, dass er ein Mann der Linken war. Aber warum störte es ihn dann, wenn wir das bürgerliche Lager spalteten? Warum griff er Schreiber an, der zwar den Charme eines Buchhalters versprühte, aber immerhin für eine sozialdemokratische Mehrheit stand?

Unser Pressesprecher freute sich zu erfahren, dass Wolff und ich schon einen Termin mit dem Chefredakteur gehabt hatten, und besprach mit Wolff die Inhalte für ein Telefonat. Wolff sollte um Verständnis für die Teilnahme des

BÜNDNIS an den Wahlen werben und klarstellen, dass wir uns selbstverständlich als Partei der Freiheit verstanden. Gleichzeitig war vereinbart, dass ich Meike kontaktierte, um herauszufinden, was Schürer wollte. Die Aussicht, mit Meike zu sprechen, ließ mein Herz schneller schlagen. Es war ein ebenso unverfänglicher wie willkommener Anlass für eine Kontaktaufnahme.

Wir trafen uns in ihrer Mittagspause in der Kneipe gegenüber der Redaktion, in der wir uns im Frühjahr verabredet hatten. Meike trug ein Kleid, das mit großen roten Blumen bedruckt war und hatte mehr Sommersprossen als jemals zuvor. Als sie auf mich zukam, war meine Selbstsicherheit wie weggewischt, der gewandte Büroleiter verwandelte sich zurück in einen unsicheren Soziologiestudenten.

»Na, da schaust du?«

»Schönes Kleid, kann man schlecht wegsehen.«

Sie lachte und setzte sich.

»Du hattest eine Frage zu einem Artikel?«

»Ja, Schürer hat letzten Donnerstag etwas über die möglichen Folgen unseres Einzugs in die Bürgerschaft geschrieben.«

»Habe ich gelesen.«

»Wir waren, offen gesagt, etwas überrascht, dass Schürer eine Lanze für die Konservativen bricht.«

Sie sah mich verschmitzt an und antwortete: »In jedem Linken steckt eben auch ein Bewahrer.«

»Du meinst, die Strukturkonservativen verbünden sich?«

»So ähnlich, die Pfründe sind verteilt und es gibt natürlich gewachsene Kontakte über die Parteigrenzen hinweg. Selbst wenn Schreiber in diesem Durchgang gewinnt, wer weiß, wie es beim nächsten Mal ausgeht? Vielleicht verbündet ihr euch dann mit den Konservativen?«

»Bis dahin ist es noch eine Weile.«

»Diese Leute denken langfristig. Außerdem ist Schreiber in seiner Partei wenig beliebt. Er ist eher Notlösung als Volkstribun.«

»Und?«

»Wie es im Einzelnen gelaufen ist, weiß ich nicht. Man munkelt, einer von Bethgens Leuten hätte den Chefredakteur angerufen. Und der dann Schürer.«

»Möglich. Vielleicht hat Schürer aber auch eigene Kanäle.«

»Meike, was ich wissen muss: Ist das ein Einzelfall, oder braut sich da etwas zusammen?«

»Ihr seid nicht wohl gelitten bei der Presse, das ist klar. Den einen zu wirtschaftsliberal, den anderen zu konservativ. Aber mittlerweile geht es nicht mehr um Präferenzen.«

»Sondern?«

»Der Druck kommt von oben.«

»Vom Chefredakteur?

»Politisch oben.«

»Aus dem Rathaus?«

Sie nickte und erhob sich. »Küsse, muss laufen, habe noch einen Artikel bis zum Redaktionsschluss fertig zu klimpern.«

Und bevor ich etwas antworten konnte, hatte sie mir eine Kusshand zugeworfen und bahnte sich den Weg zum Ausgang. Persönlich war das Treffen wenig ertragreich gewesen, aber immerhin wusste ich jetzt, mit wem wir es zu tun hatten.

Das Telefonat mit dem Chefredakteur fand in Wolffs Büro statt, der Pressesprecher und ich konnten dem Gespräch über einen Lautsprecher folgen. Wolff fragte direkt, ob es im Falle des Artikels von Schürer politische Einflussnahme gegeben hätte, aber der Chefredakteur stritt jeden Kontakt zu Bethgen ab. Er pochte derart empört auf die Freiheit der Presse, dass es wie eine Bestätigung von Meikes Information klang. Dass etwas im Gange war, bekamen wir in den kommenden Wochen zunehmend zu spüren. Als ob sich die gesamte Presse gegen uns verschworen hätte, wurde kaum über uns berichtet. Die wenigen Meldungen, in denen wir erwähnt wurden, beschrieben uns als Kuriosum in der Folge des Mauerfalls. Wie die Kampagne mit den Artikeln über die Kandidatur Fahrt gewonnen hatte, so versiegte ihre Dynamik mit dem Ende der Berichterstattung. Mit Wehmut erinnerten wir uns der Tage, als wir als Populisten angefeindet worden waren. Damals hatte uns die Öffentlichkeit immerhin noch wahrgenommen.

Egal welche Veranstaltungen wir organisierten, egal wo Wolff auftrat, egal welche Pressekonferenzen wir abhielten, die Wirkung blieb auf den unmittelbaren Kreis der Teilnehmer beschränkt. Wolff und der Pressesprecher versuchten, auf die Chefredaktionen einzuwirken. Die Antwort war stets die gleiche: »Darüber können wir sprechen, wenn das Bündnis die Marke von fünf Prozent erreicht.« Daran war jedoch immer weniger zu denken – ohne Berichterstattung verloren wir die Prozente, die wir für die Akzeptanz der Presse gebraucht hätten. Ab Ende Juli hatte dieser Teufelskreis zunehmend Auswirkungen auf unsere interne Organisation. Die Mitarbeiter im Büro kamen später und gingen früher, es wurde schwerer, Freiwillige für Infostände und Plakataktionen zu gewinnen und zuletzt kam Heufeld mit einem sorgenvollen Gesicht in die Zentrale, rief Wolff, den Pressesprecher und mich zusammen und berichtete, dass die Summe der Spenden zurückgegangen sei. »Die gute Nachricht ist, dass niemand abspringt. Alle regelmäßigen Zahler leisten nach wie vor Beiträge. Die schlechte Nachricht ist, dass sie seit zwei Wochen ihre Zuwendungen reduzieren. Sie bleiben dabei, aber bereiten sich auf den Absprung vor. Unser finanzieller Vorlauf liegt noch bei drei Wochen. Schulden kann ich in dieser Situation nicht verantworten.«

Dann kam der August. Die Temperaturen kletterten unaufhörlich, die Stadt verlangsamte ihr Tempo und die Zeitung berichtete, dass klimatisierte Hotelzimmer knapp würden. Unsere jungen Freiwilligen hatten noch bis Mitte September Semesterferien, aber vor dem Hintergrund der Probleme mit der Öffentlichkeitsarbeit fiel es ihnen leicht, sich »für ein bis zwei Wochen« an die Ostsee zu verabschieden. Die ersten gingen Ende Juli, Anfang August schwoll das Rinnsal zu einem Strom an und Mitte August gab es kaum noch jemanden, der spontan Aufgaben übernehmen konnte oder wollte. Das Wetter hielt an und diejenigen, die vor zwei Wochen aufgebrochen waren, kamen nicht zurück. Die Umfragewerte hatten sich auf etwas mehr als drei Prozent eingependelt. Ohne Zugang zu den Printmedien und mit schwindenden finanziellen und personellen Ressourcen schien die Kampagne auf ein rasches Ende zuzusteuern. Es sah so aus, als hätten wir unsere besten Zeiten gesehen.

11

Neue Pferde

Mit der Hitze des Sommers wurde Berlin zu einer südlicheren Stadt. Ihre Hektik verlief sich, die Passanten bewegten sich in Zeitlupe, wie befreit von den Anforderungen des Alltags. Berlin, dessen Cafés auch an gewöhnlichen Wochentagen schon am Vormittag voll waren, als ob niemand Bürozeiten einzuhalten hätte, schaltete noch einmal einen Gang herunter. Man saß im Schatten, unterhielt sich und kein Thema war zu abwegig, um es ausgiebig zu diskutieren. Auch um zu vermeiden, wieder in die Sonne zu treten. Der nächste Auftrag, die pünktliche Lieferung und der eingehaltene Termin erschienen als Nebensächlichkeit. Wer die Entschleunigung nicht ertrug, floh aus der Stadt. Zurück blieben die Liebhaber der Verlangsamung, die das Vergehen der Zeit wie eine körperliche Empfindung genossen. Anhänger einer gelassenen Melancholie, die eintritt, wenn sich der Augenblick dehnt, die Zeit lang wird und die Vergänglichkeit in den Blick tritt. Wolff nahm den

Rückgang unserer Aktivitäten gefasst auf. So energisch er sich in den Wahlkampf gestürzt hatte, so entspannt glitt er in einen ruhigeren Zustand zurück. Es wäre naheliegend gewesen, neue Aktivitäten einzuleiten. Geld zu sammeln, neue Themen anzusprechen, eine Debatte zu initiieren, Freiwillige oder wenigstens bezahlte Kräfte zu rekrutieren. Wolff zog sich aus der Öffentlichkeit zurück, verbrachte mehr Zeit in seinem Büro und machte einen entspannten Eindruck. Mir machte die Situation mehr zu schaffen. Mein Körper hatte sich an das Adrenalin gewöhnt, an das Büro, das wie ein Bienenstock gesummt hatte, an die Anfragen, den Zeitdruck, die schnelle Reaktion. Während die Stadt in ihre sommerliche Lethargie versank, blieben meine Nerven gespannt. Tagsüber konnte ich nicht ruhig sitzen und nachts nicht schlafen. Mein Gehirn ging die letzten Reden durch und überlegte, welche Plakate man an welchen Orten aufhängen musste. Aber wenn ich um acht Uhr im Büro war und niemanden antraf, sackte meine Überdrehtheit in sich zusammen. Der Rest des Tages war ein Wechsel zwischen hektischem Aktionismus und fatalistischer Blockade.

Wenn Heufeld da war, ging es besser. Er hatte auch Schwierigkeiten, sich an die neuen Verhältnisse anzupassen und redete von Projekten, die mangels Geld und Unterstützung längst unrealistisch geworden waren. Der Pressesprecher hatte mit Wolff ausgehandelt, dass er jetzt immer erst mittags kam. Er sagte, er hätte ein anderes Projekt, um das er sich kümmern müsste. Insgeheim vermutete ich, dass ihm einfach zu wenig los war, um sich noch mit ganzer Kraft einzubringen.

Wolff hielt alles zusammen. Zuerst hatte ich Sorge, dass er die Kampagne aufgegeben hatte, sich resigniert, leer, ausgebrannt zurückzog. Aber nach einigen Tagen wurde deutlich, dass er sich intensiver um die politischen Inhalte kümmerte. Bisher gab es nur ein vorläufiges Wahlprogramm und er machte sich daran, auf der Grundlage der bisherigen Reden umfassendere Konzepte zu den Kernthemen zu entwickeln. Er saß in weißen Bermudashorts, weißen Lederschuhen, Hemd und Krawatte bis in die Nacht an seinem Schreibtisch und verfasste auf eng beschriebenen Seiten Vorschläge für den Umgang mit dem Drogenhandel, der Schulpolitik, Immigration, Sozialhilfe und anderem. Am Vormittag ließ er die handschriftlichen Notizen von der Sekretärin eintippen und ausdrucken und diskutierte seine Entwürfe nachmittags mit uns. Es war eher ein Kolloquium bei heruntergelassenen Jalousien als Wahlkampf, und nach zwei Wochen fragte ich ihn in einem Anfall von Hoffnungslosigkeit, was das jetzt noch alles solle. Er antwortete, dass wir diese Sache nun einmal begonnen hätten und es unsere Pflicht sei, unsere Antworten, die wir oft spontan gegeben hatten, in einen geschlossenen Entwurf zu überführen. Eines Tages kam Heufeld mit einem bemalten Porzellanteller in das Büro und schenkte ihn Wolff. Er war mit einem Dreimaster bemalt, der durch schwere See geht. Darunter stand in altdeutscher Schrift: »Im Glücke nicht jubeln, im Sturme nicht zagen, den Unbill des Schicksals mit Gleichmut ertragen.« Heufeld hatte mehr als einmal geäußert, wie sehr es ihn irritierte, dass Wolff kaum noch öffentliche Auftritte wahrnahm. Wolff lachte nur, umarmte ihn und ließ den Teller hinter seinen

Schreibtisch hängen. Wahrscheinlich hatte er einfach ein besseres Gefühl für die Stadt und ihren Rhythmus. Er ließ sich von der Flaute nicht beirren und bereitete sich auf den nächsten Sturm vor.

Es war schwer, in diesen Wochen an verlässliche Umfragen zu kommen. Zu viele Bewohner Berlins waren im Urlaub oder nicht zu erreichen, als dass ein klares Meinungsbild möglich gewesen wäre. Insgesamt schien die Situation aber dem Amtsinhaber zu Gute zu kommen. Bethgens Werte hatten sich stabilisiert, fast schien es, als ob die Bevölkerung nach dem Mauerfall und den folgenden turbulenten Monaten genug von der Politik hätte. Gleichzeitig hatten die Sozialdemokraten zunehmende Probleme. Sie konnten ihren internen Streit über die Geschwindigkeit der Wiedervereinigung nicht beilegen und diskutierten in der Öffentlichkeit über den Einigungsvertrag, der Ende August von der Volkskammer verabschiedet werden sollte. Die Partei zeigte sich tief gespalten zwischen den älteren Befürwortern einer baldigen Einheit um Altbundeskanzler Willi Brandt und den Skeptikern um den Kanzlerkandidaten Lafontaine. Dieser machte vor allem ökonomische Argumente gegen eine rasche Wiedervereinigung geltend. Gleichzeitig war klar, dass seiner Generation der Gedanke eines vereinigten Deutschlands vor allem politisch schlecht erträglich war. Lafontaine hatte einmal gegenüber einem Bundeskanzler seiner eigenen Partei geäußert, dass man mit dessen Festhalten an Pflichtgefühl, Berechenbarkeit, Machbarkeit und Standhaftigkeit auch ein KZ hätte betreiben können. Und jetzt standen diese Leute vor dem größten politischen Triumph ihres Lebens.

Die Partei war gespalten und gelähmt, gleichzeitig fehlte ihr ein Thema. Zwar wurden in Ostdeutschland reihenweise Betriebe geschlossen und Arbeiter entlassen. Gleichzeitig wurde bekannt, dass die Planwirtschaft die DDR in den Bankrott geführt hatte, mindestens ein Drittel der Werkzeuge und Maschinen noch aus den Dreißigerjahren stammten und die Arbeitsbedingungen oft gesundheitsgefährdend und unfallträchtig waren. Vor diesem Hintergrund konnte man schlecht die zerstörerische Kraft des Kapitalismus für den ökonomischen Umbruch verantwortlich machen. Die Volkskammerwahl im Frühjahr hatte zudem gezeigt, dass der vermeintlich proletarisch geprägte Osten keineswegs sozialdemokratische Mehrheiten sicherte. Im Gegenteil, der Sieg der CDU in den Volkskammerwahlen und die Einigung mit Gorbatschow erschienen als düstere Vorzeichen für die Wahlen im Herbst. Nicht zuletzt war Schreiber ein blasser Kandidat für das Amt des Regierenden Bürgermeisters und in der Partei schwand die Hoffnung, ihre einstige Hochburg Berlin zurückzuerobern.

Erst war es ein abseitiges Thema, das in den kleinen Artikeln im Bereich Vermischtes abgehandelt wurde. Aber dann erschien im Berliner Tagesanzeiger auf der dritten Seite ein Artikel des Chefredakteurs, der die Bedeutung von DTP für die moderne Zeitungsproduktion hervorhob. Desktop-Publishing, erklärte er, sei die zeitgemäße Antwort auf die Nachfrage nach aktuelleren Nachrichten. Die Ablösung von fotografischen Arbeitsschritten durch das digitale Verfahren sei kundenorientiert, rationell und erlaube größere Flexibilität. Auch in den folgenden Wochen konnte nicht geklärt werden, ob der Artikel eine Antwort auf die Unruhe gewesen war, die die Einführung von DTP im Tagesanzeiger ausgelöst hatte, oder ob der Artikel umgekehrt erst den Widerstand der Gewerkschaft hervorrief. Das Wegfallen des älteren Fotosatzes, erklärte sie, bedeute für die Mitarbeiter einen tiefen Einschnitt in ihrem Arbeitsleben. Während bisher sieben bis acht Arbeitsbilder für die technische Herstellung notwendig gewesen seien, solle nach den Vorstellungen der Herausgeber nunmehr ein einzelner Mitarbeiter am Computer die Druckvorlagenerstellung bewältigen. Diese Reduzierung der Druckvorstufe müsse zu einer erheblichen Arbeitsverdichtung und zumindest stellenweisen Überforderung führen. Nicht zuletzt würden in der DDR ausschließlich mit dem Fotosatz produziert und weiterhin Arbeitskräfte für dieses Verfahren ausgebildet. Die technische Entwicklung sei nicht aufzuhalten, dürfe aber nicht einseitig zu Lasten der Beschäftigten umgesetzt werden. Die Arbeitgeber der Druckindustrie sollten mit der IG Medien in Verhandlungen zu Übergangslösungen eintreten.

Schreiber sah die Chance gekommen, um sich zu profilieren und berief eine Pressekonferenz ein. Er erklärte seine Unterstützung für das Anliegen der Gewerkschaft und betonte, dass gerade in der politischen Umbruchsituation die Interessen der Berufstätigen gewahrt werden müssten. Nicht zuletzt sei es ein Anliegen des Zusammenwachsens von Ost und West, die Medienentwicklung in der DDR in die digitale Entwicklung einzubeziehen.

Der Berliner Landesverband der Arbeitgeber der Druckindustrie antwortete umgehend und knapp. Man werde sich bei der Modernisierung der Verfahren keine

Vorschriften machen lassen. Hinsichtlich der Einführung von Redaktionssystemen stehe man in ständigem Kontakt mit den Betriebsräten der Mitgliedsunternehmen. Welche Folgen mangelnde Anpassungsfähigkeit an den Markt habe, könne man im Übrigen am Zusammenbruch der DDR studieren.

Die politischen Beobachter vermuteten, dass eine einvernehmliche Einigung zwischen Arbeitgebern und Gewerkschaften möglich gewesen wäre. Gerüchten zufolge war auch Schreiber dafür, die Auseinandersetzung nicht eskalieren zu lassen. Aber die Fliehkräfte in seiner Partei waren so stark, dass ein Arbeitskampf als das geeignete Mittel erschien, um die eigenen Reihen zu schließen. Außerdem versprach das Thema Schwung in den erlahmenden Wahlkampf zu bringen. Die Gewerkschaft rief den Ausstand aus, ließ Streikposten vor den Druckereien aufmarschieren und am nächsten Morgen gab es in Berlin nur überregionale Zeitungen zu kaufen.

Als wir am Mittag zu einer Lagebesprechung zusammenkamen, erwartete der Pressesprecher wenig Auswirkungen auf den Wahlkampf. »Egal ob sich Schreiber mit dem Thema profilieren kann oder nicht – in ein paar Tagen ist alles vorbei.« Heufeld fragte, ob die großen Parteien die Wahl zu einem Zweikampf stilisieren wollten, um die Konkurrenz der kleineren Parteien zu reduzieren. »Und wenn schon«, antwortete der Pressesprecher, »wer kann sie daran hindern? Es ist so oder so nur für ein paar Tage.«

»Vielleicht nicht«, warf Wolff ein, »heute Morgen bekam ich einen Anruf von einem Bekannten im SFB. Schreibers Leute wollen ein Fernsehduell.«

»Warum sollte sich Bethgen darauf einlassen«, fragte der Pressesprecher, »er kann nur verlieren.«

»Bei Schreibers Charisma«, fragte ich und erntete Grinsen.

»Vielleicht«, sagte Heufeld, »weil es der einzige Weg ist, an die Öffentlichkeit zu treten. Wenn der Streik länger dauert, was Schreiber wahrscheinlich veranlassen kann, dann stellt sich die Frage, wie die Bevölkerung über den Wahlkampf informiert wird.«

»Und im SFB sitzen eine Menge Leute, die Schreiber unterstützen«, ergänzte Wolff.

»Selbst wenn diese Vermutungen zutreffen«, der Pressesprecher zuckte mit den Schultern, »was haben wir davon?«

»Hast du mich eigentlich als offiziellen Kandidaten für das Amt des Regierenden Bürgermeisters gemeldet?«, fragte Wolff.

»Wie vereinbart«, bestätigte der Pressesprecher und fügte feixend hinzu, »wenn du die Neuauszählung überstehst, bist du es.«

Wolff grinste: »Und die Frist zur Einreichung der Wahlunterlagen ist verstrichen?«

Der Pressesprecher nickte, ohne zu begreifen.

»Und haben die anderen kleinen Parteien auch offizielle Kandidaten benannt?« Er murmelte: »Nein, das erschien ihnen sinnlos, nur wir waren so verwegen«, und schüttelte langsam den Kopf. Dann glitt ein Leuchten über sein Gesicht, er atmete tief ein und hob die gefalteten Hände. Und rief: »Ein Fernsehduell, hervorragend! Und daran sollten natürlich alle ordentlich angemeldeten Kandidaten für das Amt des Regierenden Bürgermeisters teilnehmen.«

Heufeld nickte zustimmend: »Werde unseren Anwalt anrufen, damit er sich beim SFB meldet und mit rechtlichen Schritten für den Fall droht, dass unser Kandidat nicht eingeladen wird.«

Wie zu erwarten, lehnte das Rathaus das Fernsehduell zunächst ab. Bethgen erklärte, er wolle sich an seiner Politik statt an seiner Medienpräsenz messen lassen. Schreiber warf ihm vor, sich der inhaltlichen Auseinandersetzung zu entziehen. Dann beging Bethgen einen Fehler: Er warnte, dass der Streik zu einer mangelnden Berichterstattung über den Wahlkampf und damit zu einem verzerrten Ausdruck des Wählerwillens führen könnte. Das machte es Schreiber leicht, dem Senat fehlendes Interesse für die Belange der Arbeiter vorzuwerfen, die im Zuge der Digitalisierung freigesetzt werden sollten – und natürlich auch für alle, die im Rahmen des wirtschaftlichen Umbruchs im Osten entlassen wurden. Daraufhin lenkte der Senat ein, es wurde ein Termin für Ende August angesetzt, und ein weiterer als Option für Mitte September, falls der Streik nicht bis dahin beendet sein sollte. Über diese Option sollte im Einvernehmen entschieden werden. Um eine möglichst große Aktualität zu sichern und ihrer Rolle als Ersatz für die Printberichterstattung gerecht zu werden, war eine Direktübertragung der Sendungen vorgesehen. In der öffentlichen Auseinandersetzung zwischen Schreiber und Bethgen wurde deutlich, dass keiner der Kontrahenten mit einem dritten Teilnehmer an der Ausstrahlung rechnete. Sie wollten sich durch eine Konzentration der Auseinandersetzung auf die Volksparteien profilieren. Als der Termin für die

Ausstrahlung bekannt gegeben wurde, war nur von den beiden Vertretern der großen Parteien die Rede.

Unser Anwalt hatte gleich nach Beginn des Streiks einen Brief an den SFB geschrieben, in dem er die Teilnahme von Wolff anmahnte. Das Schreiben war entweder nicht beachtet worden oder verloren gegangen, jedenfalls erhielten wir keine Antwort. Nach Bekanntgabe des Termins für die Ausstrahlung forderte Wolff in gleichlautenden Schreiben an Bethgen und Schreiber die Teilnahme. Er legte das Schreiben an den SFB bei und drohte für den Fall seines Ausschlusses mit einer Klage. Als ich Meike anrief um zu hören, was die Journalisten über die Situation dachten, berichtete sie, Bethgen habe einen Wutanfall bekommen.

»Er soll das halbe Schöneberger Rathaus zusammengeschrien haben. Von welchen Kretins er eigentlich beraten wird. Und ob die Sozis vom SFB euren Brief absichtlich verlegt haben, um die konservative Wählerschaft zu spalten.«

»Und, haben sie?«

»Scheinbar nein, das ist wohl einfach untergegangen. Die haben mit rechtlichen Fragen wenig am Hut. Und euch hatten sie sowieso abgeschrieben.

»Zwei Prozent sind ja auch nicht viel.«

»Ja, aber ihr habt eine unglaubliche Chance, wenn Wolff zugelassen wird. Was meinst du?«

»Sie werden alles versuchen, um ihn zu verhindern.«

»Bleibt auf der juristischen Schiene, würde ich sagen.«

»Und, wie ist die Stimmung bei den Journalisten?«

»Miserabel, wie sonst? Die Herausgeber wollten uns für den Rest des Monats in unbezahlten Urlaub schicken.

Kann sich natürlich keiner leisten. Also sitzen wir in der Redaktion herum und schmoren in unserem Saft.«

»Unangenehm.«

»Mehr als das. Lass uns in Kontakt bleiben, ja.«

»Hoffentlich nicht nur, weil ich für Wolff arbeite.«

»Lass das. Ihr macht das gut. Viel Glück.«

»Dir auch, grüß Anton.«

Zwei Tage vor der Ausstrahlung erreichten wir per Eilantrag die einstweilige Verfügung gegenüber dem SFB. Damit würde Wolff als gleichberechtigter Redner an der Debatte teilnehmen. Im Vorfeld hatten der Pressesprecher und ich die wahrscheinlichen Themen zusammengefasst. Wir hatten uns Argumentationsstrategien zurechtgelegt, Eröffnungsszenarien durchgespielt, und Modellantworten erarbeitet. Wolff las unsere Unterlagen, wollte von Rollenspielen und taktischen Überlegungen aber nichts wissen. Er sagte, dass er ein gutes Gefühl habe und wir uns lieber um die inhaltliche Vorbereitung eines anstehenden Parteitages kümmern sollten. Beinahe hätte ich ihm gesagt, dass Gefühle nicht genug seien und wir uns den Parteitag sparen könnten, wenn die Debatte schlecht liefe. Der Pressesprecher machte ebenfalls einen unglücklichen Eindruck, nahm aber Wolffs gesammelte programmatische Überlegungen wortlos zur weiteren Bearbeitung an sich.

Der SFB ließ im Studio nur ein wenig Publikum zu, das außerdem verpflichtet wurde, sich weder durch Klatschen noch durch Zwischenrufe bemerkbar zu machen. Außerdem waren Parteimitarbeiter ausgeschlossen, deshalb sahen wir uns die Übertragung in einem Hotel in Charlottenburg an. Das BÜNDNIS hatte dort einen Saal gemietet, um Wahlkämpfern und Unterstützern die Gelegenheit zu geben, zusammen die Ausstrahlung zu verfolgen. Wir hatten einen Sicherheitsdienst damit beauftragt, die Eingänge zu kontrollieren, was sich als gute Entscheidung erwies. Nicht, weil politische Gegner die Veranstaltung zu stören versuchten. Sondern weil der Saal schon eine Viertelstunde vor Beginn der Sendung überfüllt war. Offenbar versprach die Tatsache, dass sich Wolff auf Augenhöhe mit Schreiber und Bethgen auseinandersetzen würde, erheblichen Unterhaltungswert.

Das erste Drittel des Gespräches war ein harmloser Austausch von Höflichkeiten und allgemeinen Einschätzungen zur Lage des Landes. Die Kandidaten waren sich einig, dass die friedliche Revolution eine Befreiung bedeutete, auch wenn der wirtschaftliche Umbruch und die marode Infrastruktur im Osten große Herausforderungen für den nächsten Regierenden Bürgermeister bereithielten. Schreiber betonte, dass er Berlin viel verdankte: »Ich bin hier aufgewachsen, Berlin hat mir das Studium ermöglicht, ich habe hier dreißig Jahre gearbeitet. Mein Berlin ist das der Berufstätigen und ich unterstütze den Arbeitskampf in der Druckindustrie.«

Der Gastgeber war der Intendant des SFB, ein aus Ostpreußen vertriebener Sozialdemokrat. Er ließ die Diskussion im Wesentlichen laufen und achtete vor allem darauf, dass Bethgen und Schreiber annähernd gleich viel Redezeit erhielten. Wolff bekam etwas weniger, was angesichts der Umstände angemessen erschien. Dann ergriff Wolff das Wort und bat, einige grundsätzliche Sätze sagen zu dürfen.

»Nach meiner Überzeugung steht diese Stadt, steht dieses Land an einem Scheideweg. Vielleicht erinnern sich einige unserer Zuschauer noch an Clemens Attlee. Er war der Politiker, der Winston Churchill 1945 eine erdrutschartige Niederlage bereitete. Der Hintergrund war Attlees Versprechen, den Wohlfahrtsstaat auszubauen und Schlüsselindustrien wie Kohle und Stahl sowie die Eisenbahnen zu verstaatlichen. Attlee wurde Premierminister, aber die staatlichen Eingriffe haben Großbritannien in den folgenden Jahrzehnten einen unaufhaltsamen Niedergang beschert. Unsere eigene Situation weist dazu einige Parallelen auf. 1989 markiert wie 1945 den Sieg über eine totalitäre Diktatur, der jeweils nicht ohne transatlantische Unterstützung errungen werden konnte. Ich weise auf diese Unterstützung hin, weil wir unsere eigenen Kräfte nicht überschätzen sollten. Wir sollten im Blick behalten, dass dieser Sieg der Beginn einer langen, mühsamen Aufbauarbeit in Ostdeutschland und Osteuropa ist. Dieser Aufbau sollte nicht wie in Großbritannien nach dem Krieg mit einer Stärkung des Staates, sondern wie in Deutschland mit einer Stärkung der Privatinitiative einhergehen. Ostdeutschland und Ostberlin brauchen eine modernisierte Infrastruktur und ein im Vergleich zum Westen niedrigeres Lohnniveau. Aber keine schuldenfinanzierten Sozialgeschenke und keine aufgeblähte Verwaltung. Lassen Sie uns in Ostberlin die westdeutschen Erfolge der fünfziger und sechziger Jahre wiederholen, nicht die Fehler der siebziger und achtziger. Und lassen sie uns im Überschwang über die friedliche Revolution nicht die ökonomischen Grundlagen aus dem Blick verlieren.«

Schreiber blickte unsicher zu Bethgen, der umgehend zum Angriff überging. »Meine Partei steht für eine solide, sozial ausgeglichene Wirtschaftspolitik. Es war meine Partei, die den Rahmen für das Wirtschaftswunder der fünfziger Jahre gesetzt hat. Es ist schon bemerkenswert, dass Sie als Wissenschaftler glauben, ökonomische Lektionen erteilen zu können.«

»Es freut mich zu hören, dass Sie sich auf Ludwig Ehrhardt berufen«, antwortete Wolff, »dies war in der letzten Dekade in Ihrer Partei keineswegs die Regel. Entscheidend ist das psychologische Argument, das der Wirtschaftsnobelpreisträger Hayek angesichts der sozialistischen Tendenzen in Großbritannien eingeführt hat. Je mehr Aufgaben der Staat übernimmt, desto mehr verkümmern die Fähigkeiten der Bevölkerung, ihre eigenen Interessen wahrzunehmen. Unabhängigkeit und Selbstverantwortung, Eigeninitiative und Verantwortung für das soziale Umfeld. Auch ein gesundes Misstrauen gegenüber Macht und Autorität und Respekt für Bräuche und Traditionen. Im Großbritannien der Nachkriegszeit sind viele dieser Werte innerhalb einer Generation verschwunden. Sie sind auch in Westdeutschland seit den Siebzigerjahren immer seltener geworden, im real existierenden Sozialismus haben sie in Nischen überlebt. Hayeks Buch heißt übrigens ›Der Weg in die Knechtschaft‹.«

Bethgen bekam einen roten Kopf. »Ich darf Sie noch einmal darauf hinweisen, dass wir in keinem Seminar sind. Es geht hier um politische Entscheidungen, nicht um akademische Erwägungen. Die Modernisierung der Infrastruktur im Osten der Stadt muss organisiert werden. Das wird

Kapazitäten in der Verwaltung binden, die Sie ja abbauen wollen, und erhebliche Summen kosten, die Sie einsparen wollen. Das Gleiche gilt für die Abfederung sozialer Härten. Diese Aufgaben müssen mit konkreten Maßnahmen angegangen werden – und nicht aufgrund theoretischer Grundsatzerwägungen.«

»Wir sind einig, dass der Aufbau im Osten Geld kosten wird. Aber wir sind uns nicht einig über den konkreten Weg. Muss die Ansiedlung neuer Betriebe durch staatliche Wirtschaftsförderung erfolgen, oder sollte der Staat nur den Rahmen setzen? Muss die Sanierung des Wohnungsbestandes durch den Staat erfolgen, oder sollte er nur die Voraussetzungen schaffen? Müssen alle Mitarbeiter der überbesetzten ostdeutschen Verwaltung in den unbefristeten öffentlichen Dienst übernommen werden? Oder wäre es sinnvoller, das Geld in Schulen und Universitäten zu investieren? Für einen überschaubaren Zeitraum sind niedrigere Löhne im Osten kein Schaden. Die Menschen zahlen geringere Mieten, haben geringere Lebenshaltungskosten und werden nicht in Scharen wegziehen. Denkbar sind auch Steuervorteile für die Ansiedlung von Unternehmen. Und nicht zuletzt bedeutet weniger staatliche Bevormundung weniger Schulden, die unsere Kinder abzutragen haben. Mehr Eigenverantwortung ist mehr gelebte Demokratie.«

Bei dem letzten Wort hob Schreiber abwehrend die Hand und warf ein: »Nicht weniger staatliches Engagement stärkt die Demokratie, sondern mehr. Der Staat hat die Märkte gebändigt und zivilisiert, um den Werktätigen überhaupt erst eine Teilhabe an der Gesellschaft zu sichern. Die Sozialversicherung schützt sie gegen unternehmerische Willkür.

In den Siebzigerjahren haben es dann Bildungsreform und BAföG Arbeiterkindern ermöglicht, zu studieren. Willy Brandt war Regierender Bürgermeister in dieser Stadt und hat das Amt des Bundeskanzlers mit dem Bekenntnis, mehr Demokratie zu wagen, errungen.«

Wolff wandte sich zu Schreiber und sagte in einem freundlichen, aber konzentrierten Ton: »Es war die Sozialdemokratie, die die Arbeiter befreit hat. Die noch im Kaiserreich für die Bildung der Arbeiter gesorgt hat. Der Kommunismus hat versagt, die Sozialdemokratie hat gesiegt. Der Sozialstaat ist eine zivilisatorische Errungenschaft, keine Frage. Aber benötigt Berlin wirklich mehr Verwaltungsmitarbeiter pro Bürger als Hamburg oder München? Ist es wirklich notwendig, alle Verwaltungsmitarbeiter in Ostberlin mit vollem Kündigungsschutz in den öffentlichen Dienst zu übernehmen? Was bedeutet das für die Ausgaben der nächsten Jahre? Werden wir Schwimmbäder und Theater schließen müssen? Können wir weniger Lehrer und Polizisten einstellen? Oder werden wir die Schulden erhöhen und diese Last an kommende Generationen weitergeben? So wie wir es in den letzten zwanzig Jahren getan haben? So wie wir in der Rente und den Krankenkassen immer mehr strukturelle Defizite angehäuft haben? So wie wir Pensionsverpflichtungen für Beamte eingegangen sind, ohne Rücklagen zu bilden?«

Bethgen hatte das Zwiegespräch aufmerksam beobachtet und schien von Wolffs Wertschätzung für die sozialdemokratischen Errungenschaften beunruhigt. »Berlin liegt jetzt in der Mitte Europas und der Stadt werden erhebliche Wachstumsraten vorhergesagt. Die Bevölkerung wird auf bis zu sechs Millionen Menschen anwachsen. Für diese Bewohner brauchen wir Wohnungen, Straßen, Schulen und vieles andere mehr. Wir werden die Schulden, die wir aufnehmen, zurückzahlen. Aber wir müssen jetzt in die Leistungsfähigkeit der Stadt investieren. Und, Herr Wolff, wir müssen den sozialen Frieden wahren. Es ist empörend, wie Sie die türkischen und arabischen Minderheiten in dieser Stadt herabsetzen.«

Wolff lehnte sich zurück und versuchte, die erhitzte Debatte zu beruhigen. »Ihre Prognosen in Ehren, aber es ist unklar, auf welcher ökonomischen Grundlage ein Bevölkerungszuwachs stattfinden soll. Berlin fehlt eine industrielle Basis und es ist kaum zu erwarten, dass sich das in naher Zukunft ändert. Gleichzeitig stellt sich die Frage, wie lange die von geringer Fertigungstiefe geprägten vorhandenen Betriebe noch von der Berlinförderung subventioniert werden. Auch werden in Ostberlin viele gering qualifizierte Arbeiter freigesetzt. Für dieses Angebot an Arbeitskraft wird es schwer werden, angemessene Beschäftigung zu finden.«

»Hier muss in Aus- und Weiterbildung investiert werden«, ließ sich Schreiber vernehmen, »das ist auch die Lehre aus dem aktuellen Streik. Der politische und der technologische Umbruch muss abgefedert werden. Und Bildung ist nicht zuletzt der Schlüssel für Integration.«

»Bildung ist von zentraler Bedeutung«, bestätigte Wolff. »Ein Viertel der ausländischen Jugendlichen verlässt die Schule ohne Abschluss, ein Drittel schließt die Hauptschule ab, fast die Hälfte erwirbt keinen Berufsabschluss. Ein Hintergrund dieser Entwicklung ist die Zuwanderung von jungen Frauen im Zuge der Familienzusammenführung –

zumal aus muslimischen Ländern. Der höchste Prozentsatz von Visa zum Ehegatten- und Familiennachzug wird für die Türkei ausgestellt. Im Gegensatz zu in Deutschland aufgewachsenen Ausländerinnen sprechen diese Frauen selten Deutsch und nehmen kaum Kinderbetreuungsangebote wahr, was die Integration weiter erschwert. Unsere bestehenden Einrichtungen versagen vor dem Problem.« Es war still geworden in dem Hotelsaal. Wolffs Sätze brachen ein Tabu.

»Umgekehrt führt diese Art der Zuwanderung zu einer starken Abhängigkeit der zuziehenden Frau von dem Ehemann. Sie verfestigt überkommene Vorstellungen zur Stellung der Frau und eine mangelnde Toleranz gegenüber anderen Lebensentwürfen, die schlecht mit westlichen Auffassungen in Einklang zu bringen ist. Meine Partei plädiert angesichts der unübersehbaren Integrationsdefizite dafür, den sogenannten Familiennachzug einzuschränken, bis für die hier lebenden Ausländer deutliche Fortschritte hinsichtlich ihrer Integration, insbesondere im Bildungswesen, erreicht worden sind.«

Im Saal war vereinzeltes Klatschen zu hören, das allmählich zu einem kräftigen Applaus anschwoll. Während der Debatte, die jetzt mit den Abschlussaussagen beendet wurde, war der Wein in meiner Hand warm geworden. Wolff hatte seine Sache gut gemacht, er hatte gesagt, wofür das BÜNDNIS stand. Jetzt kam es darauf an, wie die Wähler reagierten. Der SFB hatte eine Befragung in Auftrag gegeben, um die Ergebnisse der Debatte zu bewerten. Kurz nach der Ausstrahlung machte die Nachricht die Runde, dass Wolff noch zu uns stoßen würde, aber etwas Zeit benötigte. Am Ausgang des Studios hatte ihn ein Sprechchor mit »Faschisten raus« empfangen und er war mit einer Torte beworfen worden. Er wollte erst nach Hause, um einen frischen Anzug anzuziehen.

12

Beschleunigung

In der Fernsehdebatte hatte der Streik eine Nebenrolle gespielt, nur Schreiber hatte zwei Mal darauf Bezug genommen. Weder Bethgen noch Wolff hatten ihm widersprochen, und so war eine Auseinandersetzung zu den Hintergründen ausgeblieben. Drei Tage nach der Debatte gab der SFB die Ergebnisse der Wählerbefragung bekannt: Das BÜNDNIS lag jetzt bei stabilen acht Prozent, während sich der Abstand von Bethgen zu Schreiber von sechs auf vier Prozent verringert hatte. Die IG Medien einigte sich noch in derselben Woche mit den Verlegern auf ein Übergangsmodell für die Arbeitskräfte der Druckvorstufe und zum Wochenende wurden wieder Zeitungen ausgeliefert. Bethgen hatte seinen Einfluss auf die Zeitungen nicht ausspielen können und einige Prozente an das BÜNDNIS abgegeben, blieb aber mit Abstand der stärkste Kandidat. Schreiber hatte eine Stärkung seiner Position erreicht und konnte auf eine Regierungsübernahme mit einer Koalitionsregierung hoffen. Die allgemeine Erwartung ging dahin, dass mit dem Streik auch die Fernsehdebatten beendet waren.

Umso überraschter waren wir, dass Wolff am Montag das Schreiben von Bethgen erhielt, in dem er die zweite Debatte einforderte. Diese war nach der ursprünglichen Vereinbarung für den kommenden Sonntag festgesetzt worden. Wir rätselten, warum Bethgen, der wegen der Teilnahme Wolffs am ersten Fernsehtermin wütend gewesen war, nun eine Revanche wollte, die Wolff wiederum beteiligen musste. Als wir am Dienstag die Zeitungen aufschlugen, wurden seine Beweggründe deutlicher: »Spalten statt vereinigen – Rechtspopulist lässt Maske fallen; Bethgen: Ausländerfeindlichkeit hat keinen Platz in dieser Stadt; Nazis in Nadelstreifen – Regierender Bürgermeister kritisiert Kandidat Wolff.« Das Büro des Bürgermeisters hatte das Ende des Streiks genutzt, um die Redaktionen auf einen Konfrontationskurs gegen Wolff einzuschwören.

»Wolff selbst ist kein Volksverhetzer«, zitierte der Text den Regierenden Bürgermeister, »aber er bedient Vorurteile aus dem rechtsradikalen Milieu. Er unterläuft unsere erfolgreichen Integrationsbemühungen und spaltet die Stadt.« Von Meike war zu erfahren, dass Mitarbeiter von Bethgen lange mit dem Chefredakteur des Tagesanzeigers gesprochen hatten. In der Redaktionskonferenz war darüber diskutiert worden, dass Bethgen nur zwei Möglichkeiten hatte: sich entweder Wolffs Forderungen anzuschließen, was einem Eingeständnis seiner eigenen Unfähigkeit gleichgekommen wäre, oder aber sich gegen ihn zu wenden.

Damit wirkte er zugleich der Gefahr einer Spaltung der konservativen Wählerschaft entgegen, die sich zunehmend für Wolff erwärmte. Wenn sich dieser Trend fortsetzte, konnte er Bethgen seine Wiederwahl kosten – zumal in der volatilen politischen Situation nach dem Mauerfall. »Außerdem«, fügte Meike hinzu, »ist der Mann in Wallung. Erst zwingt ihn Schreiber in ein vermeintliches Duell, dann stiehlt ihm Wolff die Vorstellung. Er will zeigen, wer der Herr im Haus ist.«

Wolff berief für den Mittwoch eine Pressekonferenz ein.

»Herr Prof. Wolff, sind Sie ein Ausländerfeind?«

»Nun, Bürgermeister Bethgen hat mich ausdrücklich nicht als Volksverhetzer bezeichnet – wohl wissend, dass immer etwas hängenbleibt.«

»Die Forderung, den Familiennachzug einzuschränken, klingt populistisch.«

»Meine Vorschläge gründen auf Zahlen zu den Schulabschlüssen ausländischer Kinder. Es handelt sich um Daten des Senats, nicht um populistische Vorurteile.«

»Aber Sie wollen Berliner Bürgern die freie Heiratswahl untersagen?«

»Die Einschränkung dieser Freiheit ist eine Seite der Medaille. Die andere ist, dass wir gegenwärtig sehr viel Steuergelder in Form von Sozialhilfe darauf verwenden, ethnisch homogene Viertel mit schlechten Ausbildungs- und Berufschancen zu schaffen.«

»Sie befürchten die Entwicklung von Slums?«

»Nicht in den nächsten zwanzig Jahren. Aber wenn Sie sehen, wie sich amerikanische Innenstadtviertel aufgrund des Wegzugs wohlhabender Schichten entwickeln, dann sind die Aussichten für einige Berliner Bezirke problematisch.«

»Sie haben eine selektive Beschränkung des Familiennachzugs gefordert. Wie kann das umgesetzt werden?«

»Etwa durch einen Nachweis des in Deutschland lebenden Ehepartners, dass er aus eigener Arbeit eine Familie ernähren kann. Über die konkrete Summe des notwendigen Einkommens sollte man diskutieren. Auch die Forderung nach deutschen Sprachkenntnissen des zuziehenden Partners halte ich für sinnvoll.«

Die Berichterstattung zu Wolffs Ausführungen war mager. Seine Repliken fanden sich im Lokalteil oder unter »Vermischtem« wieder, während Bethgen auf den Titelseiten zitiert wurde. Bethgen hatte den besorgten Landesvater gegeben und Wolff stand als Störenfried da. Das Rathaus war in der Offensive und das BÜNDNIS versuchte mit Klarstellungen, nicht aus dem Rennen gedrängt zu werden.

Schreiber hatte sich in diesen Tagen zurückgehalten. Seine Partei erwartete, aus der Diskussion als lachender Dritter hervorzugehen, und wahrscheinlich wollte er auch Bethgens Diffamierungen nicht unterstützen. Nach Wolffs Pressekonferenz forderte die Jugendorganisation seiner Partei jedoch, er müsse »sich angesichts der unerträglichen Ausfälle von Professor Wolff klar positionieren.« Am Freitag berichtete der Tagesanzeiger von Schreibers Reaktion.

Tagesanzeiger, 14.9.1990

Der sozialdemokratische Kandidat für das Amt des Regierenden Bürgermeisters Werner Schreiber bezeichnete die

Ausführungen von Professor Wolff in der Fernsehdebatte vor zwölf Tagen als ungeeignet für die Stadt. »Wir werden weiter konstruktiv für ein friedliches Miteinander aller Berliner arbeiten«, sagte er gestern der Presse. »Angst, Vorurteile und Hass gegen Minderheiten zu schüren ist ebenso unanständig wie gefährlich. Professor Wolff sollte sich schämen.«

Gleichzeitig verwies Herr Schreiber energisch darauf, dass die Kampagne von Herrn Wolff keineswegs von ihm unterstützt werde. »Das ist eine Verleumdung. Im Gegenteil, es gibt Hinweise darauf, dass Professor Wolff versucht, sozialdemokratische Wähler an sich zu binden.« Die Wähler sollten sich bewusst sein, dass jede Stimme für das BÜNDNIS FÜR BERLIN, die von Professor Wolff geführte Gruppierung, eine Stimme für den rechten Rand sei. »Hinter der professoralen Maske verbirgt sich eine abstoßende Menschenverachtung.«

Als Hintergrund der Aussagen von Herrn Schreiber werden Befürchtungen in seinem eigenen Lager gewertet, dass die sozialdemokratische Partei als Profiteur einer Spaltung der konservativen Wählerbasis erscheinen könnte. Entsprechende Vermutungen sind zuletzt von Mitgliedern des Wahlkampfstabes des Regierenden Bürgermeisters geäußert worden. Auch die Berliner Jusos hatten eine Klarstellung gefordert.

Herr Bethgen kommentierte die Aussagen seines Herausforderers mit den Worten, dass Herr Schreiber gerade noch rechtzeitig erkannt habe, »welche Gefahr hinter der verbindlichen Fassade und dem bürgerlichen Auftreten von Herrn Wolff lauert.«

In der Zentrale des BÜNDNIS war die Stimmung vor der Debatte gedrückt. Offenbar hatte sich das Schöneberger Rathaus gut vorbereitet. Wolff würde es schwer haben, in der Diskussion gegen beide Repräsentanten der Volksparteien zu bestehen. Selbst wenn wir in das Abgeordnetenhaus einzogen, schwanden unsere Chancen, an einer Regierung beteiligt zu werden. Letztlich war es auch Wolff, der uns in diese Situation gebracht hatte. Seine Bemerkung, dass sich Bethgen und Schreiber vor allem physisch, aber nicht politisch unterschieden, war witzig gewesen und wurde immer noch gern zitiert. Die Wähler verstanden, dass damit das schuldenfinanzierte Appeasement beider Volksparteien gemeint war. Aber jetzt hatte sich das Argument gegen uns gewandt: Die beiden großen Parteien hatten sich geeinigt, uns als potentiell volksverhetzend anzusehen und deshalb zu bekämpfen. Am Abend hielt Wolff auf einem politischen Abendessen eine Rede. Er sagte: »Armer Herr Schreiber. Er hat sich gestern in Rage geredet, vielleicht auch aus Eifersucht über den Regierenden Bürgermeister. Herr Bethgen hat zuerst entdeckt, dass man Anliegen wie den sorgsamen Umgang mit Steuergeldern, die Vermeidung von Schulden, die Begrenzung der Übernahme von Ostberliner Verwaltungsmitarbeitern in unbefristete Beschäftigungsverhältnisse, die Verbesserung der Bildung, die Stärkung von Integration durch Verlangsamung gering qualifizierter Einwanderung am besten dadurch diskreditiert, dass man sie als rechtsradikal diffamiert. Unter dem Druck des Wahlkampfes und seiner Partei hat Herr Schreiber dann nachgezogen und mich einer abstoßenden Menschenverachtung geziehen. Glaubt Herr Schreiber das wirklich? Wohl kaum. Man kann sich die Szene lebhaft vorstellen. Sein Medienberater kommt zu ihm und sagt: ›Werner, du musst etwas tun! Bethgen hat gesagt, dass Wolff kein Volksverhetzer ist. Das war fast ebenso gut, als ob er gesagt hätte, dass er einer ist. Er bekommt die Publicity, die du haben solltest. Du musst dich endlich ins Zeug legen und gleichziehen!‹ Und Herr Schreiber sagt, was er immer sagt, dass er die Stadt liebt, dass er hier aufgewachsen ist, dass Berlin ihm das Studium ermöglicht hat und er hier dreißig Jahre gearbeitet hat. Und sein Berater antwortet: ›Werner, das wissen wir, das schätzen wir, aber das reicht jetzt nicht mehr. Da muss jetzt mehr von dir kommen. Du musst endlich mal so richtig rangehen.‹«

»Ja«, sagte Wolff unter dem Gelächter seines Publikums, »so wird es wohl gelaufen sein.«

Für die zweite Ausstrahlung war ein Saal im SFB als Studio hergerichtet worden. Es gab mehr Platz für das Publikum, und nun waren auch Mitarbeiter der Kandidaten zugelassen. Es war zur Bedingung gemacht worden, dass das Publikum keine Geräusche von sich gab, um die Kandidaten nicht zu irritieren. Kurz vor der Debatte, als die Mikrofone noch ausgeschaltet waren, wandte sich Schreiber zu Wolff und sagte: »Tut mir leid wegen der Sache letzte Woche. Abstoßende Menschenverachtung stand nur im Skript, vor der Presse habe ich die Formulierung weggelassen.«

»Das hat wenig geändert«, sagte Wolff, »die Pressemitteilung ist so rausgegangen und wurde auf allen Kanälen zitiert. Ich habe mir die Freiheit genommen, mich am Freitagabend zu revanchieren.«

»Ja, ich weiß«, antwortete Schreiber und sah betreten auf seine Unterlagen.

Wie bei der letzten Aussprache war die Eröffnung zögerlich. Wir hatten erwartet, dass Bethgen das Tempo mit energischen Eingangsthesen vorgeben würde. Stattdessen sondierte er vorsichtig die Lage und redete ausführlich über die tatsächlichen und vermeintlichen Erfolge seiner Amtszeit. Wenn er sich auf seine Gesprächspartner bezog, dann auf Schreiber, der seinerseits mit Artigkeiten antwortete. Das Gespräch wandte sich der inneren Sicherheit zu und Schreiber beschrieb, welche Maßnahmen ergriffen worden waren, um Berlin sicherer zu machen.

Danach ergriff Wolff das Wort. »Der Moderator hat soeben gefragt, ob Berlin eine Stadt der Angst ist. Nun, sie ist auf jeden Fall eine Stadt der Furcht, und zwar einer Furcht, die Herr Bethgen nach Kräften schürt. In Pressekreisen wird offen darüber diskutiert, wie viele Prozentpunkte ihm die Warnungen vor rechtsradikalen Tendenzen bringen können. Zu diesem Zweck hat er meine Person als Spaltkeil und Hindernis für die Integration dargestellt und den Bürgern die Frage gestellt: Wissen Sie eigentlich, dass Professor Wolff den Rechtsextremen in die Hände arbeitet? Diese Operation ist letztlich gegen seinen sozialdemokratischen Herausforderer gerichtet. Herr Bethgen versucht, sich als Bewahrer demokratischer Tugenden darzustellen und damit Herrn Schreiber Stimmen abzunehmen. Er verschweigt natürlich, dass er selbst die Gefahr herbeiredet, vor der er warnt.«

Bethgen war sichtbar vor den Kopf gestoßen. Er hatte das Wort und begann, nach einer kurzen Pause, über die tatsächlichen oder vermeintlichen Erfolge der Verbrechensbekämpfung seiner Verwaltung zu sprechen. Ich hatte erwartet, dass er auf Wolffs Einlassung antworten würde, aber er beließ es bei einem Lob an Justiz und Polizei. Schreiber, Wolff, Bethgen, immer der Reihe nach und wieder von vorn. Das Trio behandelte verschiedene Politikfelder, bis es gegen Ende der Sendezeit unvermittelt aus Bethgen herausbrach: »Im Übrigen möchte ich mich gegen die Bemerkung von Professor Wolff verwahren, dass meine Partei oder ich aus wahltaktischen Gründen Ängste schüre. Ich erwarte, dass solche unverantwortlichen Unterstellungen in Zukunft unterlassen werden und stattdessen Argumente vorgebracht werden.«

Als nächster Redner war Schreiber an der Reihe, der offenbar beschlossen hatte, sich aus der Sache herauszuhalten. Als Wolff das Wort erhielt, sprach er Bethgen direkt an: »Der Regierende Bürgermeister hat mich gebeten, Argumente vorzubringen. Das kann ich gern tun, erwarte aber auch, dass meine Vorschläge nicht als rechtsradikal abqualifiziert werden. Es ist eine schlechte Gewohnheit in diesem Land geworden, unbequeme Ansichten in die braune Ecke zu rücken, um sich nicht damit auseinandersetzen zu müssen. Gleichzeitig ist die Inanspruchnahme politischer Korrektheit fraglos geeignet, sich gegenüber linksliberalen Wählern als Bastion der Rechtschaffenheit zu präsentieren. Das ist keine Wahlpolemik, dafür kann ich ein halbes Dutzend Belege liefern. Mein Vorschlag ist: Sie, Herr Bethgen, unterstellen mir kein protofaschistisches Gedankengut mehr, ich diskutiere Ihre Vermeidungstaktik nicht mehr, und wir sprechen jetzt über unsere Argumente zu Finanzpolitik, Immigration und Bildung.«

Bethgen war wie vor den Kopf gestoßen. Er hatte die Presse und Schreiber auf Wolffs angebliche Rechtslastigkeit angesetzt, um das BÜNDNIS zu isolieren. Er hatte in der Debatte versucht, diese Isolierung zu erweitern, indem er Wolff ignorierte. Nach Wolffs Angriff hatte er noch einige Runden durchgehalten, bis ihm der Kragen platzte. Eine Sicherung, die zeitverzögert, aber zuverlässig durchbrannte. Nun musste er entweder mit Wolff diskutieren oder aber seine eigene Forderung nach Argumenten Lügen strafen.

»Dazu ist zweierlei zu sagen«, begann Bethgen langsam und nach Worten suchend. »Zum einen kann ich mich nicht erinnern, Ihnen oder Ihrer Partei Protofaschismus vorgeworfen zu haben. Allerdings haben Ihre Aussagen zur Beschränkung des Familiennachzugs viele Berlinerinnen und Berliner nachhaltig irritiert – auch mich. Man soll Menschen nicht davon abhalten, miteinander die Ehe einzugehen. Das ist weder sinnvoll noch möglich, und schon gar nicht ethisch vertretbar. Und wenn diese Menschen auf der Grundlage gültiger Aufenthaltserlaubnisse in Berlin leben wollen, dann möchte ich sie als Regierender Bürgermeister herzlich willkommen heißen.«

Der Moderator sah Schreiber fragend an, und als dieser nickte, gab er Wolff direkt das Wort.

»Es geht nicht darum, Eheschließungen zu verhindern«, begann Wolff, »auch nicht um die Erhaltung ethnischer Homogenität. Im Gegenteil, die Deutschen werden aufgrund der niedrigen Geburtenraten Zuwanderer benötigen, um ihr Wohlstandsniveau zu halten. Aber wir sehen, dass die Integration vieler Zuwanderer scheitert. Dass sie wenig Deutsch sprechen, dass sie keine oder gering qualifizierte Abschlüsse erzielen, dass sie oft arbeitslos sind und Transferleistungen beziehen. Dass sich diese Verhältnisse verfestigen. Und dass Gewalttaten zunehmen. Die zweite Generation ist oft noch schlechter integriert als die erste. Die bisherigen Versuche der Integration sind gescheitert, man muss das so hart sagen. Es macht keinen Sinn, das Problem durch ungebremsten Zuzug weiter zu verschärfen. Schon zu Zeiten der Mauer war die Maximierung der Zuwanderung zur Stabilisierung der Westberliner Bevölkerungszahl fragwürdig. Jetzt ist dieses Argument hinfällig. Bis wir bessere Wege der Integration gefunden haben, müssen wir versuchen, die gegenwärtige Situation zu stabilisieren. Dazu gehört eine Beschränkung der Heiratsmigration, aber auch die Fortschreibung der alliierten Zuzugsbeschränkungen. Wir sollten im Interesse der Integration die Konzentration von Einwanderergruppen in einzelnen Bezirken verhindern und eine möglichst große Durchmischung sicherstellen.«

An dieser Stelle entstand eine Unruhe unter den Zuschauern im Studio. Es waren nur scharrende Füße und wenige geflüsterte Worte. Wolff wandte sich lächelnd zu dem Publikum und bemerkte scherzend: »Mehr Kuchen? Nur zu!« Die Journalisten hatten Mühe, ihr Lachen zu unterdrücken und auch der Moderator fiel für einen Moment aus der Rolle und grinste.

»Sie wollen auch den Zuzug beschränken«, fragte Schreiber, ehrlich überrascht.

»Nicht den Zuzug nach Berlin als Stadt«, antwortete Wolff, »aber in einzelne Bezirke. Die mit Abstand größte Einwanderergruppe sind Türken. Es ist nicht sinnvoll, dass sich rein türkische Straßenzüge oder gar Viertel entwickeln. Ich möchte, dass sich Einheimische und Zugezogene vermischen. Und ich möchte, dass wir verstärkt in die Zukunft investieren, in Schulen und Universitäten. Für die Einheimischen und die Zugezogenen. Berlin ist keine Industriestadt mehr, aber sie kann eine Stadt des Wissens und der Forschung werden.«

»An dieser Stelle kann ich für meine Partei sagen«, Bethgen hatte seine Fassung wiedergewonnen, »dass solche Einschränkungen nicht mit mir zu machen sein werden. Was vom Kandidaten des BÜNDNIS vorgeschlagen wird, ist nichts weniger als staatlich verordnete Diskriminierung. Eine Praxis, die im Übrigen auch rechtlich unzulässig ist. Eine solche Entwicklung ermutigt die rechtsextremen Kräfte in diesem Land, ihr hässliches Haupt wieder zu erheben. Wer als Bürger diese Entwicklung verhindern will, muss im Dezember seine Stimme den entschlossenen Verteidigern demokratischer Vernunft geben.«

»Herr Regierender Bürgermeister«, widersprach Wolff, »ich muss protestieren. Weder stehe ich in irgendeiner Verbindung zu rechtextremen Kräften, noch ermutige ich sie in irgendeiner Weise. Vielmehr stellt sich die Frage, ob Sie die Westalliierten ebenfalls als rechtslastig bezeichnen wollen – denn diese haben die von mir vorgeschlagene Zuzugskontrolle in den letzten Jahrzehnten praktiziert.«

Der Moderator gab Schreiber das Wort und die Debatte verlagerte sich auf die Bildungspolitik. Auch hier betonte Bethgen, dass nur er als Kandidat entschieden gegen Diskriminierung und Benachteiligung auftrete. Die Sendezeit neigte sich ihrem Ende zu und die Abschlussstatements brachten keine Annäherung zwischen den Teilnehmern.

Wir waren uns nicht sicher, wie die Debatte zu bewerten war. Sicher, Wolff hatte eine zweite Gelegenheit gehabt, die Positionen des BÜNDNIS darzustellen. Aber hatte er die Zuschauer nicht überfordert? War er zu konfrontativ aufgetreten? Würde Bethgens Versuch, Schreiber in seine Front gegen Wolff einzubinden, weiter Erfolg haben?

Die Zeitungen zeigten sich vorsichtig differenzierend. »Wolff verwahrt sich gegen Rechtsextremismus« war die häufigste Formulierung und in den Artikeln wurde gewürdigt, dass er seine Aussagen zum Zuzug weiter detailliert hatte. In den meisten Blättern wurde er weiter als Rechtspopulist bezeichnet, doch wurde gleichzeitig sein argumentatives Niveau gelobt. Tatsächlich pendelten sich unsere Werte nach der Fernsehdebatte zwischen acht und zehn Prozent ein. In den zwei Wochen nach der Ausstrahlung verdoppelte sich die Zahl der Mitarbeiter, die der Mitglieder verfünffachte sich. Ende September mussten wir das Bürogebäude wechseln, weil sich die bisherigen Räumlichkeiten als zu klein erwiesen.

– Vertraulich –

Die vorliegende Umfrage ist für den Dienstgebrauch des Senats von Berlin bestimmt und vertraulich zu behandeln. Die Weitergabe, insbesondere an Vertreter der Presse, ist ausdrücklich untersagt und wird ggf. disziplinarisch geahndet.

Ziel der Umfrage ist eine Sammlung von Aussagen zur Person des Dr. Karl-Maria Wolff, Professor für Soziologie, wohnhaft in xx xx, xxxx Berlin (Adresse unleserlich gemacht). Die von ihm gegründete Partei BÜNDNIS FÜR BERLIN (im Folgenden: BÜNDNIS) hat in den letzten Wochen deutliche Stimmengewinne verzeichnet, was insofern bemerkenswert ist, als es sich um eine im Sommer 1990 neu gebildete Gruppierung handelt. Acht Wochen vor dem Wahltermin werden für das BÜNDNIS in Umfragen zwischen 7 und 10 Prozent der Wählerstimmen ermittelt. Damit ist rein rechnerisch eine große Koalition unumgänglich – falls es nicht zu einer Koalition mit dem BÜNDNIS kommt. Die politische Auseinandersetzung wird durch die Tatsache erschwert, dass sich das BÜNDNIS im bisherigen Parteienspektrum nicht eindeutig verorten lässt.

Da sich die Anhängerschaft des BÜNDNIS aus höchst unterschiedlichen Milieus und Altersgruppen rekrutiert, wurde von einer quantitativen Darstellung des Meinungsbildes abgesehen. Stattdessen wurden auf der Grundlage der statistisch erfassten Aussagen repräsentative Aussagen ausgewählt, die im Anhang dargestellt sind. Auch wenn sich damit kein exaktes Bild im Sinne der modernen Sozialforschung ergibt, werden die dokumentierten Aussagen der disparaten Anhängerschaft des o.g. Kandidaten gerechter, als es eine quantitative Auswertung vermocht hätte.

Peter S. (43), Aufnahmeleiter:

Vor zwei Jahren wollte ich mit Politik nichts mehr zu tun haben. In meinen Augen waren Regierung und Opposition in einem Kartell der Selbstzufriedenheit vereint. Auch jenseits der parlamentarischen Arena gab es keine Bewegung, die Erneuerung versprochen hätte. Bürgerinitiativen, Betroffenenvertretungen und Verbände waren entweder an die etablierten Kräfte gebunden oder erstickten in internen Machtkämpfen. Früher habe ich mich noch engagiert. Whyl, Wendland, Wackersdorf. Überall war ich dabei, vernetzt, aktiv und hochmobil. Aber wahrscheinlich gibt es ein natürliches Altern sozialer Bewegungen. Nach und nach ziehen sich die Idealisten zurück und die Taktiker rücken nach. Schrittweise werden Überzeugungen gegen eine Beteiligung an der Macht eingetauscht. Nicht, dass Macht an sich verwerflich wäre. Ohne sie gibt es keine Veränderung. Aber moralische Skrupel sind für ihre Verteidigung von Nachteil. In der zweiten Reihe gibt es immer Leute, denen ein Platz in der ersten wichtiger ist als Inhalte. Ihr Verhalten ist auf den Gewinn und Erhalt von Macht ausgerichtet. Sie verdrängen die Visionäre und der Enthusiasmus verfliegt.

Mit dem Mauerfall gibt es wieder Raum für Idealismus. Keine der etablierten Parteien hat dieses Ereignis als das aufgefasst, was es ist: ein Jahrhundertgeschenk. Diese Haltung habe ich erwartet. Wer in Kategorien von Machterhaltung und Besitzstandswahrung denkt, für den ist die Wende ein Ärgernis. Tatsächlich besteht zum ersten Mal seit den Fünfzigerjahren die Gelegenheit für eine Neuausrichtung, gegen die die Diskussionen über Westintegration, Ostpolitik, Umweltschutz und Atomkraft verblassen. Außer Professor Wolff sehe ich niemanden, der sich dieses Themas ohne ideologische Scheuklappen annimmt.

Ahmed G. (43), KFZ-Mechaniker:
Als ich vor fünfundzwanzig Jahren nach Deutschland kam, gab es viel Arbeit und wenig Lohn. Heute gibt es viel Lohn, aber wenig Arbeit. Die Deutschen müssen mehr arbeiten, sonst gibt es bald keine Arbeit mehr und auch keinen Lohn.

Maik H. (18), Auszubildender:
Der Mauerfall war der Knaller. Ich lag schon im Bett, als ich etwas am Fenster hörte. Unten stand Sven und warf Steinchen. Bist du stulle, rufe ich, muss morgen früh auf Schicht. Vergiss die Schicht, antwortet Sven, die machen die Mauer auf. Geglaubt habe ich ihm erst, als er sagte, dass das Fernsehen live überträgt. Ich den Ausweis eingesteckt und den Blitzableiter runter, damit mein Alter nichts spitzkriegt. Wir ab an die Bornholmer, und Tatsache, da standen schon eine Menge Leute. Vorne haben sie geredet, hinten haben sie geschoben. Plötzlich kommt Bewegung in die Sache, wie wenn man den Stöpsel aus der Wanne zieht. Auch uns hat der Sog erwischt und rübergespült. Die Leute waren erst schau drauf, fröhlich und geheult, alles durcheinander. Manche sind richtig ausgetickt, haben geschrien und getanzt. Drüben alles ein bisschen aufgeräumter, aber och strahlende Gesichter. Alle lagen sich in den Armen und flennten, was das Zeug hielt. Es war fast zu schön, um wahr zu sein.

Wenn der Osten und der Westen jetzt zusammengehen, muss doch was Neues kommen. Mit unseren Blockflöten ist nichts zu wollen. Ich denke mal, es ist wichtig, auf eigenen Beinen zu stehen und nicht auf den Staat zu warten. Da hat der Wolff eine gesunde Peilung.

Anita F. (56), Hausfrau:
Also, der Wolff ist irgendwie ein feiner Mann. Auch Professor und Doktor. Aber vor allem taktvoll. Das ist man ja gar nicht mehr gewöhnt bei uns in Berlin. Als ich ihn an dem Stand traf, hat er alle höflich begrüßt und sich Zeit genommen mit jedem einzelnen zu sprechen. Also ich hatte das Gefühl, er ist offen und auch ehrlich. Der benennt die Probleme, ohne dabei unanständig zu werden. Und ich muss sagen, ich finde es richtig, dass Ausländer unsere Sprache lernen, wenn sie auf Dauer hier wohnen. Und dass sie sich an unsere Gepflogenheiten halten. Die jungen Mädchen dürfen nicht gezwungen werden, Kopftücher zu tragen und Männer zu heiraten, die sie nicht wollen.

Oliver P. (37), Gasinstallateur:
Politiker haben doch keine Ahnung, wie unsereins ranklotzen muss. Wenn man das Volk fragt, ob es alles umsonst geben soll, sagt es natürlich ja. Aber irgendwann kippt das und die Wirtschaft geht den Bach runter. Haben wir im Osten gesehen. Einer muss die Chose bezahlen. Die Politiker stecken doch mit den Wirtschaftsbossen unter einer Decke. Wasser predigen, Champagner saufen – und anschließend die Zeche prellen. Der Wolff ist anders, auch ein Schlipsfritz, na gut, aber geradeaus. Wer bestellt, muss bezahlen.

Josef N. (69), Rentner:
Mein Vater war Bergmann. Dann war Weltwirtschaftskrise und er musste stempeln gehen. Nu, großes Unglück. Monate nur Steckrübensuppe. Dann kam Adolf und nach dem

Krieg Ulbricht. Dann Honecker und Krenz. Hitler hat uns verladen und die SED auch. Wer gestern noch für Stalin war, steht heute als Reformer da. Werden die Leute aus dem Westen halten, was sie versprechen? Der Wolff sagt, dass es schwer werden wird, den Osten wieder aufzubauen. Glauben Sie mir, ich weiß, wie es in der Produktion aussieht. Der Mann hat recht. Nu, da muss man ran.

Hendrik J. (26), Student:
An der Uni ist das BÜNDNIS offiziell verpönt. Aber wenn man einzeln mit den Leuten spricht, merkt man, da ist Sympathie da. Bei mir ist es noch mal anders, ich habe den Wolff im Seminar gehabt. Endlich jemand, der einem nicht mit Privatmätzchen kommt. Bei dem Unistreik vor zwei Jahren haben wir bessere Lehre gefordert. Dass Lehre kein Abfallprodukt von Forschung sein darf. Egal wo man politisch steht, seine Vorlesungen sind spannend. Im Übrigen ist es nicht okay, wenn Schwule zusammengeschlagen werden oder Frauen unterdrückt. Das muss man auch sagen dürfen, wenn es nicht PC (politically correct, Anm. des Umfrageinstituts) ist. Je mehr Wolff zum Rechten abgestempelt werden soll, desto eher kann ich mir vorstellen, ihn zu wählen.

Jan F. (43), arbeitslos:
Die Mächtigen müsste man aufhängen. Ob ich aus Protest das BÜNDNIS wähle? Aber hallo! Eigentlich bin ich Elektrotechniker, zehn Jahre bei der Firma und dann einen feuchten Händedruck. Erst haben sie mich zum Schreiner geschult, ökologischer Innenausbau. Als ich fertig war, gab

es keine Aufträge. Dann Fachkraft in der Fleischerei. Nach einem Jahr hat die Firma die Produktion eingestellt. Die haben die Wurst in der DDR gekauft und für das Dreifache im Westen verscherbelt. Schließlich sagt die Tussi vom Amt, hier, tolle Sache, Umschulung zum Elektrotechniker. Sage ich, hallo, habt ihr sie noch alle, da komme ich her. Für bescheuerte Weiterbildungen habt ihr Geld, aber meine Arbeit ist zu teuer. Für Staatsprojekte gibt es Asche ohne Ende, aber einen Handwerker kann keiner mehr bezahlen.

Dagmar P. (29), Sekretärin:
Bei uns im Büro sind fast alle für Professor Wolff. Erst war das anders, da hieß es, er ist ein Populist und redet dem Volk nach dem Mund. Aber seit er gesagt hat, dass nicht alle Berliner Verwaltungsangestellten übernommen werden können, sieht es anders aus. Wir sind ja ein Wirtschaftsunternehmen und die Verwaltung wird von unseren Steuern bezahlt. Wenn er sagt, das muss geprüft werden, dann ist er doch ehrlich. Dann hat er doch recht. Und dann ist er kein Populist. Oder?

Ulf S. (55), Lehrer:
Vielleicht liegt es daran, dass ich 68 schon im Schuldienst war. Natürlich hatten wir Sympathien für die Studentenbewegung, aber die Hauptsache war, Brötchen für die Familie zu verdienen. Das hat sich auch in der Haltung zur Bildungspolitik gespiegelt. Als Brandt kam, wurde der Ton lockerer. Auch an den Schulen. Alles wurde freier und bunter, das war gut. Aber es gab Kollegen, die den Unterricht nur noch als Diskussionsforum gesehen haben. Wenn man

deren Klassen übernommen hat, musste man erst einmal den Stoff des vergangenen Jahres nachholen. Dann standen die Eltern auf der Matte und wollten wissen, warum es plötzlich so viel Hausaufgaben gibt und auch noch die Noten schlechter werden. Keiner steht gern als der böse Pauker da. Aber wir haben schließlich eine Verpflichtung gegenüber den Schülern. Irgendwann müssen sie das Abitur schreiben und suchen eine Stelle oder einen Studienplatz. Da ist es dann schon besser, wenn sie sich nicht nur in politischer Argumentation geübt haben.

Irgendwie klemme ich zwischen den Flakhelfern und den 68ern. Too young to fight, too old to rock n' roll (lacht). Jedenfalls habe ich nie rechts gewählt. Und ich sehe auch Wolff nicht als Rechten, egal was die Zeitungen schreiben. Wenn die Anforderungen und die Leistungen der Schüler sinken, dann ist das nicht links oder rechts. Sondern ein Problem. Und zwar ein Problem, über das sonst niemand spricht.

13

PENDELDIPLOMATIE

Die Eltern meiner Mutter kamen aus Reichenberg. Ein verträumtes Städtchen im Sudetenland, nahe der bayerischen Grenze. Es hätte ihnen gefallen, wie sich die Demonstrationen in eine friedliche Revolution verwandelten und die Menschen über den Fall der Mauer jubelten. Ihre Hoffnung war gewesen, bis zur Jahrtausendwende zu leben. 1989 hätten sie immerhin noch das Ende des zwanzigsten Jahrhunderts erlebt und im Oktober 1990 die deutsche Einheit. Sie waren 1912 und 1914 als Untertanen des Österreichischen Kaisers geboren worden, in einer Monarchie, die sie gelobt hatten, weil sie sich auf Bahn, Post und Verwaltung beschränkte. 1918 zerbrach der österreichisch-ungarische Vielvölkerstaat und die Tschechen und Slowaken bekamen, wofür sie seit Jahrzehnten gekämpft hatten: Einen eigenen Staat. Das Problem war, dass es auch in diesem Staat eine große Minderheit gab, die diesmal nicht slawisch, sondern deutsch sprach. Anders als von Präsident Wilson versprochen, durften die deutschen Gebiete nicht über die Zugehörigkeit zu dem neuen Staat abstimmen. Gleichzeitig betrieb die Regierung in Prag die Ansiedlung von Tschechen, die Einrichtung von tschechischen Schulen und die Senkung des Anteils deutschsprachiger Bürger im Staatsdienst. Auch die Slowaken mussten akzeptieren, dass Tschechisch die einzige Sprache des Landes wurde. Die Tschechisierung in den deutschsprachigen Gebieten verstärkte die Spannungen zwischen den Bevölkerungsgruppen.

Mein Großvater war Sozialdemokrat. Er erzählte von einem Treffen mit tschechischen Genossen. Der deutsche Vorsitzende hieß »Tschech«, sein tschechisches Gegenüber trug den Namen »Nemec«. Obwohl der Deutsche den Tschechen und der Tscheche den Deutschen im Namen trug, verstanden sie sich nicht. Schon im Krieg hatte sich die nationenübergreifende Solidarität der Arbeiterschaft nicht durchgesetzt, unter dem Assimilierungsdruck der tschechischen Regierung verschwand sie völlig.

Die Plakate umwanden die grauen Fassaden des Ostens wie bunte Bänder. Ein Spiralnebel in rot und gelb, violett und braun, blau und grün. Das BÜNDNIS hatte leuchtendes Orange gewählt. Eigentlich war es gar kein Bündnis, sondern vor allem Wolffs Person, um die sich nun eine erstaunliche Zahl von Wählern und Mitgliedern geschart hatte. Heufeld hatte den Namen vorgeschlagen, um den richtungsübergreifenden Anspruch der Partei zu betonen. Der Zusatz FÜR BERLIN stammte von Wolff, um den Anspruch eines von Berlin ausgehenden Neubeginns zu unterstreichen. »Wenn die Wiedervereinigung in Berlin vorankommt, gelingt sie im ganzen Land.« Außerdem kam die Erwähnung der Stadt dem Wahlkampf entgegen. Von Berlin hing alles ab. Wenn das BÜNDNIS hier scheiterte, war das das Ende der Partei.

Nach Bekanntwerden der Umfrageergebnisse hatten Wolff, Heufeld, der Pressesprecher und ich die Kandidatenliste für die Wahl durchgesehen. Wolff sollte die Liste anführen und Heufeld stand als Organisator und Finanzier auf dem zweiten Platz. Außerdem waren ein schwarzer Manager vorgesehen, der aus Namibia stammte und bislang als Marketingleiter für eine Messe gearbeitet hatte, eine tschechische Kardiologin, die seinerzeit die Charta 77 unterstützt hatte, ein ehemaliger Sportler aus Ostdeutschland, der für eine Elektronikfirma arbeitete, ein Verleger, eine Fernsehmoderatorin, eine Computer-Unternehmerin, ein ehemaliger Sprecher des Verteidigungsministeriums und ein Professor für Physiologie. Wir waren zuversichtlich, dass der Parteitag zu einer größeren Bekanntheit der Kandidaten führen und eine weitere Stärkung des BÜNDNIS mit sich bringen würde.

Reichenberg überstand den Krieg unversehrt. Die tschechische Exilregierung hatte Plünderungen der böhmischen Städte und Dörfer verhindert. Auch Vergewaltigungen blieben die Ausnahme. Mein Großvater Karl hatte in Russland gekämpft, seit dem Sommer 1944 hatte es keine Nachricht von ihm gegeben. Meine Großmutter wollte ihre Heimatstadt und das Haus, in dem ihre Familie seit zwei Jahrhunderten gelebt hatte, nicht verlassen. Sie hatte eine kleine Textilmanufaktur geerbt, in der sie auch ihren Mann, meinen Großvater, kennengelernt hatte. Karl hatte als einfacher Arbeiter begonnen, dessen Auswahl von Mustern für das Bedrucken der Stoffe auf allgemeine Zustimmung stieß. Er zeichnete eigene Entwürfe, die in der Manufaktur meines Urgroßvaters umgesetzt wurden, und ging später nach Prag, um an der deutschen Universität zu studieren. Mein Urgroßvater, sein Arbeitgeber, hätte ihm gern das Studium finanziert – vermutlich auch, um ihn in der Firma zu halten. Karl lehnte ab und bestand darauf, nur die Entwürfe entlohnt zu bekommen, die er nachts zeichnete. Er war in ärmlichen Verhältnissen ohne Vater aufgewachsen, er wollte nie etwas geschenkt haben. Seine Mischung aus Eigensinn und Begabung wurde Tischgespräch in der Villa des Fabrikanten und erregte die Aufmerksamkeit der Tochter des Hauses. Die bisher sporadischen Reisen, die sie mit ihrer Mutter nach Prag unternahm, wurden regelmäßiger. Dort erledigten sie nicht nur Einkäufe, sondern trafen sich auch, zum Missfallen des Patriarchen, mit dem ebenso widerspenstigen wie vielversprechenden jungen Mann. Aus den Besuchen der Fabrikantentochter bei dem Studenten wurde eine dauerhafte Bindung, die mit einer Verlobung besiegelt wurde, als Karl nach Reichenberg zurückkehrte. Es war für ihn in vielerlei Hinsicht eine Heimkehr – in seine Heimatstadt, zu seinem alten Betrieb, zu der von ihm angebeteten Tochter des Manufakturinhabers, aber auch in den Kreis einer Familie, die er als Kind nicht gehabt hatte.

Mein Name erschien weder auf der Liste der Kandidaten für das Landesparlament noch der Redner für den Parteitag. Zum einen hätte sich ein Soziologiestudent im zweiten

Semester neben den arrivierten Biographien merkwürdig ausgenommen, zum anderen legte ich wenig Wert darauf, in der Öffentlichkeit zu erscheinen. Auch wenn ich meine ganze Zeit in die Kampagne steckte, wohnte ich noch mit Hagen und seinen Freunden in Mitte. Nach und nach hatten sich die leeren Wohnungen des Hauses mit schwarz gekleideten Gestalten gefüllt, die rote Sterne auf ihre schwarzen Lederjacken gemalt hatten. Die autonom-alternative Szene hatte Mitte zu ihrem neuen Lieblingsbezirk erkoren. Unsere neuen Nachbarn gaben sich wild und ungebunden, stammten aber durchweg aus gut situierten Akademikerfamilien in Bayern und Baden-Württemberg. Am Anfang machte ich mir noch einen Spaß daraus, zu fragen, ob der Vater eines Neuankömmlings Arzt, Rechtsanwalt oder Lehrer war. Als ich hörte, wie sie über Wolff sprachen, wurde ich vorsichtiger. Nicht, dass ich mich bedroht gefühlt hätte. Hinter der Fassade ungebundener Revoluzzer verbarg sich zu offensichtlich tiefe Verunsicherung. Aber es war mir unangenehm, in dem Haus mit dem BÜNDNIS in Verbindung gebracht zu werden. Dort wollte ich in Ruhe wohnen und nicht Diskussionen über Strategie und Ziele des Antifaschismus führen. Den Anzug, den ich mir für offizielle Termine für das BÜNDNIS gekauft hatte, trug ich, wenn es nötig war, in einem Rucksack aus dem Haus. In der Toilette eines Cafés in der Nähe des Parteibüros zog ich mich dann morgens um. Bevor ich abends nach Mitte fuhr, wechselte ich auch wieder die Kleidung. Die Leute im Café kannten das schon und machten ihre Witze. »Eh Supermann, zieh dich doch in einer Telefonzelle um.« Aber weil ich immer einen Kaffee bestellte, bekam ich keinen Ärger. Mir war unwohl, mein

Dasein der jeweiligen Umgebung anzupassen. Mehr noch: Die Heimlichkeit, mit der ich meine Kleidung wechselte, beschämte mich. Aber weder wollte ich aus der Wohnung ausziehen, noch würde ich Wolff im Stich lassen. In meinem Kopf gab es keinen Widerspruch: Das Haus gehörte ebenso zu meinem Traum wie der Erfolg im Wahlkampf. Und war Berlin nicht das steingewordene Versprechen, Gegensätze leben zu dürfen? Aber die Angst blieb, dass sich mein Leben wieder in unvereinbare Bestandteile aufspalten würde. Eine weitere Entzweiung nach meinen Eltern, die sich als unverträglich erwiesen hatten, und die ich doch in mir trug, nach dem Zwiespalt zwischen dem Verlangen nach Meike und der Freundschaft zu Anton. Immerhin war es diesmal anders: Nicht die Unverträglichkeit meiner Wünsche mit der Wirklichkeit quälten mich, sondern dass ich zwei Wege gleichzeitig beschritten hatte. Ein Übergang von passivem Leiden in aktives. Aber vielleicht ging es gar nicht um das Haus und die Politik, um Hagen und Wolff, vielleicht entstand diese Spaltung in mir und erzeugte in meiner Umgebung immer wieder Abbilder der Uneinigkeit. Vielleicht trug ich einen Virus in mir, der meine Umgebung vergiftete, vielleicht war ich selbst eine wandelnde Autoimmunkrankheit, ein portables Schisma, das alles, was mit mir in Kontakt kam, in Gegensätze auflöste. Ein König Midas der Polarisierung, der sich und seine Umgebung über sein Wesen zu täuschen suchte. Der aus Feigheit auf einer Toilette sein Aussehen veränderte, sich einredete, seinen Träumen treu zu bleiben und sie genau dadurch verriet. Der sich mit großen Schritten wieder der Unentschiedenheit, der Beliebigkeit, dem Niemandsland näherte, aus dem er vor kurzem entflohen war.

Die Spannungen zwischen Tschechen und Deutschen hatten einen sozialen Hintergrund. Die deutschsprachigen Gebiete an den Grenzen zu Österreich, Bayern und Schlesien umschlossen Prag wie ein kompakter, nach Osten geöffneter Kreis. Diese Gebiete waren weiter industrialisiert und wohlhabender als das übrige Land. Und sie waren, bis auf wenige Sprachinseln, ethnisch homogen. Die Durchmischungs- und Umverteilungspolitik der tschechoslowakischen Regierung war in allen Kreisen der deutschsprachigen Gebiete unpopulär. Sie erschien auch den deutschen Arbeitern als Bedrohung ihres Lebensstandards und ihrer Kultur. Zumal eine solche Einmischung des Staates in das Leben des Einzelnen unter der Donaumonarchie nicht üblich war. »Erst haben sie uns die versprochene Selbstbestimmung verweigert. Dann haben sie Tschechen in Reichenberg angesiedelt und sie bei der Vergabe von Staatsämtern und Aufträgen bevorzugt. Es ist ein Unglück, wenn der Staat die Menschen erziehen will.«

Die Geburt meiner Mutter war für meinen Großvater ein großes Glück. Er wollte für das Kind der Vater sein, den er selbst nie hatte. Es war nicht leicht gewesen, als uneheliches Kind in der ländlichen Umgebung Reichenbergs aufzuwachsen. Sein Vater war ein tschechischer Dragoner gewesen, der die Mutter noch vor seiner Geburt verlassen hatte. Diese Eröffnung seiner Mutter ließ ihn in der von Feindseligkeiten zwischen den Volksgruppen geprägten Zwischenkriegszeit zunehmend die Bewahrung der deutschen Rechte und Kultur vertreten. Vor dem Hintergrund des Familienglücks mit seiner Frau und seiner Tochter, aber auch des Aufstiegs vom Arbeiter zum studierten Fachmann und stellvertretenden Leiters der Firma erschien ihm seine Kindheit zunehmend wie ein böser Traum. Politisch hielt er an seinem früheren Leben fest und besuchte regelmäßig Treffen der sozialdemokratischen Partei.

Das Münchner Abkommen war in diesen Kreisen gespannt verfolgt und als Wiedergutmachung einer Dekade der Unterdrückung begrüßt worden. Hitler und Henlein, sein örtlicher Ableger, galten zwar als politische Gegner und unangenehme Zeitgenossen, aber immerhin versprachen sie das Ende der Gängelung durch die Regierung in Prag. Von der Verfolgung der Kommunisten und Sozialdemokraten in der Folge der Machtergreifung 1933 hatte man in Reichenberg nur andeutungsweise erfahren. Insgeheim fühlte man sich im deutschsprachigen Böhmen den rückständigen Gebieten jenseits der Grenze zu Österreich und Bayern wirtschaftlich überlegen und versprach sich von der Angliederung an das Reich bessere Absatzbedingungen. Und das kulturelle Zentrum des Sudetenlandes würde ohnehin Wien bleiben, so viel schien klar.

Wolffs Umfragewerte waren beeindruckend. Wir hatten gute Chancen, ein zweistelliges Ergebnis zu erreichen, was vor den Fernsehdebatten aussichtslos erschienen war. Die Haltung der Volksparteien schwankte zwischen Misstrauen und vorsichtigem Interesse. Einerseits wirkte Bethgens Isolierungskampagne nach, andererseits hatten weder das linke noch das bürgerliche Lager ohne uns eine Mehrheit. Dann befragte ihn eine alternative Stadtzeitung zu seiner Haltung in der Integrationsfrage. Das Ziel war, ihn der Ausländerfeindlichkeit zu überführen. Wolff antwortete sinngemäß, er hätte nichts gegen Türken, besonders nicht gegen die homosexuellen, die unter der Verfolgung ihrer Landsleute leiden müssten. Mitten in dem Aufschrei der türkischen Gemeinde, die erklärte, in ihren Reihen gäbe es keine Homosexuellen, lobten die Schwulenverbände Wolffs Offenheit. Als dann auch noch in Schwulenbars Plakate des BÜNDNIS auftauchten, ruderte das linksliberale Spektrum zurück und fing an, die Grenzen der Rechte von Ausländern auf kulturelle Selbstbestimmung zu diskutieren. Das brachte die Diskussionshoheit des Rathauses vollends ins Wanken. Bethgen konnte schlecht in Anspruch nehmen, die Stadt vor den rechtsextremen Umtrieben eines Kandidaten zu schützen, der im linken Lager Wertschätzung genoss. Je mehr Wolff parteiübergreifend akzeptiert wurde, desto weniger galt er auch der bürgerlichen Presse als demagogischer Nestbeschmutzer. Vielmehr wurde versucht, ihn als Koalitionspartner ins Gespräch zu bringen. Seine Vorschläge zur Lohnpolitik in Ostdeutschland, zum Subventionsabbau und der Senkung der Staatsquote wurden zunehmend diskutiert. Dann stellte er fest, dass im Falle der Beteiligung des BÜNDNIS an einer Regierung Kündigungen im überbesetzten öffentlichen Dienst beider Teile der Stadt kein Tabu sein dürften. Bethgen wurde nur mit Not der Empörung seiner Verwaltung Herr und nannte Wolff einen »verbalen Brandstifter«. Daraufhin fühlte sich der Verband der mittelständischen Wirtschaft aufgerufen, seinerseits die Frage zu stellen, wer hier eigentlich der Populist sei. In einem Interview nannte der Vorsitzende der Industrie- und Handelskammer es eine stadtbekannte Tatsache, dass der öffentliche Dienst in Westberlin aufgrund der Insellage aufgebläht worden sei. Was zu Mauerzeiten vertretbar gewesen war, um steuerzahlende Einwohner in der Stadt zu halten, müsse jetzt korrigiert werden. Gleichzeitig könne man kaum davon ausgehen, dass die bisherigen Verwaltungsstrukturen der ehemaligen Hauptstadt Ostdeutschlands noch angemessen seien. Um die Stadt nicht finanziell ausbluten zu lassen, sei eine Anpassung umgehend in die Wege zu leiten. Unter dem Druck der öffentlichen Meinung und der nahenden Wahlen sah sich der Regierende Bürgermeister genötigt, von der geplanten Bestandsgarantie öffentlicher Arbeitsplätze abzurücken, was ihn dem Dauerbeschuss der Beamtenschaft und der Gewerkschaften aussetzte. Als die Einpeitscher der politischen Lager ihre Truppen wieder halbwegs gesammelt hatten, war über die Hälfte der Bevölkerung der Ansicht, dass Professor Wolff wichtige Themen ansprechen und eine stärkere Rolle in der Landespolitik spielen sollte. Von diesen fünfzig Prozent waren rund zehn bereit, ihm ihre Stimme zu geben. Die Demoskopen erklärten, ihnen sei die Erstellung eines Wählerprofils unmöglich, da die Wähler des BÜNDNIS ebenso wenig traditionellen Lagern zuzuordnen seien wie der Spitzenkandidat selbst.

Mein Großvater wurde 1942 eingezogen und kam erst 1947 wieder aus der russischen Kriegsgefangenschaft frei. Er hat nie schlecht über die Russen gesprochen. Man hatte ihn in einem Außenlager eingesetzt, das Verwaltungsgebäude in die Taiga baute. Im Winter musste der Mörtel über einem Feuer gekocht werden, damit er nicht einfror. Es gab eine deutsche Schicht, die in der Nacht baute, und eine russische, die am Tag mauerte. Die tagsüber gebauten Wände waren so schief, dass man sie nachts wieder einreißen musste, bevor man mit der eigenen Arbeit begann. Weil die deutsche Schicht dadurch die Norm nicht einhielt, wurde ihr das zugeteilte Essen gekürzt. In dieser Situation bat der Großvater um ein Gespräch mit der russischen Lagerleitung. Vielleicht hatten die Russen Angst vor Unruhen, vielleicht ließ ihn sein Tschechisch vertrauenswürdig erscheinen – seiner Bitte wurde jedenfalls entsprochen. Das Ergebnis war, dass die Deutschen die rechte Seite des Gebäudes errichteten, die Russen übernahmen die linke. Als die rechte Hälfte vollendet war, baute die deutsche Schicht die linke zu Ende – bei ungekürzten Essensrationen.

Bestimmt zwanzig Mal habe ich zugesehen, wie Wolff auf einem Podium saß, im Lesesaal einer Bibliothek oder dem Gemeinschaftsraum einer sozialen Einrichtung. Er war freundlich und verbindlich, geradezu herzlich im Ton. Gleichzeitig hielt sein Äußeres das Publikum auf Abstand. Er war der einzige Politiker der Stadt, der Einstecktücher und Manschettenknöpfe trug. Er ließ sich die Einrichtung erklären, fragte nach Problemen und Verbesserungsvorschlägen, hörte zu, war geduldig, versuchte in ein Gespräch zu kommen. Seine Antworten waren knapp, aber präzise. Diese Kargheit kam gut an, weil sie die Frage nicht als Aufhänger für Versatzstücke vorher eingeübter Sätze benutzte. Sie war das preußische Gegenstück zu den gängigen Reden der politischen Klasse. Außerdem wurde Wolff ernst genommen, weil er quer zu den politischen Linien argumentierte.

Die private Wirtschaft, die Händler, Ladenbesitzer und Unternehmer nahmen den Staat als Krake wahr, der sie mit immer absurderen Vorgaben gängelte und unnötige Kosten verursachte. Tatsächlich waren weniger Bürokratie und Regulierung wichtige Themen für Wolff. Gleichzeitig fragte er nach den Konsequenzen des Verlustes von Gesundheit und Besitz. »Wie wäre Ihr Leben verlaufen, wenn Sie in einer armen Familie aufgewachsen wären? Hätten Sie nicht den Anspruch, dass die Gesellschaft Ihre Anstrengungen belohnt?« Die Tüchtigen und Wohlhabenden sollten die Welt mit anderen Augen sehen, die Bedürftigen sollten nicht nur auf ihre Ansprüche pochen. Sie sollten entscheiden, wie sie dieses Land einrichten würden, wenn sie krank, alt und allein wären. Dem Teil des Publikums, der auf eine Verstetigung oder Erhöhung von Transferleistungen hoffte, stellte er die umgekehrte Frage. »Wenn Sie Geld hätten, wo würden Sie investieren? Welche Leistungen helfen den Menschen, Eigeninitiative zu entwickeln?« Fast alle ließen sich auf das Experiment ein. Dann entspannte sich Heufeld neben mir und murmelte: »Sokrates auf der Agora.«

Nach Kriegsende bemühte sich meine Großmutter unter Verweis auf die sozialdemokratische Parteimitgliedschaft meines Großvaters um eine Bleibegenehmigung in der Tschechoslowakei. Dafür gab es ein Formblatt, von dem in Prag allerdings nur zweitausend Exemplare gedruckt worden waren. In Reichenberg war keines verfügbar. Immerhin erreichte ihre Vorsprache beim Amt, dass sie nicht in der ersten Welle deportiert wurde. Allerdings musste sie wie die anderen Deutschen eine weiße Armbinde mit einem schwarzen N für Nemec tragen. Mit dieser Armbinde durfte sie nicht mehr die Straßenbahn und andere öffentliche Einrichtungen benutzen. Es fiel ihr schwer, für ihren Sohn genug Essen zu beschaffen, weil ihr als Deutscher die Lebensmittelkarten gekürzt worden waren. Auf dem Dorf, wo ihre Schwester wohnte, gab es mehr Lebensmittel. Aber es war ebenso verboten, den Zug zu benutzen, wie sich weiter als sieben Kilometer vom Wohnort zu entfernen. Sie sprach jede Woche beim Amt vor, die Auskünfte waren hinhaltend. Kurz vor Weihnachten 45 wurde sie angewiesen, ihre Heimatstadt bis zum übernächsten Tag zu verlassen. Sie packte einige Habseligkeiten und ihr sechsjähriges Kind, meine Mutter, auf einen Schlitten und zog sie durch den hohen Schnee über die Grenze. Der tschechische Grenzposten nahm den Fellsack, in dem die Füße meiner Mutter steckten, an sich.

Die Fähigkeit, Fragen zuzulassen und zuzuhören, war wesentlich für die Zustimmung zur Politik des BÜNDNIS. Wolffs Kleidung und Auftreten war eine Provokation im schwarzgrauen linksalternativen Berlin, aber vielleicht half diese Irritation, ein Gespräch in Gang zu bringen. Jedenfalls steigerten Wolffs Fragen die Spannung der Treffen bis zu einem Punkt, an dem die Stimmung umzuschlagen drohte. Dann zitierte er ausgewählte Teile des Parteiprogramms. Heufeld nannte diesen Teil der Veranstaltung »den Stern der Hoffnung in der Schwärze der Nacht.« Anschließend bewegte er sich im Rhythmus von Hand-Hand-Blick-Arm durch die Menge. Um den Erfolg der Veranstaltungen zu messen, gaben wir Umfragen in Auftrag. Die Zahl derer, die angaben, dass sie einen »persönlichen und intensiven Kontakt mit dem Kandidaten« gehabt hatten, war unplausibel hoch. Es war vom Zeitrahmen und seiner physischen Präsenz her unmöglich, dass Wolff all diesen Menschen die Hand geschüttelt hatte. Ein Fehler durch das Umfrageinstitut konnte ausgeschlossen werden. Es musste sich um ein Stellvertreterphänomen handeln, eine Massensuggestion, eine Multiplikation der Zuwendung Wolffs durch eine besondere Aufmerksamkeit der Teilnehmer, die sie anderen Rednern versagten.

Die Aussicht, einer neuen Bewegung anzugehören, die sich jenseits der ausgetretenen politischen Pfade bewegte, wirkte wie ein Magnet. Auffällig war die hohe Zahl von eingebürgerten Deutschen, die ihre Unterstützung für Wolff mit einer Begrenzung der Zuwanderung begründeten. Apotheker libanesischer Herkunft, in Persien geborene Ärzte und türkische Unternehmer sprachen sich für eine Steuerung der Immigration nach wirtschaftlichen Gesichtspunkten aus.

Auf der sächsischen Seite der Grenze wurde meine Großmutter auf dem Bürgermeisteramt mit den Worten empfangen: »Da seht ihr, was ihr davon habt, dass ihr dem Hitler hinterhergelaufen seid.« Ihre Antwort, dass ihr Mann Sozialdemokrat sei, verbesserte die Situation nicht. Der Dorfvorsteher wies ihr das ungeheizte Wartezimmer des Amtes zu. Damit ihr Kind in einem Bett schlafen konnte, lief sie am nächsten Tag von einem Bauern zum nächsten, um ihre Dienste als Magd anzubieten. Gegen Abend kam sie auf einem Hof unter, wo sie bis zum Frühjahr ein wenig Geld verdiente, um sich zu einer Kusine nach Plauen durchzuschlagen, der einzigen nicht vertriebenen Verwandten, die noch am Leben war. Nach seiner Freilassung 1947 fand mein Großvater über das Rote Kreuz seine Familie. Auch wenn sie Haus und Heimat verloren hatten, waren die Großeltern voll tiefempfundener Dankbarkeit, sich gesund wiederzusehen.

In Plauen fand mein Großvater Arbeit in einer Weberei, aber bald zog es ihn in den Westen. Es war nicht die schwierige Versorgungslage in der sowjetischen Besatzungszone, eher die Abhängigkeit von dem betrieblichen Politkommissar. Dann blockierte die Sowjetunion im Sommer 48 die Eisenbahn- und Straßenverbindungen nach Westberlin und unterbrach die Stromversorgung. Die Westalliierten richteten eine Luftbrücke ein, mit der alle Nahrungsmittel, Medikamente, Maschinen und auch Benzin und Kohle nach Berlin eingeflogen wurden. In Plauen erfuhr man davon nur durch Gerüchte, aber diese waren beeindruckend genug. »Alle drei Minuten ein Flugzeug«, sagte mein Großvater später zu mir, »am Ende fast dreizehntausend Tonnen am Tag. Trotzdem haben die Westberliner gehungert und gefroren in diesem Winter, viele sind gestorben. An Hunger, an Kälte und an fehlenden Medikamenten. Aber sie haben durchgehalten bis zum Mai 49.« Bis Anfang der fünfziger Jahre wurden noch viele Flüchtlinge in den Notaufnahmelagern abgewiesen, aber als die DDR ab 1952 die innerdeutschen Grenzen befestigte, war klar, dass der Weg nach Westen bald angetreten werden musste. Im Dezember 53 zogen meine Großeltern alle Kleider, die sie besaßen, übereinander an, fuhren mit der Bahn von Plauen nach

Berlin und bestiegen dort die Ringbahn. Aus Angst vor Kontrollen wagten sie nicht auszusteigen, als die S-Bahn den Westen durchquerte. Sie umrundeten den Ring zweimal, bis sie endlich den Mut fanden, auf den Bahnsteig zu treten. Über das Durchgangslager Mariendorf kamen sie nach Westdeutschland. Mein Großvater fand eine Anstellung als Textilingenieur auf der schwäbischen Alb, in den Fünfzigerjahren ein Zentrum der Bekleidungsindustrie. Sie haben es nie bereut, in den Westen gegangen zu sein. Mit Trauer erinnerten sie sich an Reichenberg, die Stadt ihrer Jugend. In ihrer Wohnstube hing ein Foto vom Elternhaus meiner Großmutter und bis zu ihrem Tod begleitete sie die Sehnsucht nach den böhmischen Hügeln und Bächen.

Während ich Wolff im Wahlkampf zusah, drängten sich Erinnerungen an meinen Großvater in meine Gedanken. Während der ersten Jahre im Internat hatte ich die von Mettmann aufgeschnappten Anklagen gegen Kapitalismus, Umweltzerstörung und Imperialismus bei ihm abgeladen. Eigentlich suchte ich die Auseinandersetzung mit meinem Vater, aber seit dem Besuch in Lüneburg unterband meine Mutter den Kontakt. Er hatte abgelehnt, mich zu sich zu nehmen, und sich auch im Internat nicht gemeldet. Dagegen besuchte ich meine Großeltern regelmäßig – sie riefen an, sprachen mit meiner Mutter und schickten Geld für die Bahnfahrt. Meinem Großvater war anzusehen, dass er meine Argumente wirr und abstrus fand, aber er hörte mir zu und wollte dann wissen, warum genau ich mich für den Regenwald und den Hunger in Afrika und die Todesschwadronen in Südamerika verantwortlich fühlte. Dann versuchte ich darzulegen, wie das alles mit dem Kolonialismus und der Marktwirtschaft zusammenhing, aber was sich bei Mettmann plausibel anhörte, kam nur als unklares Kauderwelsch aus meinem Mund.

Doch bald stellte ich fest, dass ihn das Wort Appeasement zuverlässig aus der Fassung brachte. Mettmann hatte gesagt: »Chamberlains Kniefall vor Hitler war der Beginn des Zweiten Weltkriegs.« Offenbar war das nicht ganz falsch, auch wenn die Sudetendeutschen damit eine Art Anfangsschuld zugewiesen bekamen. Sie waren da und ihre Existenz war ein Problem. Diese Situation kannte ich. War Wilson zur Verantwortung zu ziehen, oder Masaryk mit seinem Gerede von der Entgermanisierung, oder der Vertrag von St-Germain-en-Laye, der fraglos ein Diktat war? Letztlich die Sudetendeutschen, entschied ich, warum sollte immer nur ich schuldig sein und zu viel und überflüssig, so dass ich meiner Mutter und meinem Vater wie eine Gräte im Hals steckte und sie mich in dieses Regenloch von Internat hatten verbannen müssen. Wenn ich schon leiden musste, sollten andere auch leiden.

Er wurde nicht wirklich laut, eher ungeduldig und traurig. Seine Stimme war dann strenger, aber auch brüchiger. Er erzählte von der Tschechoslowakei der dreißiger Jahre, vom Krieg und der DDR und an einigen Stellen wurde ich fast schwach. Natürlich war es ungerecht, ihm, dem alten Sozialdemokraten, in meiner künstlichen Erregung und Unwissenheit Vorhaltungen zu machen: Aber es bereitete mir ein sadistisches Vergnügen, ihm an dieser Stelle Schmerzen zuzufügen. Denn eigentlich war es mein Schmerz, um den es mir ging und in dem ich nicht allein sein wollte. Hinter meiner selbstgerechten Kälte stand die Verzweiflung, keinen Zugang zu meiner Mutter oder meinem Vater zu finden, und das Gefühl, wurzellos und verlassen zu sein. Dabei war mein Verhalten mehr als ungerecht, denn er war nicht der Verursacher meiner Haltlosigkeit, vielmehr gaben mir erst die Nähe zu ihm und meiner Großmutter den Mut, ihn anzuklagen. Der ideologische Generalverdacht gegen die Älteren machte es mir leicht, seine Argumente als Beschwichtigung zu deuten und seine Sachlichkeit als Schwäche zu erklären. Er konnte in jeder Zeitung lesen, dass meine Haltung gesellschaftsfähig war. Es war eine Verschiebung von der Welt, der Gesellschaft, in der ich keinen Platz fand, auf ihn als Vater meiner Mutter. Meine Eltern hatten keinen Raum für mich in ihrem Leben und das Internat war kein Ort, eher eine Form der Zwischenlagerung, ein latentes Dasein wie das eines Virus, das Jahre ohne Wasser und Nahrung existiert, um dann bei passender Gelegenheit zum Leben zu erwachen. Mein Großvater hörte mir zu, er beschäftigte sich mit mir, aber er war zugleich ein Vertreter derjenigen, die zufrieden mit sich und der Welt waren, froh über die Verhältnisse der Bundesrepublik nach den Jahren der Diktatur und dankbar für die Möglichkeiten, die ein demokratisches Deutschland bot. Seine Gegenwart als Repräsentant einer gerechten Gesellschaft, eines guten Staates und eines gelingenden Lebens erregte meinen Widerspruch. Wie konnte er ein Land gutheißen, das mir unerträglich war, und das gute Leben loben, während ich verzweifelte? Meine Großmutter war für politische Gespräche nicht geeignet, außerdem war sie eine Frau und konnte für die Ordnung der Dinge nicht verantwortlich gemacht werden. Wenn mein Großvater an meinen Worten litt, konnte ich meinen eigenen Schmerz spüren, er vereinigte sich auf eine unsaubere und doch aufregende Weise mit dem seinen und ich fühlte mich ihm nah und spürte eine verschwommene Hoffnung, dass sich mein Unwohlsein mit mir selbst und der Welt doch noch auf irgendeine unvorhersehbare Weise als sinnvoll erweisen werde.

Als ich Wolff beim Wahlkampf zusah und stolz war, hinter der Bühne zu stehen und ihm zuzuhören, tat mir mein Verhalten zum ersten Mal leid. Es waren nicht nur die Veränderungen seit dem Mauerfall und die neuen Perspektiven. Wolff hatte meine Ambivalenzen in sich aufgesaugt, den Unmut über mein Dasein ebenso wie die Trauer über den Tod meines Großvaters. Erst jetzt, da ich Wolff nah war, konnte ich fühlen, welchen Abgrund mein Eigensinn und meine Selbstsucht zwischen uns aufgerissen hatten. Wolff saß auf dem Podium, ich stand im Publikum und dachte an meinen Großvater und daran, dass er gestorben war, ohne dass mir ein verständnisvolles Wort über den Verlust seiner Heimat über die Lippen gekommen war.

14

Dehnung

Seit unserer gemeinsamen Nacht hatte ich Meike nicht mehr gesehen. Von ihr war nur ein Zettel mit dem Abdruck ihres Mundes in Lippenstift geblieben, darunter stand »Danke, M«. Er hing an meinem Spiegel im Badezimmer. Abends, wenn ich in meinem Bett lag, hatte ich mir schon oft vorgenommen, ihn abzuhängen – und ließ ihn am Morgen dann doch an seinem Platz.

Auch aus Scham habe ich nicht versucht, den Kontakt zu halten, mich mit ihr zu treffen oder wenigstens anzurufen. Aus der Ferne betrachtet waren Meike und Anton ein schönes Paar. Als ich nach Berlin kam, war ich ihr größter Bewunderer gewesen, ein Trabant, der sie umkreiste, ein Beiwerk, das ihren Glanz noch verstärkte. Mit der Zeit wurden meine Kreise zu Ellipsen, ich kam Meike näher und unser Planetensystem löste sich auf. Es war nicht richtig, dass ich in Meikes Beziehung eingebrochen war und Antons Freundschaft betrogen hatte, und ich bereute, was ich getan hatte. Gleichzeitig empfand ich eine trotzige Zufriedenheit über den Umstand, dass ich Anton Widerstand entgegengesetzt hatte. Dass ich bewiesen hatte, dass ich auch da war.

Eine Woche vor dem Parteitag kam der Pressesprecher zu mir und fragte, ob ich Meike kenne. Sie hatte eine Interviewanfrage für Wolff gestellt und sich auf mich berufen. Es fiel schwer, ruhig zu bleiben und wie beiläufig zu antworten: »Ja richtig, eine Bekannte, wir haben über ein Interview gesprochen.« Der Pressesprecher sah verwundert auf meine Ohren, die vor Aufregung glühten. »Vielleicht wäre es gut, wenn ich bei dem Gespräch dabei wäre«, ergänzte ich, und, weil mir der Satz unvollständig vorkam, »weil ich den Kontakt hergestellt habe.«

»Trifft sich gut, nächste Woche bin ich nicht verfügbar«, antwortete der Pressesprecher halb grinsend, halb irritiert, »lass mich bitte über den Text sehen, bevor du ihn freigibst.«

Als ich sie im Büro anrief, klang ihre Stimme freundlich, aber glatt. Es gab keinen Spalt, an dem ich hätte ansetzen können, um nach Anton zu fragen oder ob sie Platz für mich in ihrem Leben hätte. Wahrscheinlich war ich ebenso abweisend und ihre Antworten nur ein Echo meiner Sorge, mir eine Blöße zu geben. Am Ende des Gesprächs sagte ich: »Übrigens werde ich bei dem Interview dabei sein.« Sie schwieg. In die Stille setzte ich nach: »Es macht dir doch nichts aus?«

»Nein«, antwortete sie ein wenig zu schnell, »natürlich nicht.«

Es freute mich, Meike zu sehen und ihre Wärme zu spüren. Wir plauderten über den Wahlkampf und lachten, als ob es nie mehr zwischen uns gegeben hätte. Es fühlte sich gut an, unter dem Geplänkel und den Scherzen eine unausgesprochene Nähe zu spüren, eine Vertrautheit, die nur uns gehörte und die wir – so schien mir unsere Übereinkunft – vor der Außenwelt eifersüchtig hüten würden.

Als Wolff durch die Tür trat, stellte ich ihn Meike vor. Obwohl ich mich um Korrektheit bemühte, glaube ich, dass er bemerkte, wie unsicher ich mich fühlte. Mit Wolff und Meike trafen zwei Welten aufeinander, die in mir verknüpft waren. Ein Teil von mir versuchte, die Vertrautheit mit Meike aufrechtzuerhalten, während ein anderer Wolffs Anerkennung suchte.

Während ich ihre Gegenwart überdeutlich empfand, schienen Wolff und Meike mich immer weniger wahrzunehmen. Sie hatten sich schon gesetzt, als ich noch verloren in der Mitte des Raums stand und versuchte, meine Empfindungen zu ordnen. Zögernd setzte ich mich, während Wolff Meike fragte: »Wollen wir?«

TAGESBLATT: »Herr Professor Wolff, Ihre Partei hat in den letzten Wochen einen erheblichen Stimmenzuwachs erfahren. Wie erklären Sie sich das?«

WOLFF: »Es gibt in diesem Land eine tiefgreifende Umbruchsituation, die sich aus dem Mauerfall ergeben hat. Dieses Ereignis droht den Modernisierungsbedarf zu verdecken. Die Menschen wissen das. Sie sind ehrlicher und mutiger als die etablierten Parteien. Dieses Thema werden wir auf dem Parteitag nächste Woche intensiv behandeln.«

Meike hatte ein Blatt herausgeholt und die erste Frage abgelesen. Sie saß gerade auf ihrem Stuhl und blickte Wolff ernsthaft und konzentriert an. Ihre Wangen hatten Farbe bekommen, während ihr Gesicht blasser geworden war. Die helle Haut ließ das Rot ihrer Haare leuchten. Wolff schien die Situation auch zu gefallen. Er sah uns abwechselnd an, überrascht, dass ich befangen reagierte, und auch eine Spur belustigt.

Es war, als ob meine Blutbahn mit Wolff und Meike verbunden wäre, als ob ihr Denken, ihre Gefühle, ihr Wesen direkt in mich hineinflössen. Schon früher hatte es Momente gegeben, in denen ich mich bis zu einem Grad auf Wolff einließ, dass ich danach nicht mehr sagen konnte, ob ein Gedanke von ihm gekommen oder mein eigener gewesen war. Meike wirkte wie ein Katalysator, und während ich in diesem Raum stand, der immer kleiner zu werden schien, spürte ich, wie in meinen Adern Meikes Wärme auf Wolffs kühlere Strömungen traf. Wolff lächelte charmant und gab ihr die Hand, seine strenge Intellektualität und Meikes Herzlichkeit umspülten einander, zogen sich an, aber verbanden sich nicht. Mein Körper war ein leerer Behälter, ein Reagenzglas, in dem zwei Substanzen vermischt wurden, die sich umgehend wieder in zwei Phasen teilten, sobald die Bewegung zum Stillstand kam. Es war, als gäbe es mich selbst nicht mehr, nur noch Meike und Wolff, die sich in mir abstießen wie Wasser und Fett und dabei einen Druck erzeugten, der mir die Luft nahm.

Tagesblatt: »Ihre Partei und Sie werden häufig – vorsichtig ausgedrückt – als rückwärtsgewandt bezeichnet. Ihnen wird eine Schwäche für die fünfziger Jahre nachgesagt.«

Wolff: »Die fünfziger Jahre waren das Jahrzehnt der größten Umwälzung in der Geschichte Deutschlands. Davor und danach war es die staatliche Fürsorge, die die Menschen geschützt, aber eben auch bevormundet hat. In der Nachkriegszeit beschränkte sich die Rolle des Staates notgedrungen auf ein Minimum. Die Politik war klug genug, aus dieser Not eine Tugend zu machen. Mit der Förderung von Eigeninitiative und Unternehmertum wurde in den Fünfzigerjahren eine wirtschaftliche Grundlage geschaffen, von der wir bis heute zehren. Auch für die Demokratie hat sich diese Politik ausgezahlt. An die Stelle von Obrigkeitsdenken trat Eigenverantwortung.«

Meikes Gegenwart machte mich hilflos und weich, während Wolff Struktur, Klarheit und Professionalität erwartete. Gegenüber beiden hatte ich Schwierigkeiten, meine Grenzen zu wahren. Mir schien, als ob eigentlich kein Platz da wäre für beide, als ob ihre gleichzeitige Gegenwart das Zimmer unter Druck setzen würde, die Mauern zum Einsturz bringen oder wenigstens die Tür aus ihrer Fassung drücken müsste.

Tagesblatt: »Gleichzeitig kritisieren Sie die Entwicklungen der siebziger Jahre.«

Wolff: »Seit dem Ende der sechziger Jahre ist das Rad wieder zurückgedreht worden. Unter der großen Koalition 1968 hat keynesianische Ausgabenpolitik ein letztes Mal funktioniert. Seitdem wird auf Kosten der kommenden Generationen ein Strohfeuer nach dem anderen abgebrannt. Übrigens handelt es sich dabei vor allem um konsumptive Ausgaben, nicht um Investitionen in Bildung oder die Infrastruktur. Im Gegenteil, die Schulen und Universitäten verkommen zusehends.«

Mit dem letzten Satz hatte Wolff Meike erreicht. Sie nickte heftig und ich erinnerte mich, wie froh sie gewesen war, in der Redaktion statt in Seminaren zu sitzen. Wenn ich an Wolffs Vorlesungen dachte, war ich stolz, dass er mein Professor war. Es war ein Moment der Einigkeit und ich spürte, wie sich mein Körper entspannte.

Merkwürdigerweise musste ich an meine Mutter denken und wie sie sich aus ihrem Ärger auf meinen Vater ein ganzes Weltbild gezimmert hatte. Eine kleine Welt mit eigenen Regeln, gegen die man nicht verstoßen durfte, ohne die Stabilität der ganzen Konstruktion zu gefährden. Eine offene Anerkennung männlicher Autorität hätte akute Einsturzgefahr bedeutet. Schrillende Sirenen, blinkende Lichter und eine Evakuierung aus Sicherheitsgründen in Form des Entzugs mütterlicher Nähe. Meike fiel die Anerkennung Wolffs leicht – und mir mit ihr. Meine Sicht auf Wolff wurde weicher, es war nicht mehr nur eine Bewunderung intellektueller Kraft, sondern ein wärmeres Gefühl, das von Meike kommend zu Wolff floss. Mir war, als ob ich zu ihrem Verbindungsstück würde, zwischen ihnen stünde, ohne dass es mir noch Unbehagen bereiten würde.

Tagesblatt: »Ist das nicht zu eng, zu eurozentristisch gedacht? Umweltzerstörung und das Elend der dritten Welt sind globale Tatsachen.«

Wolff: »Das sind Themen, mit denen man umgehen muss. Aber man sollte vermeiden, die Welt weiter schwarzzumalen, wie das in den Achtzigerjahren üblich war. Man hat im Namen gesellschaftlicher Emanzipation Szenarien entworfen, die immer düsterer wurden. Je offensichtlicher eine revolutionäre Umwälzung ausblieb, desto unerbittlicher wurde das

Bestehende denunziert. Wenn schon nicht Revolution, dann wenigstens Subversion. Diese Haltung ist destruktiv.«

Meike zuckte ein wenig zusammen, wahrscheinlich hatte sie keine so deutlichen Worte erwartet. Vielleicht war es ihr aber auch zu viel Übereinstimmung gewesen und sie hatte deshalb die Dritte Welt erwähnt. Und natürlich wusste sie, dass Ausbeutung und Imperialismus zu Floskeln verkommen waren. Betroffenheit, die keine Konsequenzen hatte, aber auch von niemandem in Frage gestellt wurde. Gemeinsam etwas schlimm zu finden: der größte gemeinsame Nenner unserer Generation. Und eine Möglichkeit der Entlastung: Wenn du laut genug über einen Missstand klagst, fragt niemand mehr, ob du nicht selbst dafür verantwortlich bist. So wie die selbsternannten Aufklärer des Naziunrechts sich über die Tatsache erhoben, dass sie Deutsche waren, hatten wir es uns angewöhnt, über die Folgen des Kapitalismus zu lamentieren. Einmal davon abgesehen, ob diese wirklich eintraten – korrupte afrikanische Regierungen gab es auch unter sozialistischem Vorzeichen und die Flüsse wurden immer sauberer –, wäre es niemandem von uns eingefallen, den Lebensstandard eines Entwicklungslandes zu akzeptieren. Wir beklagten etwas, wovon wir nach Kräften profitierten.

Tagesblatt: »Wenn Sie einerseits einräumen, dass Ökologie und Nord-Süd-Politik wichtig sind, was wäre dann ein angemessener Umgang mit diesen Themen?«

Wolff: »Die Überschätzung des eigenen Horizontes führt zu einer gleichzeitigen Über- und Unterforderung. Sie überfordert den Einzelnen, weil er dieser geballten Negativität nichts entgegenzusetzen hat, und sie unterfordert ihn, weil sie ihn scheinbar von der Pflicht befreit, sich im

Konkreten zu positionieren. Genau darum geht es aber – um Nächstenliebe statt um Fernstenliebe.«

Tagesblatt: »Was heißt das konkret?«

Wolff: »Nach dem Fall der Mauer kann das angeblich düster verhängte Geschick nicht mehr den Blick auf notwendige Schritte verstellen. Man sollte über dem Protest gegen Kinderarbeit in Südostasien nicht die Zukunftssicherung in Deutschland vernachlässigen. Die Probleme sind reziprok. So wie die Dritte Welt mit der Überbevölkerung kämpft, haben wir zu wenige Kinder – mit gravierenden Folgen für die Gesellschaft.«

Meike machte ihre Sache gut. Ihr verbindlicher, fast herzlicher Ton nahm den zugespitzten Fragen die Schärfe. Wolff ließ sich zunehmend auf das Gespräch ein und wirkte entspannt. Je mehr Meike und Wolff eine Haltung zueinander fanden, desto besser ging es mir. Es war, als ob ihre Gedanken und Empfindungen nicht mehr in mich hineinflössen, sondern sich im Gegenteil zurückzögen, um sich zu konzentrieren und gegeneinander abzugrenzen. Je mehr Meike zur Frage wurde und Wolff zur Antwort, desto mehr Raum gewann ich.

Tagesblatt: »Wie ist Ihr Verhältnis zur deutschen Vergangenheit?«

Wolff: »Es geht nicht darum, das Gedenken an den Nationalsozialismus zu verleugnen. Übrigens genau so wenig wie das an die Opfer des Kommunismus. Es geht darum, die historische Chance für einen kulturellen Neuanfang zu nutzen. Das vergangene Jahr hat ein Fenster geöffnet, das es erlaubt, die ideologischen Blockaden der Nachkriegszeit hinter uns zu lassen.«

Mein Großvater hätte etwas Ähnliches gesagt, wenn er wie ein Professor der Soziologie gesprochen hätte. Gespannt sah ich zu Meike. Aber anders als erwartet schien sie Wolffs Auskunft nicht zu beunruhigen. Im Gegenteil, sie nickte, während sie die nächste Frage stellte.

TAGESBLATT: »Sie vertreten einen offensiven Patriotismus.«

WOLFF: »Patriotismus ist die Liebe zum eigenen Land, seiner Sprache, seiner Kultur. Nur wer das Eigene schätzt, kann das Fremde achten.«

TAGESBLATT: »Sie sprachen gerade von Kultur, was genau verstehen Sie darunter?«

WOLFF: »In den Siebzigerjahren war der Versuch, in einem Akt nachträglichen Ungehorsams gegen den Faschismus zu kämpfen, politisch motiviert. In den Achtzigerjahren hat sich dieser Kampf auf das Feld der Kultur verlagert. Die antifaschistische Linke versuchte mit Gramsci, die kulturelle Hegemonie zu erringen. Man behauptete, gegen die Barbarei zu kämpfen und verachtete die eigene kulturelle Tradition als chauvinistisch. Das Ergebnis war Sex statt Schiller und Rock ‚n' Roll statt Schubert.«

Meike lächelte und mir wurde zunehmend unwohl. Sie sah Wolff nicht mehr mit dem kalten Blick einer Journalistin an, die aus seinen Worten den Kern seiner Überzeugung schälen möchte. Auch der Anflug gelehrigen Gehorsams war vergangen. Sie rutschte vielmehr kokett auf ihrem Stuhl herum und warf ihm tiefe Blicke zu. Hier ging es nicht mehr um die Frage, ob Pop und Porno die Götter der Romantik entthront hatten. Meike fand Wolff offensichtlich attraktiv.

Tagesblatt: »War diese Umbruchzeit, Ende der sechziger, Anfang der siebziger Jahre nicht auch eine Befreiung vom restaurativen Klima der unmittelbaren Nachkriegszeit?«

Wolff: »Wenn es eine Restauration war, dann im besten Sinne. Die Wiederbelebung demokratischer und kultureller Traditionen kann man der Nachkriegszeit kaum vorwerfen. Hitler ist jedenfalls kein Grund, die deutsche Kultur zu verachten. Im Gegenteil. Die braunen Verbrecher waren nicht Höhepunkt, sondern Gegenpol dieser Tradition. Die Ablehnung klassischer Bildung verlängert die Beschränktheit des Nationalsozialismus.«

Tagesblatt: »Ist diese Entwicklung nur ein deutsches Phänomen? Schubert hat es weltweit schwer.«

Wolff: »Das ist richtig, doch ist die Selbstverachtung der Deutschen einmalig. Nirgends in Europa gibt es ein solches Orientierungsvakuum wie in Deutschland. Und niemand sonst würde auf die Idee kommen, seine Vergangenheit durch Europabegeisterung zu entsorgen.«

Mit einem Mal saßen mir nicht mehr Wolff und Meike gegenüber, sondern ein reifer Herr und eine junge Frau, die zunehmend Gefallen aneinander fanden. Wolff wirkte zunehmend überlegen, während sich Meikes Fragen immer mehr wie Stichwörter für seine Ausführungen ausnahmen.

Tagesblatt: »Ist es nicht eher so, dass vor allem Großbritannien, aber auch Frankreich mit Sorge auf das wiedervereinigte Deutschland schauen?«

Wolff: »Allenfalls auf einer taktischen Ebene. Zumindest mittelfristig erwartet man von Deutschland mehr als Scheckbuchdiplomatie. Der eiserne Vorhang ist nicht nur für Deutschland gefallen. Europa ist größer geworden und es wird eine Neuausrichtung der Europäischen Union geben müssen. Deutschland steht an dieser Stelle in der Verantwortung.«

Wolff war Herr des Verfahrens und er versah seine Rolle mit Umsicht. Er warb um Verständnis und sprach eindringlich, ein wenig wie in einer freundlichen Privatvorlesung. Aber anders als vorhin blieb ich von seiner Wärme ausgeschlossen. Sie zirkulierte zwischen ihm und Meike, die an seinen Lippen hing.

Tagesblatt: »Sie haben gerade von einem Orientierungsvakuum gesprochen. Ist es wirklich so, dass Kultur in der Moderne noch Orientierung bieten kann?«

Wolff: »Wenn ich von Kultur spreche, meine ich den gesamten geschichtlichen Hintergrund und nicht nur die Ästhetik einer selbsternannten oder tatsächlichen Avantgarde. Vom Streichquartett bis zum Jägerschnitzel, wenn Sie so wollen.«

Tagesblatt: »Aber ist das Jägerschnitzel, um bei Ihrem Beispiel zu bleiben, nicht gerade ein Sinnbild für kulturelle Beschränktheit?«

Wolff (lacht): »Wenn Sie lieber Sushi als Jägerschnitzel essen, dann ist das natürlich Ihre Sache. Aber es ist ein Unterschied, ob Sie gern Modern Talking hören und außerdem noch einen breiten Bildungshintergrund haben, oder ob Sie es hören, weil Sie nichts anderes kennen. Um das Fremde wirklich zu akzeptieren und ansatzweise zu verstehen, ist ein Eigenes nötig. Das ist das Dilemma der achtziger Jahre: In den Siebzigern gab es noch einen Bildungshintergrund, es gab ein Selbstverständnis, das man in Frage stellen konnte. Danach wurde die Tradition im Namen der Aufarbeitung unterbrochen. Und nun sitzen in meinen Seminaren Studenten, die schweigen, weil sie nichts mehr haben, auf das sie sich – sei es bejahend oder kritisch – beziehen können.«

Meine Selbstgewissheit schwand, ich fühlte mich ausgeschlossen, hilflos und allein. Meinte Wolff vielleicht mich mit den Studenten, die nichts zu sagen hatten? Auch wenn Wolff es nicht wissen konnte: Ich hatte dieses Treffen herbeigeführt. Aber wahrscheinlich hatte ich nun meine Schuldigkeit getan und es war unerheblich, ob ich noch anwesend war. Am liebsten wäre ich aufgesprungen und hätte gerufen, dass sie doch sagen sollten, wenn sie mich bei ihrem Gespräch nicht dabeihaben wollten, dass ein Wort genügte, damit ich endlich gehen und ihre neu gewonnene Vertrautheit nicht weiter stören würde..

TAGESBLATT: »Sie stellen das Fremde in ein Spannungsverhältnis zum Eigenen. Ist das nicht intolerant im Hinblick auf die Kultur der hier lebenden Ausländer?«

WOLFF: »Das Argument hat zwei Seiten. Niemand verbietet ausländischen Mitbürgern, ihre Bräuche und Gewohnheiten zu pflegen. Allerdings dürfen diese nicht im Widerspruch zu wesentlichen Rechtsauffassungen des Gastlandes stehen. So ist es nicht zu tolerieren, wenn muslimische Mitbürger Frauen oder Homosexuelle unterdrücken oder beschimpfen.«

»Natürlich muss man die Opfer schützen, Wolff«, redete es in meinem Kopf, »aber sie laufen nicht da draußen herum, sondern sitzen vor deiner Nase.« Mein Selbstmitleid war lächerlich, aber es fühlte sich trotzdem gut an. Das passende Bild stellte sich von selbst ein: Ich lag in meinem Bett im Internat, die Decke über den Kopf gezogen, und weinte.

Tagesblatt: »Eine Reihe von Politikern dieser Stadt würden an dieser Stelle warnen, dass Sie das multikulturelle Zusammenleben gefährden.«

Wolff: »Ich bezweifle, dass es so etwas wie multikulturelles Zusammenleben gibt. Tatsächlich integrieren sich Zuwanderer aus europäischen Ländern gut, sie haben deutsche Freunde und häufig auch Ehepartner, ihre Kinder lernen Deutsch und sie sind mit den Gepflogenheiten dieses Landes vertraut. Es gibt eine zweite Gruppe, vor allem aus dem muslimischen Umfeld, die sich bewusst abgrenzt. Die erste Gruppe ist nicht multikulturell, weil sie sich assimiliert, die zweite, weil sie in einer Parallelwelt lebt.«

Tagesblatt: »Und gleichzeitig sterben die Deutschen aus?«

Wolff: »Das nicht. Allerdings gibt es exponentielle Effekte, vor denen Demographen seit fünfzehn Jahren warnen. Während die Bevölkerung in den Entwicklungsländern stark wächst, wird sie bei uns rasant abnehmen. Bislang gibt es keinerlei Vorsorge für diese Entwicklung. Im Gegenteil, die Finanzierung der Wende durch den Kapitalmarkt treibt den Schuldenstand weiter in die Höhe, und für die umlagefinanzierten Sicherungssysteme gibt es ebenso wenig Rücklagen wie für die Pensionslasten der Beamten. Diese Lasten müssen in den folgenden Generationen von immer weniger Schultern getragen werden.«

Tagesblatt: »Das hört sich ein wenig nach dem Negativismus an, den Sie vorhin abgelehnt haben.«

Wolff: »Die demographische Entwicklung beruht nicht auf Spekulation, leider. In der Studie ›Die Grenzen des Wachstums‹ von 1972 erklärte der *Club of Rome*, dass uns bis 1993 nicht nur Erdöl und Gas, sondern auch Blei, Gold, Kupfer und Zink ausgehen werden. Danach sieht es nicht aus. Auch nach dem Fall des Eisernen Vorhangs schwimmen die europäischen Volkswirtschaften in Ressourcen, aber die Menschen fehlen – die einzig unersetzliche Ressource. Das deutsche Wirtschaftswunder, von dem wir bis heute zehren, fand in einem völlig zerstörten Land statt. Seine Grundlage war nur ein Rohstoff – gut ausgebildete und motivierte Arbeitskräfte. Geburtenraten sind unbestechlich und langfristig stabil. Wenn 1990 eine Million Babys geboren werden, dann stehen dem Arbeitsmarkt später auch nicht mehr junge Erwachsene zur Verfügung. Während sich die USA mit etwas mehr als zwei Geburten pro Frau auf Erhaltungsniveau bewegt, befindet sich Deutschland in einer deutlichen Abwärtsspirale.«

Weder hatte ich Kraft, auf die Argumente zu achten, noch interessierten sie mich. In meinen Schläfen pochte die panische Angst, beide zu verlieren: Wolff und Meike. Nachdem ich sie zueinander geführt hatte, würden sie sich gegen mich verbünden, mich nicht einmal mehr wahrnehmen. So wie sich meine Eltern im Grunde einig waren, dass meine Anwesenheit lästig war. Wolff und Meike würden mich verlassen, wie mich meine Eltern verlassen hatten. Oder, schlimmer noch, sich einig werden, dass sie schon zu viel Zeit mit mir verbracht hatten.

Tagesblatt: »Zurück zu Multikulti. Was bedeutet die Demographie für das Zusammenleben?«

Wolff: »Mehr Spannungen und ein rasant sinkendes Bildungsniveau, wenn man nicht frühzeitig zu einer verstärkten Integration kommt. Noch einmal: Diese Forderung ist nicht gegen die hier lebenden Muslime gerichtet, im Gegenteil. Bessere Bildung für ihre Kinder, bessere Chancen auf dem Arbeitsmarkt und eine verstärkte Integration helfen allen Beteiligten. Neben Zeit und Geld brauchen wir dafür die Selbstverständigung unserer Gesellschaft auf Werte und Normen, die nicht unterboten werden dürfen. Dazu bietet der Mauerfall eine einmalige Gelegenheit.«

Tagesblatt: »Nun sind wir in einer Situation, in der es zunächst um das Zusammenwachsen von Ost und West geht.«

Wolff: »Die innere Einheit muss nach zwei Seiten gewonnen werden: zwischen Ost und West und zwischen deutscher und zugewanderter Bevölkerung. Beides hängt eng zusammen: Wenn wir wissen, wer wir sind, können wir entscheiden, wohin wir wollen.«

Tagesblatt: »Herr Professor Wolff, vielen Dank für dieses Gespräch.«

Meike erhob sich kurz vor Wolff, der sich ebenfalls bedankte. Während ich noch benommen auf dem Sofa saß, blickten mich beide erstaunt an. Es dauerte zähe Sekunden, bis ich aufstehen und, mit Mühe die Form wahrend, Meike die Hand zum Abschied reichen konnte.

15

Besuche

Es war spät geworden und ich musste den Pförtner herausklingeln, damit er mich aus dem Bürotrakt ließ, in dem die Wahlkampfzentrale untergebracht war. Danach ging ich in die Kneipe gegenüber, um mich auf der Toilette von Anzug und Schlips zu befreien. Als ich vor meinem Haus stand und die Schlüssel aus meinem Rucksack kramte, löste sich eine Gestalt aus dem Schatten. Sie war mir so vertraut, dass ich nicht einmal überrascht war.

Anton umarmte mich wortlos. Wir hatten uns immer umarmt, auch im Internat, wo es als anstößig galt. Aber erstens war Anton ohnehin ein Paradiesvogel und zweitens hätte es niemand gewagt, sich mit ihm anzulegen. Zu Beginn des zweiten Jahres im Internat kam Anton nach den großen Ferien mit einem riesigen Lederkoffer aus London zurück, dessen geschmackvolle Gediegenheit in den kargen Räumen des Internats auf angenehme Weise fehl am Platz wirkte. Voller Dankbarkeit, etwas anderes als die hallende

Leere weiß getünchter Räume zu sehen, ging ich gedankenverloren auf das große, kastanienbraun glänzende Behältnis zu, um mich kurz davor Anton zuzuwenden, der mich wie selbstverständlich in seine Arme schloss. Unsere Umarmungen waren kurz, aber haltlos. Sie hatten, soweit ich sehen kann, nichts von gleichgeschlechtlicher Anziehung. Es war eher der Ausdruck von Verletzlichkeit, den wir in diesen Momenten teilten, um uns gleichzeitig der Verschworenheit gegen eine grobe und hässliche Welt zu versichern. An diesem Abend erschien er mir besonders bedürftig, für einen kurzen Moment hatte ich das Bild eines Ertrinkenden vor Augen, der mit letzter Kraft nach dem rettenden Ring greift. Als wir uns voneinander lösten, war Anton aber wieder beherrscht und souverän.

»Das ist also dein Schloss«, sagte Anton, als wir das Treppenhaus hinaufstiegen. Er betrachtete aufmerksam die abgeblätterte Farbe, hinter der die ursprüngliche Bemalung zum Vorschein kam.

»Es ist mehr«, antwortete ich verlegen, »als man auf den ersten Blick sieht. Erinnerst du dich, wie wir uns im Internat einen Raum gewünscht haben, in dem kein Erzieher unangekündigt die Tür aufreißt?«

»Nun«, antwortete Anton und grinste, »das könntest du auch in München haben. Oder, sagen wir, Herne.«

»Es gab im Internat jemanden, mit dem ich zu viel über Berlin gesprochen habe«, sagte ich und lächelte zurück, »das hat mich für andere Metropolen verdorben.«

Als wir in der Küche saßen und Wein tranken, versuchte ich zu beschreiben, was das Haus für mich bedeutete. »Vor einiger Zeit war ich in Greifswald und bin zufällig in dieses Museum in der Altstadt geraten. Dort sah ich ein Bild von Caspar David Friedrich: eine Hütte, die in den Ruinen einer verlassenen Kathedrale steht. Wir haben einmal zusammen einen russischen Film gesehen, vielleicht erinnerst du dich. Dort war das gleiche Bild zu sehen, der Regisseur muss die Anordnung von dem Gemälde übernommen haben. Bei Friedrich stehen zwei Männer vor der Hütte, auf ihre Hirtenstöcke gestützt. Bei ihnen liegt ein Hund. Sie unterhalten sich, während die Sonne im Harz untergeht, den man im Hintergrund erkennen kann. Es sieht so aus, als hätten sie ihren Frieden gefunden.«

»Du bist ein hoffnungsloser Idealist«, Anton schüttelte den Kopf.

»Vielleicht«, antwortete ich, »aber schließlich hat der Idealismus diesem Land Bildung und Kultur gebracht.«

Anton lächelte.

»Überhaupt das neunzehnte Jahrhundert: Noch nie gab es so viel Fortschritt.«

»Du meinst Ausbeutung, Kolonialismus und Unterdrückung.«

»Die Folter wurde im neunzehnten Jahrhundert abgeschafft, der Totalitarismus hat sie wieder eingeführt.«

»Hört sich an, als würdest du an eure Wahlparolen glauben.« Er sah mich scharf an, seine Augen funkelten. Die Ironie war verflogen, ihm war es ernst.

»Alles was ich sagen wollte«, antwortete ich vorsichtig, »ich fühle mich wohl in diesen Räumen.«

»Ja«, sagte Anton, auch er hatte sich wieder gefangen, »kann ich verstehen. Nichts für ungut. Wie geht es denn so als Wahlkampfmanager?«

»Hat das Meike erzählt?«

Er machte eine ausweichende Handbewegung.

»Es ist anstrengend, sehr sogar. Aber ich arbeite für etwas, das wichtig und sinnvoll ist. Allerdings«, ich hielt den Finger an die Lippen, »wissen meine Mitbewohner hier im Haus nichts davon.«

»Hast du Skrupel?« Anton hob die Brauen.

»Das nicht.«

»Aber?«

»Es sind zwei Welten. Schwer unter einen Hut zu bekommen. Jedenfalls noch nicht. Nebenan wohnt Hagen, ich mag ihn, wir kommen gut miteinander aus. Vielleicht ahnt er, dass ich für das BÜNDNIS arbeite. Täte ich es offen, wäre es ein Problem. Wenn nicht für ihn, dann für seine Freunde.«

»Das hört sich nicht nach der Offenheit und Ehrlichkeit an, die ihr immer propagiert.«

»Das ist richtig«, räumte ich ein, »zumindest was mich betrifft. Aber das Programm ist gut und Wolff integer.«

Anton sah auf seine Schuhe und bewegte seinen rechten Fuß langsam hin und her. »Vielleicht bin ich nicht der Richtige, euer Programm zu kritisieren«, fing er langsam an, »doch es scheint mir, dass diese so genannte Partei durchaus fragwürdig ist.«

»Lass uns offen sprechen«, antwortete ich, »was meinst du?«

»Ich meine, dass man die Zeit nicht zurückdrehen kann. Von den Fünfzigerjahren als dem goldenen Jahrzehnt der Bundesrepublik zu sprechen, ist schon sehr merkwürdig.

Es gab Gründe für die gesellschaftlichen Bewegungen Ende der Sechzigerjahre.«

»Das stellt niemand in Frage«, warf ich ein.

»Man kann nicht nach Belieben zurück in die gute alte Zeit. Falls sie denn wirklich gut war.«

Anton wirkte angespannt. Ich vermied, ihn zu unterbrechen.

»Es gibt keine Zeitmaschine zurück in die fünfziger Jahre oder das neunzehnte Jahrhundert. Es gibt keinen Wasserhahn, aus dem der richtige Glaube, die unverfälschte Vernunft oder die Eigeninitiative sprudeln, wenn man ihn nur aufdreht. Es gibt keine deutsche Gemütlichkeit und schon gar keine Kultur, in die man sich zurückziehen könnte. Die Welt ist zerrissen. Und zwar unheilbar. Man muss diese Zerrissenheit annehmen und sich ihr stellen.«

»Anton«, sagte ich, »du hörst dich schon an wie Mettmann. Die Welt ist schlecht, der Kapitalismus saugt uns aus, die Umwelt stirbt und der Atomkrieg kann auch nicht mehr weit sein.«

»Vielleicht. Aber ich kann diese Augenwischerei nicht ausstehen.« Er hatte die Augen zusammengekniffen und knurrte: »Es gibt nichts, woran man sich festhalten kann. Deshalb soll man auch nicht so tun, als gäbe es einen archimedischen Punkt.«

»Was die Politik angeht«, gab ich zu bedenken, »bist du mindestens drei Ebenen zu abstrakt. Es ist schon ein Unterschied, ob ein Haushalt nach der Prämisse Besitzstandswahrung oder Zukunftssicherung aufgestellt wird.«

»Dann geht doch hin und befehlt den Leuten Eigeninitiative«, schnaubte Anton, »ihr werdet schon sehen, was passiert. Es gibt nichts, was man verordnen, rückgängig machen oder herbeiwünschen könnte.«

»Immerhin kann man versuchen, die Wahrheit sagen«, wandte ich ein. »Über das Wachstum, das nur durch neue Schulden entsteht, den Personalüberhang im öffentlichen Dienst, die multikulturellen Illusionen. Und ja, über die Zerrissenheit der Welt, wenn du so willst. Ein paar Tabus weniger schaden nie.«

»Die Frage ist, wer hier die Tabus aufstellt. Eure Truppe versucht, das gute Alte aus der Klamottenkiste der Geschichte zu zerren. Ob es uns gefällt oder nicht, die Welt ist nun einmal in tausend Splitter zersprungen. Es gibt keine gemeinsame Sichtweise, keine gemeinsame Kraftanstrengung, es gibt überhaupt keine Gemeinsamkeit.«

»Die Wende hat ein Fenster geöffnet«, antwortete ich trotzig, »und ich werde nicht die Hände in den Schoss legen, bis es sich wieder schließt.«

»Auch die Wende ändert nicht den Lauf der Welt. Es gibt keinen Heroismus, keine alleinige Wahrheit oder historische Notwendigkeit. Sie sind zusammen mit dem neunzehnten Jahrhundert untergegangen. Im zwanzigsten Jahrhundert gibt es abstrakte Malerei, absurdes Theater und Zwölftonmusik.«

»Das ist doch pathetisch«, allmählich wurde ich ärgerlich, »die Schimären unserer Jugend sind zu Staub zerfallen und mit ihr diese ganze hyperrationale Zerrissenheit. Man kann die Postmoderne zur Kenntnis nehmen und trotzdem weiterleben. Immerhin malt Richter gegenständlich und Pärt komponiert tonal.«

»Du plapperst Wolff nach«, zischte Anton verärgert, »als wärst du ein Papagei.«

Das war peinlich, denn der letzte Satz war wirklich von Wolff geliehen. Ich hatte Anton noch nie so wütend gesehen. Er sprang von seinem Stuhl auf und lief gestikulierend durch das Zimmer. »Es genügt nicht, dass wir uns nicht mehr sehen, weil du für diesen Haufen arbeitest. Es genügt nicht, dass du mit meiner Freundin schläfst. Du musst dich auch noch zum Trottel machen und diesem Menschen hinterherbeten.«

Vor Scham sank ich in mich zusammen. Ich hatte gehofft, dass sich Meike ihm nicht anvertrauen würde. Anton, der mich beschützt und in Berlin aufgenommen hatte, den ich bewunderte, auch wenn ich mir das immer weniger eingestehen wollte. Es wäre besser gewesen, zu ihm zu gehen und nicht darauf zu warten, dass er mich mit meiner Feigheit konfrontierte. Mir schoss das Blut in den Kopf und ich wollte sagen, dass es mir leid tat, dass es nur diese eine Nacht gewesen war, dass ich hoffte, ihn nicht als Freund zu verlieren. Aber bevor ich die Augen wieder vom Boden hob, hörte ich die Tür hinter ihm ins Schloss fallen.

In den folgenden Tagen ging es mir nicht gut. Es war, als ob ein Teil von mir abgestorben wäre. Ein- oder zweimal hatte ich den Telefonhörer in der Hand, um Anton anzurufen und legte wieder auf, weil ich nicht wusste, was ich sagen sollte. Seit er mich im Internat gegen Stefanos Rollkommando verteidigt hatte, war mir niemand näher gewesen. Er war mir in der Schutzlosigkeit des Internates beigestanden und dafür hatte ich ihn bedingungslos geliebt. Wenn ich in Schwierigkeiten geriet, fragte ich mich, wie Anton sich an meiner Stelle verhalten würde. Er war die Instanz, an der ich meine Handlungen und Entscheidungen maß. Die ersten Monate in Berlin waren unsere beste Zeit, aber zugleich der Anfang eines Abschieds. Es war weniger, dass ich mit Meike geschlafen hatte, als dass wir nicht darüber reden konnten, er nicht und ich schon gar nicht. In dieser Sprachlosigkeit fiel mir auf, wie unsicher im Grunde alles war, was er tat, wie wenig er sich auf die Menschen in seiner Umgebung einließ, wie spröde er war, wenn es um seine Person ging. Hart, aber verletzlich. Wahrscheinlich war er seiner Mutter ebenso fremd wie ich meinen Eltern. Anton war in mancher Hinsicht bewundernswert, aber wie konnten wir miteinander umgehen, wenn ich nicht mehr zu ihm aufsah? In gewisser Weise war Wolff an seine Stelle gerückt, und wirklich, es gab Gemeinsamkeiten zwischen ihnen. Vielleicht war das die Quelle von Antons Ärger über Wolff. Jedenfalls wusste ich nicht, wie ich auf Anton zugehen sollte. Wie konnte man sich einer Freundschaft versichern, die ihre Grundlage verloren hatte? Über Meike zu sprechen, wäre ohnehin kaum möglich. Am nächsten Morgen fiel es mir schwer, in das Büro zu gehen. Offensichtlich sah man mir meine Irritation und Abgespanntheit an, denn Heufeld schlug mir vor, ein paar Tage freizunehmen. Zumindest sollte ich am Wochenende ausspannen. Als ich protestierte, bestand er darauf, nicht ohne anzumerken, dass die Sache schon mit Wolff abgesprochen sei. Angesichts der Feierlichkeiten zur Wiedervereinigung seien ohnehin alle Aktivitäten zurückgefahren worden.

Warum ich zu meinem Vater gefahren bin, ist mir bis heute nicht wirklich klar. Vielleicht war es auch die Begegnung mit Anton gewesen, die sich wie ein Abschied angefühlt hatte. Vielleicht auch die Tatsache, dass Wolff unterwegs gewesen war und nur Heufeld mit mir geredet hatte. Es war, als ob die beiden Leitsterne, denen ich seit dem Internat gefolgt war, mit jeder Stunde mehr im Nebel verschwanden. Vielleicht hoffte ich, dass mein Vater mir meine Unsicherheit und Unruhe nehmen könnte. Wahrscheinlich war ein Kontaktversuch einfach fällig, ich hatte ihn seit jenem Besuch vor fast zehn Jahren nicht mehr gesehen.

Bevor ich in den Zug stieg, hatte ich das Telefon in die Hand genommen, um mich anzumelden. Aber dann wählte ich nicht, sondern stand lange mit der tutenden Muschel an meinem Ohr und überlegte, was ich sagen konnte. »Hallo Vater –« warum eigentlich Vater? War er denn überhaupt mein Vater, abgesehen von den Überweisungen für mein Studium? Natürlich musste er dafür arbeiten, aber tat er es, weil er mich liebte oder weil ihm meine Mutter mit einer Klage gedroht hatte? War ein Vater nicht jemand, der mit einem Ausflüge machte, der einen vielleicht tadelte, weil man nicht hörte, der aber jedenfalls anwesend war? Also: »Hallo Vater, ich bin mir nicht sicher, ob ich dich so nennen kann, jedenfalls wollte ich dich gern besuchen, um zu sehen, ob da etwas zwischen uns ist. Oder war. Oder sein könnte.«

Wieso dachte ich eigentlich, dass da etwas sein sollte, früher ja, da hatte ich an ihm gehangen. Sogar mit großem Zutrauen. Aber in den letzten Jahren gab es die eine Karte zu Weihnachten und die zweite zum Geburtstag, die mir meine Mutter hinterherschickte. Zwei Lichter in der Ferne, die so kurz aufblinkten, dass man gar nicht dazu kam zu überlegen, ob man nachsehen sollte, ob dort noch jemand war. Jedenfalls legte ich den Hörer, ohne gewählt zu haben, wieder auf die Gabel, stieg am nächsten Morgen, zu meiner eigenen Überraschung, in den Zug und stand nun auf dem Bahnhof, an dem ich schon als Kind zu dem Besuch bei meinem Vater angekommen war.

Scheidungskinder haben ein besonderes Verhältnis zu Bahnhöfen. Eine Weile nach der Trennung, wenn das schlechte Gewissen nachlässt, sind es die Eltern leid, mit dem Nachwuchs, dessen Existenz mit dem Ende der Ehe zunehmend fragwürdig geworden ist, durch die Gegend zu fahren. Außerdem ist jeder Kontakt mit dem anderen Elternteil eine Erinnerung an das eigene Scheitern. Also werden die Kinder in den Zug gesetzt, sobald sie halbwegs groß genug sind. Bahnhöfe und Züge sind wie eine entmilitarisierte Zone zwischen zwei wenn nicht verfeindeten, so doch einander zumindest nicht mehr wohl gesonnenen Staaten. Ankunft und Abfahrt sind ambivalente Momente, denn das reisende Kind verlässt an dem einen Bahnhof den Elternteil, der es gut mit ihm meint, um sich auf dem anderen einer höchst fragwürdigen Person anzuvertrauen. Gleichzeitig erinnert das Kind das verabschiedende Elternteil unangenehm an eine Zeit – und noch mehr an eine Person –, die es gern aus seinem Gedächtnis streichen würde. Wundersamerweise wiederholt sich dieser Vorgang bei der Rückkehr unter umgekehrtem Vorzeichen. Obwohl ich meinen Vater nur einmal besucht hatte, fand ich Gefallen an den Orten des Übergangs. Der Schmerz, nirgendwo zu Hause zu sein, keinen eigenen Ort zu haben, war unterwegs geringer. Anzukommen war dagegen eigentlich immer eine Enttäuschung. Jede Reise enthielt die Hoffnung, die Splitter meines Lebens könnten sich auf wunderbare Weise doch noch zu einem Ganzen fügen. Wartesäle, Züge und andere Verkehrsmittel übten eine große Faszination auf mich aus. Sie boten Schutz und waren doch nicht für den ständigen Aufenthalt bestimmt. Ein Niemandsland der Seele. Als ich auf den Stufen des Lüneburger Bahnhofs stand, fiel mir auf, dass das Haus in Mitte ähnliche transitorische Qualitäten hatte. Der Wandel im Osten erlaubte eine Reise, ohne sich von der Stelle zu bewegen.

Als Kind war das Gefühl bei der Ankunft auf diesem Bahnhof wie ein Sog gewesen – Hoffnung, Aufregung, Freude und Sorge –, widersprechend, gleichzeitig und überwältigend. Die zweite Frau meines Vaters war fröhlich und von einer ausgelassenen Mädchenhaftigkeit. Es war nicht richtig gewesen und ich hatte ein schlechtes Gewissen meiner Mutter gegenüber gehabt, aber damals wünschte ich, wir wären eine neue Familie, und mein Vater könnte das Bindeglied zwischen mir und seiner Freundin, seiner Vergangenheit und seiner Zukunft sein. Der Gründerzeitbahnhof hatte unserer Begegnung einen geradezu festlichen Rahmen gegeben. Aber natürlich war es nur ein Glück auf Zeit gewesen, eine Freude, die man bändigen musste, damit ihr absehbares Ende nicht umso enttäuschender war. Vielleicht hat mich diese Haltung mein ganzes Leben geprägt – dem Glück nicht zu trauen, die eigene Freude zurückzuhalten, eine skeptische Distanz gegenüber verlockenden Möglichkeiten zu wahren.

Mit Anton war es anders, Stefano hätte mich noch über Jahre gequält, wenn er nicht gewesen wäre. Es machte keinen Sinn, reserviert zu bleiben, wenn ich nicht in Verzweiflung und Schikanen untergehen wollte. Anton war da, als mein Vater nicht mehr da war. Natürlich waren wir Freunde, auch wenn ich der schwächere, anhänglichere Teil dieser Verbindung war. Wir lenkten uns gegenseitig, standen uns in der elternlosen Ödnis bei und zogen daraus einen trotzigen Stolz.

Und dann war da noch Wolff. Er gehörte zu Berlin, wie mein Vater nach Lüneburg gehörte. Wenn ich schon keinen Vater hatte, wollte ich wenigstens den besten Ersatz, den ich kriegen konnte. Berlin war der Ort, an dem ich mich selbst ertrug, und Wolff die Person, die ich achtete und auf deren Rat ich hörte. Vielleicht hätte ich mich nie auf ihn eingelassen, wenn die Mauer nicht gefallen wäre. Wäre verstockt und unzugänglich geblieben und hätte eine mehr oder weniger bequeme Nische in der Mauerstadt bezogen. Aber nun war Wolff der Inbegriff des Umbruchs geworden und Berlin meine Stadt.

Lüneburg war an jenem Samstagabend von einer trostlosen Trägheit. Über dem Städtchen hing die Ahnung verblühenden Lebens, die bange Frage, ob noch etwas kommt, woran man sich erfreuen kann, oder ob die Gelegenheit fortzugehen und etwas zu wagen, schon vertan ist. In mir stieg Ärger auf, und ich fragte mich, warum ich überhaupt hierhergefahren war. Gleichzeitig wusste ich, dass mich Wolff selbst fortgeschickt hatte. Vielleicht sollte man immer dorthin gehen, wo der eigene Schmerz am klarsten zu spüren ist. Ein paar Minuten stand ich unschlüssig vor dem

Haupteingang des Bahnhofs, ging dann zu den Taxifahrern auf der anderen Seite des Platzes und fragte nach einem preiswerten Hotel.

Der Portier trug einen grauen Flanellanzug, der über dem Bauch spannte. Schnaufend stieg er die Treppen hinauf, um mir das Zimmer zu zeigen. Die Einrichtung stammte aus den Sechzigerjahren, dunkles Holz und dicke Federbetten. Entschuldigend bemerkte er, dass sich Bad und Toilette auf dem Flur befänden. Mir war es recht, die Übernachtung war preiswert und das Hotel passte zu meiner Wehmut und den Gedanken an meine Kindheit. Als ich allein war, legte ich mich auf das Bett und schlief ein.

Im Traum war ich im Internat und als ich aus dem Fenster sah, standen Wolff und Anton auf der Wiese vor dem Gebäude. Sie winkten mir zu und riefen, ich solle zu ihnen herunterkommen. Mein Herz war voll Freude, sie dort zusammenstehen zu sehen, aber statt den Gang und die Treppe hinunterzulaufen, sprang ich aus dem Fenster. Und flog wirklich. Es war ein sonniger Herbsttag und ich glitt über den bunten Laubbäumen durch die warme Luft. Dann geschah etwas Merkwürdiges: Obwohl ich mich in der Luft frei bewegen konnte, gelang es mir nicht, den beiden Gestalten auf der Wiese näherzukommen. Im Gegenteil, je mehr ich mich krümmte, um nach unten zu fliegen, desto mehr schwebte ich in den Himmel. Es war, als ob ich auf einer unsichtbaren Bahn nach oben gleiten würde. Während ich mich abmühte, lachten Wolff und Anton wie Kinder, schlugen sich auf die Schultern und die Schenkel, wurden dann ernster und winkten mir zum Abschied zu.

Ich flog hinein in das Abendrot und sie riefen mir zu, dass alles gut sei.

Als ich erwachte, war es schon dunkel. Auf die Frage nach einem Restaurant bot der Portier eine kalte Platte und Bier an. Es gab einen kleinen Gastraum, in dem niedrige Polsterstühle mit Korbgeflecht standen. Man sank in ihnen so weit nach hinten, dass man an die Decke sah. Aber ich mochte die Einrichtung, sie erinnerte mich an die Wohnung meiner Großeltern. Es war ein merkwürdiges Mahl, ganz allein in unpassenden Stühlen an einem zu niedrigen Tisch mit dem Teller auf den Knien und dem Bierglas neben mir. Seit dem Internat war ich ungern allein, aber an jenem Abend war die Einsamkeit ein passender Schmerz. Dankbar dachte ich an mein Leben in Berlin und lobte mich für den Mut, nach Lüneburg zu fahren. Mit der wohligen Schwere des Biers und Käsebroten im Magen machte ich mich auf den Weg zu dem Haus meines Vaters. Es lag außerhalb, man musste mit dem Bus fahren und danach noch ein Stück laufen. Die Trägheit des Nachmittags war einer albernen Hochstimmung gewichen. »Dies ist ein soziales Experiment zur Heimischmachung verstörter Internatskinder«, murmelte ich vor mich hin, kicherte und rülpste, »die einst aus ihrer natürlichen Umgebung herausgerissen wurden. Sie sollen nun wieder dem Familienverband zugeführt werden.« Wieso tauchten während der Scheidungswelle in den Siebzigerjahren eigentlich diese ganzen Afrikafilme auf, in denen Tierkinder wieder ausgewildert wurden? Als ob der Naturfimmel den Heimatverlust heilen könnte. In den Sechzigern fanden zahme Tiere wenigstens noch in Daktaris Station eine Ersatzfamilie und wurden nicht in den Busch gescheucht. »Tod den Rhinozerossen«, schrie ich in die Dunkelheit, und »Cheetah go home.«

Als ich endlich vor dem Haus stand, fiel meine Überdrehtheit in sich zusammen. Als ich daran dachte, wie abweisend mein Vater bei meinem ersten Besuch in Lüneburg gewesen war, fühlte ich Wut in mir aufsteigen. Mir war völlig unklar, was ich wollte oder erwartete. Eine Weile stand ich unschlüssig vor dem dunklen Haus. Es fing an zu regnen, und ich klappte den Kragen meiner Jacke hoch.

Nach einer Weile ging das Licht im Erdgeschoss an. Sie war älter geworden, aber ich erkannte sie gleich wieder. Nicht mehr mädchenhaft, aber immer noch hübsch. Dann kam mein Vater in das Bild. Er hatte einen Schnauzbart, was mich so irritierte, dass ich für einen Moment dachte, ich stünde doch vor dem falschen Haus. Zuletzt stürmten zwei Kinder herein, Jungs, soweit ich sehen konnte. Jeder von ihnen klammerte sich an eine Hand von Vater, er drehte sich um die eigene Achse und wirbelte sie im Kreis. Es machte ihm Mühe, sie müssen schon vier oder fünf gewesen sein, und er war auch nicht mehr der Jüngste, aber er lachte dabei. Die Frau hatte sich rückwärts an den Herd gelehnt, hielt die Arme verschränkt und sah ihnen zu.

Und das war es eigentlich auch schon. Ich stand noch eine Weile und starrte auf die erleuchtete Glasfläche, als wäre das, was ich sah, etwas Ungewöhnliches. Dann drehte ich mich um und stapfte zur Bushaltestelle zurück. Was hätte es gebracht, hinzugehen und zu klingeln? Ein verpatzter Abend, Peinlichkeit auf allen Seiten und die unliebsame Erinnerung an Zeiten, die man lieber vergessen würde. Natürlich, wer weiß, ob alles so harmonisch war, wie es aussah. Vielleicht stritten sie sich, wenn die Kinder im Bett waren, vielleicht hatten sie Affären oder setzen sich gegenseitig mit Sticheleien oder kleinen Gemeinheiten unter Druck. Aber sie waren komplett, so wie sie waren. Vater, Mutter, Kinder. Sie brauchten keinen Geist aus der Vergangenheit, der vor ihrem Haus herumlungerte und Fragen stellte, die nichts mehr mit ihrem Leben zu tun hatten. Und ich wollte nicht als Rächer der verlorenen Kindheit mahnend in ihr Glück einbrechen, eine personifizierte schlechte Erinnerung, ein Fremdkörper. Mein Vater hatte sein Leben, mittlerweile hatte ich auch meines. Vielleicht hätte ich einen Brief schreiben sollen, der die Bitterkeit und Enttäuschung über die Zeit, die er nicht mit mir verbracht hatte, aufzeigte. Aber auch das erschien mir unpassend und gewollt dramatisch. Eine effektheischende Geste, so lächerlich wie sinnlos. Es gab hunderttausende Scheidungskinder, eine ständig wachsende Lawine, die sich seit den Siebzigerjahren durch Kindergärten, Schulen und Universitäten wälzte. Immer etwas blasser als die anderen, etwas desorientierter und weltabgewandter, aber wahrlich keine Einzelfälle. Man musste weiterleben, sich aus sich selbst heraus erfinden und die Leerstelle des Vaters mit Stolz ertragen. »Semiorphans with an attitude«, kicherte ich bei mir. Vielleicht musste man diese Leere sogar pflegen, durfte sie nicht mit nutzlosen Hoffnungen füllen und vor allem nicht durch sinnlose Anbiederungsversuche kompromittieren. »Am besten ich gehe da rein, setze mich auf einen Tripp Trapp und esse einen Fruchtzwerg. Vielleicht fällt dann nicht auf, dass ich schon zwanzig bin und für Kinderstühle zu groß.« Anton hätte die Situation »utterly pathetic« genannt und dazu eine wegwerfende, vernichtende Handbewegung gemacht. Am Ende war es auch die Erinnerung an den Besuch vor fast zehn Jahren, die mich abhielt, hineinzugehen. Es war wie damals, sie waren drinnen im Warmen, ich war draußen im Regen, aber jetzt hatten sie auch eigene Kinder. Sie brauchten mich nicht, damals nicht und heute noch weniger.

Der Bus brachte mich zurück in das Hotel und ich ließ mir von dem Portier noch zwei Bier geben. In der Nacht dachte ich an meine Mutter, an die Streitereien und wie sie sich verändert hatte nach Vaters Auszug. Sie wollte ihn nicht verlieren, aber noch weniger wollte sie sich anpassen. Ihre kurze Trauer und der feministische Trotz mit der etwas peinlichen Pointe, einen Sohn zu haben. Auch in indischen Seidenhosen blieb ich ein männliches Wesen und überdies die fleischgewordene Erinnerung an ihre gescheiterte Ehe. Bei einem Frauenfrühstück hatte Ulla einmal ein Stakkato von Vorwürfen gegen die Männerwelt abrupt unterbrochen, als ihr Auge auf mich, den zwölfjährigen Jungen, fiel. In dem folgenden Moment der Stille erwartete ich ernsthaft, sie würde die Anwesenden ohne Umschweife auffordern, den Repräsentanten der verhassten Ordnung zu entmannen. Aber sie wischte sich ohne ein weiteres Wort den Mund mit ihrer Serviette ab und ging dann zur Toilette.

An meine Mutter habe ich Erinnerungen, von meinem Vater bleiben nur zwei ergebnislose Besuche in der niedersächsischen Provinz. Als ich noch Zivildienst machte, rief er einmal an, keine Ahnung, woher er die Nummer hatte, aber ich wusste nicht, was sagen, und er offenbar auch nicht, irgendwann murmelte er »mach‘s gut« und legte auf.

Der Verlust eines Körperteils führt zu Phantomschmerzen, aber wie kann man über etwas trauern, was man nie verlieren konnte? Wie heißt die Sehnsucht nach etwas, was man nie hatte? Phantomgefühlschmerzen?

Das dritte Bier an diesem Abend zeigte endlich die erhoffte Wirkung, ich sank in das weiße, gestärkte Daunenkissen und beschloss, einen Strich zu ziehen. Es gab keine Möglichkeit, die Zeit zurückzudrehen, aber es gab Wolff und es gab das BÜNDNIS. Es war nicht so, dass ich wütend war auf meinen Vater, eher leer, wehmütig und am Ende ein wenig erleichtert. Wahrscheinlich war ich ohnehin zehn Jahre zu spät dran, hatte eine Spirale aus Sehnsucht und Leere mit mir herumgetragen, die sich immer tiefer in mein Herz bohrte. Ein ödipaler Vatermord im Erwachsenenalter nach verschleppter Pubertät. Besser spät als nie.

Nach einer traumlosen Nacht erwachte ich mit verquollenen Augen und fuhr nach Berlin zurück. Es war Sonntag, die Straßen waren leer und das Wetter regnerisch und grau. Nachdem ich Tee aufgesetzt hatte, sah ich die Unterlagen der Veranstaltungen des letzten Semesters durch, zu denen ich nur sporadisch gegangen war. Am Nachmittag klopfte es an der Tür. Wahrscheinlich brauchte einer von Hagens Jungs Kaffee. Oder Milch. Oder Zucker. Oder alles drei. Aber als ich die Tür öffnete, stand dort Meike.

Ihre Haare waren nass vom Regen und ihr Blick unruhig. Ich war so überrascht sie zu sehen, dass ich stumm in der Tür stehen blieb, bis sie zögernd fragte: »Darf ich reinkommen?« Benommen erwachte ich aus meiner Starre, gab die Tür frei und roch ihr Parfüm, als sie näherkam. Es war nicht leicht, ihre Nähe zu ertragen, ohne sie zu berühren. Oft hatte ich mir vorgestellt, dass sie zu mir kommen würde, nicht nur für eine Nacht. Dass sie an meiner Tür klopfen würde, wie heute, und fragen: »Kann ich bleiben?« Aber ihr Auftritt hatte nichts von Sehnsucht und Romantik, sie wirkte erschöpft und verwirrt und setzte sich erst einmal auf das Sofa, das ich vor kurzem aus dem Sperrmüll gezogen hatte. Ich holte ihr eine Tasse Tee und setzte mich. »Anton«, fing sie an und stockte. Ich sagte vorsichtig: »Ja?«

»Anton ist wie ausgewechselt, er verbreitet den ganzen Tag Hasstiraden über Wolff.«

»Da ist er in guter Gesellschaft«, antwortete ich, »seit deinem Interview fällt die halbe Stadt über ihn her. Ein Fremdenfeind, der die Reinhaltung der deutschen Rasse gefordert habe.«

»Ja, ich weiß. Aber bei Anton ist es nicht das übliche Gerede. Es geht tiefer, und er nimmt es geradezu persönlich. Er nennt ihn einen verlogenen Pharisäer, dem kein Wort zu glauben sei. Aber vielleicht liegt es auch an dir.«

»An mir?«, fragte ich.

»Ja, er hängt an dir.«

»Wahrscheinlich. Obwohl, manchmal frage ich mich, ob Anton überhaupt an jemandem hängt.«

»Mach keine Witze. Du weißt, wie wichtig du ihm bist.«

»Hm«, machte ich und dachte an das Internat.

»Was ist zwischen euch vorgefallen?«, fragte sie vorsichtig.

»Hat er das nicht erzählt? Wir haben über uns und Wolff gesprochen.«

»Ja?«

»Und dann«, sagte ich und sah ihr in die Augen, »hat er mich gefragt, ob ich unbedingt mit seiner Freundin schlafen musste.«

Meike wechselte die Farbe, die blasse Haut um die Sommersprossen färbte sich rot. »Tut mir leid, ich musste mit ihm reden.«

»Schon gut«, antwortete ich verlegen und fügte lächerlicherweise hinzu, »kein Problem. Genau genommen bin ich der Feigling. Er ist mein Freund, oder zumindest war er es. Ich hätte den Mut haben müssen, selbst mit ihm zu sprechen.«

Eine Weile saßen wir stumm auf dem Sofa.

»Was ich dir noch erzählen wollte«, sagte Meike.

»Ja«, sagte ich und hoffte auf eine Wendung des Gesprächs.

»Anton hat sich beworben. Beim Wahlkampfmanager von Bethgen.«

»Aha.«

»Sieht so aus, als würden sie ihn nehmen.«

»Merkwürdig. Seit wann arbeitet Anton für andere?«

»Keine Ahnung. Vielleicht hat es mit dir und Wolff zu tun.«

»Du meinst, er will gegen uns arbeiten?«

»Würde mich nicht wundern.«

»Hm.«

Eine Weile saßen wir schweigend nebeneinander, bis Meike sagte: »Hör mal, ich muss gehen.«

Sie hatte ihren Tee nicht einmal angerührt, aber als ich sah, wie unruhig sie war, sagte ich einfach: »Ja.«

An der Tür umarmte sie mich hastig, drückte mir einen Kuss auf die Wange und lief die Stufen hinunter. In dem dunklen Treppenhaus leuchteten ihre roten Haare wie ein Kometenschweif.

16

Ein Schlagabtausch

Wie mit Heufeld vereinbart, ging ich erst wieder am Mittwoch ins Büro. Die beiden Tage davor hatte ich versucht, für meine Seminare zu arbeiten, was kaum gelang, weil meine Gedanken bei Meike und Anton waren. In den Tagen meiner Abwesenheit hatte der Pressesprecher meine Aufgaben übernommen. Am Nachmittag berief er ein Treffen mit den wichtigsten Mitarbeitern ein, um den Stand der Dinge zu übergeben. Nach der Klärung der organisatorischen Fragen legte er ein Foto von Anton auf den Tisch und sagte: »Mit diesem Menschen werden wir noch Spaß haben.«

»Wer ist das?«, fragte Wolffs Sekretärin.

»Der neue Mitarbeiter von Bethgens Wahlkampfmanager. Bis jetzt noch nicht in Erscheinung getreten, offenbar noch nicht einmal Parteimitglied, auch das Pressearchiv weiß nichts über ihn.«

»Und?«, hakte die Sekretärin nach.

»Er saß gestern beim Pressefrühstück neben dem Pressesprecher der Regierungspartei und hat ihn mit Einzelheiten zu Wolffs linker Vergangenheit gefüttert.«

»Das ist doch kalter Kaffee«, warf der Mann von der Werbeagentur ein.

»Bei der Gelegenheit haben sie kopierte Fotos verteilt«, fuhr der Pressesprecher fort, »irgendein maoistisches Studentenblättchen aus Göttingen mit dem hübschen Namen ›Fahne der Revolution‹, die Quelle prüfen wir noch. Die Fotos sind aus den frühen Siebzigern und zeigen Vermummte, die einen Polizisten verprügeln.«

Es war jetzt ziemlich still, sogar der Werbemensch hörte zu. »Eigentlich erkennt man nichts«, sagte der Pressesprecher.

»Aber?«, fragte die Sekretärin ungeduldig.

»Aber ich habe Heufeld gefragt. Der muss es wissen, schließlich hat er mit Wolff in Göttingen studiert. Er bekam einen veritablen Wutanfall. Wo die Fotos herkämen, wer sich das ausgedacht habe. Es sei infam, das nach all den Jahren herauszuziehen.«

»Du meinst, er regt sich auf, weil die Fotos tatsächlich Wolff zeigen?«, fragte ich.

Er zuckte mit den Schultern. »Jedenfalls haben wir strikte Order, mit niemandem darüber zu sprechen. Vor allem kein Kommentar gegenüber der Presse. Unser Hauptproblem ist, dass morgen sämtliche Zeitungen über die Chaotenkarriere des schwarzen Sheriffs von Berlin spekulieren. Diese Diskussion stehen wir nicht durch. Je schneller wir das beenden, desto besser.«

Wie betäubt saß ich auf meinem Stuhl und überlegte fieberhaft, wie Anton an die Fotos gekommen war. Vielleicht hatte er einfach Glück gehabt und die Gegenseite hatte sie gerade ausgegraben, als er zu ihnen stieß. Aber warum wurden sie dann von ihm den Journalisten präsentiert? Gab es eine Möglichkeit, ihn aufzuhalten? Kaum. Eher schon war meine Position in Gefahr. Wenn klar wurde, wie gut ich ihn kannte, würde Heufeld meinen Zwangsurlaub womöglich bis zum Wahltag verlängern.

»Na, ich sehe schon, ihr habt auch nichts auf der Pfanne«, fuhr der Pressesprecher fort. »Das Beste ist vielleicht noch, wir servieren ihnen die neuen Schätzungen zum Personalüberhang im öffentlichen Dienst.«

»Wie viele?«, fragte ich.

»Siebzigtausend, sagt unser Mann in der Hochschule für Verwaltungswissenschaften.«

» Wie kommt er da drauf?«

»Berechnet anhand von Funktionsvergleichen, abgestimmt mit dem Hamburger Benchmark.«

»Nicht schlecht«, warf der Werber ein, »eine Menge Holz, wenn der Regierende Bürgermeister am Kündigungsschutz festhält.«

»Können wir die Quelle zitieren?«, fragte ich.

»Leider nein«, sagte der Pressesprecher, »der Mann möchte noch Professor werden und will kein politisches Störfeuer riskieren. Aber die Hamburger Zahlen sind öffentlich.«

»Na denn«, sagte der Werber, »hoffen wir, dass es reicht.«

Nachmittags traf ich Wolff auf dem Gang. Er fragte beiläufig, was ich an den freien Tagen gemacht hätte. Ich antwortete, dass ich eigentlich meinen Vater besuchen wollte, es dann aber gelassen hätte. Die Mitteilung schien ihm nahezugehen, er sagte, vielleicht wäre es besser, das Gespräch mit meinem Vater zu suchen, wenn ich schon den Impuls hätte, auf ihn zuzugehen. Jedenfalls sollte ich die Gelegenheit nicht ungenutzt verstreichen lassen, gerne könnte ich auch noch ein paar Tage freinehmen. Aber ich wollte nicht über das Haus in Lüneburg sprechen, das Guckkastentheater der neuen Familie, meine Hilflosigkeit und meinen Stolz. Sein plötzliches Interesse für mein Privatleben berührte mich und ich fragte mich, ob mein Bedürfnis nach einer Vaterfigur allzu deutlich geworden war. Das Gespräch wurde mir zunehmend unangenehm, und mit jeder freundlichen Frage von ihm wich ich weiter zurück. Wahrscheinlich bemerkte er mein Unbehagen, jedenfalls gelang es mir, das Gespräch auf die Pressekampagne zu lenken. Er bat mich, Kontakte zur IHK und den Arbeitgeberverbänden für Gespräche zu dem Personalüberhang herzustellen und verschwand dann, ungewöhnlich still und ein wenig gebeugt, wieder in seinem Zimmer.

Am nächsten Tag brachten die meisten Berliner Zeitungen eine Randnotiz zu den Hinweisen von Bethgens Presseleuten. Aber niemand druckte das Foto, offenbar gab es keine Belege, dass es sich um Wolff handelte. Auch hatte das Thema es nicht auf die Titelseiten und in die überregionalen Blätter geschafft. Allerdings liefen bei uns die Telefone heiß, es wurde zunehmend schwerer zu erklären, warum wir keinen Kommentar abgeben wollten.

Unser Gegenangriff ließ die Presse kalt, der Personalüberhang dümpelte auf den hinteren Seiten des Berlinteils herum. Die Versuche, befreundete Redakteure zu einer weitergehenden Berichterstattung zu motivieren, führte zu freundlicher Ablehnung: Das Thema sei interessant, aber eher von mittelfristiger Bedeutung. Allenfalls könne man sich eine Berichterstattung im Zusammenhang mit der geplanten Klage von Bremen um Bundesunterstützung vor dem Bundesverfassungsgericht vorstellen. Ja, sicher, die Haushaltssituation in Berlin sei schwierig und die unbefristeten Verträge würden die Stadt über Jahrzehnte belasten, aber andere Bundesländer seien auch bankrott. Wenn es mit der Klage von Bremen gegen den Bund zur Schuldenübernahme so weit sei, könne man sich ja nochmal unterhalten.

Kurz nach vier Uhr nachmittags lief eine Meldung über den Ticker, mit der unser Pressesprecher sofort zu Wolff stürzte. Ein Professor für Soziologie aus Gießen hatte eine eidesstattliche Erklärung hinterlegt. Er behauptete, Anfang der Siebziger zusammen mit Wolff an Demonstrationen in Göttingen teilgenommen zu haben und ihn, Wolff, anhand von Kleidung und Haltung auf den Fotos erkannt zu haben. Es sei im Übrigen nur als psychologisches Phänomen zu begreifen, wie jemand, der damals im militanten Widerstand aktiv war, heute neokonservative Positionen vertrete, der Mauerfall dürfe nicht als Vorwand dienen, um restaurative Tendenzen zu fördern oder gar einen Schlussstrich unter die Vergangenheit zu ziehen. Keine fünf Minuten später folgte eine Stellungnahme des Regierenden Bürgermeisters, der darauf hinwies, dass es Extremismus von links wie von rechts zu vermeiden gelte, und von Wolff eine Klärung der Situation verlangte. Der zeitliche Abstand zwischen der ersten und der zweiten Meldung war so kurz, dass es sich um eine vorbereitete Stellungnahme handeln musste – Bethgen und seine Truppe wussten also von der eidesstattlichen Erklärung, wenn sie sie nicht selbst eingefädelt hatten.

Wolffs Sekretärin kam zu mir und sagte, Wolff hätte eine dringende Besprechung angesetzt. In seinem Büro saßen schon der Pressesprecher und Heufeld.

»Ihr habt alle die Berichte und Pressemeldungen gesehen«, sagte Wolff. »Die Wahrheit ist: Ich weiß es nicht mehr. Tatsache ist, ich war damals in Göttingen und auch bei Demos dabei. Es gab Anfang der Siebziger ein paar Handgemenge mit Polizisten, an die Szene auf den Fotos kann ich mich aber genau so wenig erinnern wie an die Kleidung. Wie gehen wir vor?«

»Man wird dir nicht glauben, wenn du das sagst. Man wird sagen, du lügst«, gab Heufeld zu Bedenken.

»Aber wenn wir morgen keine Erklärung abgeben, dann kreuzigt uns die Presse. Egal ob Sie auf den Fotos abgebildet sind oder nicht«, antwortete der Pressesprecher.

»Auf jeden Fall sollten wir diesen Soziologieprofessor unter die Lupe nehmen«, ergänzte ich.

»Also werden wir für morgen Mittag eine Pressekonferenz einberufen und gleichzeitig alles über meinen ehemaligen Kommilitonen in Gießen herausfinden. Nur, was sage ich morgen Mittag?«

»Am besten die Wahrheit«, ließ sich der Pressesprecher vernehmen. »Wenn Sie sich nicht erinnern können, dann ist es eben so. Die Anwesenheit in Göttingen ist erwiesen, alles andere muss offenbleiben.«

»Der Wahlkampf wird ein einziges Spießrutenlaufen«, sagte Heufeld und zuckte mit den Schultern, »aber mir fällt auch nichts Besseres ein.«

»Wer hat eigentlich der Wahlkampfzentrale des Bürgermeisters die Fotos zukommen lassen«, fragte ich, »der Soziologe?«

»Unwahrscheinlich«, antwortete Heufeld, »er ist zu weit weg, auch wenn er schon immer einen Hang zur Konspiration hatte. Es muss schon jemand aus dem Berliner Umfeld gewesen sein, der Zeitpunkt und Wirkung der Veröffentlichung gut abschätzen konnte.«

Nach der Sitzung bat Wolff mich, noch dazubleiben. Er fragte mich, ob ich mit meinem Vater gesprochen hätte. Als ich verneinte, sah er mich schweigend an, während ich versuchte an seinem Gesicht abzulesen, ob er enttäuscht war. Es war nicht so, dass ich ihm keinen Gefallen tun wollte. Genau genommen, hätte ich ihm fast jeden anderen Gefallen getan. Er sollte die Vaterrolle annehmen, damit ich endlich Sohn sein konnte. Er sollte sein, was ich an meinem Vater nicht hatte. Und auf keinen Fall wollte ich von ihm hören, dass ich mit meinem leiblichen Vater sprechen sollte, der sich nicht für mich interessierte und mit seiner neuen Familie beschäftigt war.

Aber er konnte nicht erkennen, was ich in ihm sah, was ich mir von ihm wünschte. Er saß da, sah mich an, sah durch mich hindurch, ohne Verständnis. Ich zögerte kurz und ging aus dem Zimmer.

Einen unserer Mitarbeiter schickte ich in die Staatsbibliothek, um in den einschlägigen Personenlexika etwas über den Soziologen herauszufinden. Das Resultat war mager. Der Kürschner und das Soziologenlexikon wussten nur zu berichten, dass die Berufung Anfang der achtziger Jahre erfolgt war. Als Spezialgebiet war die Resozialisierung von jugendlichen Straftätern genannt. Als nächstes setzte ich mich an das Telefon und versuchte Habermehl zu erreichen. Er war mit Wolff befreundet, ebenfalls Dozent am Soziologischen Institut und wusste vielleicht mehr.

»Gießen sagst du? Alter Stamokap-Haufen, machen gern Querberufungen mit Göttingen. Berufst du meinen Assistenten, beruf ich deinen. Der Name sagt mir nichts, aber hast du von Neubrandenburg gehört?«

»Irgendeine Kleinstadt im Osten«, antwortete ich, »was ist damit?«

»Da gab es einen Stützpunkt der Stasi.«

»Wo gab es die nicht?«

»Die Stasi hat zur Entlastung der Aufklärungsabteilungen in Berlin und Potsdam die Bezirksverwaltungen verpflichtet, Objektvorgänge anzulegen. Also Akten über Observierungsobjekte.«

»Und?«

»Die Neubrandenburger Kollegen waren für die Uni Gießen zuständig.«

»Aha«, meine Begeisterung hielt sich in Grenzen. »Woher weißt du das überhaupt, die Stasiunterlagen sind doch durch den Reißwolf gegangen?«

»Fast überall. Neubrandenburg ist aber, wie soll ich sagen, etwas abgelegen. Die wussten nicht, was die Stunde geschlagen hatte.«

»Schwer zu sagen, kann man sich eigentlich nicht vorstellen. Vielleicht hatten sie da nicht die hellsten Köpfe.«

»Oder sie waren gerade auf dem Kudamm einkaufen.«

»Jedenfalls?«

»Jedenfalls gibt es neben der Spitzeldatei über den Bezirk eine Objektakte über Gießen.«

»Nein!«

»Doch. Makellos wie ein Babypopo und augenscheinlich vollständig. Sagt zumindest mein Kontakt vom Neubrandenburger Bürgerkomitee.«

»Kannst du mal schauen, was sich machen lässt, vielleicht steht da etwas über Wolff? Ich meine, vielleicht hatten die ihn schon damals im Visier und versuchen immer noch, ihm etwas anzuhängen. Und, bitte, es ist dringend.«

»Du wirst es nicht glauben, aber Zeitungen werden auch außerhalb eures Büros gelesen.«

»Habermehl, du bist ein Schatz.«

Habermehl hatte zugesagt, mit Hochdruck an der Sache zu arbeiten und nach Möglichkeit vor der Pressekonferenz ein Ergebnis zu liefern. Alles was wir danach aufbieten konnten, wäre nur noch halb so viel wert gewesen. Die Presseleute wären längst über Wolffs Gedächtnisverlust hergefallen. Aber Wolff machte uns auch ohne den Zeitdruck genug Sorgen. Er wirkte müde und abgekämpft, um plötzlich wieder in eine übertriebene Betriebsamkeit zu verfallen. Während seine Tür früher immer offen gestanden hatte, schirmte seine Sekretärin ihn jetzt gegen alle außer Heufeld ab.

Drei Stunden vor der Pressekonferenz hatten wir eine Besprechung. Die Spannung war kaum zu ertragen. Der Pressesprecher und ich waren die ersten im Sitzungsraum. Unsere Unterhaltung war eine Mischung aus Fatalismus und hysterischer Albernheit. Heufeld und Wolff, beide blass und ernst, kamen eine Viertelstunde zu spät. Die Diskussion der ersten zehn Minuten war eine Erörterung der verfügbaren, sämtlich fruchtlosen Möglichkeiten. Dann kam Wolffs Sekretärin herein, beugte sich zu mir und flüsterte: »Herr Habermehl ist am Apparat, es soll dringend sein.« Ich entschuldigte mich und lief in mein Büro.

»Dadidada, der Stasireport ist da.«

»Habermehl, lass den Mist. Uns geht der Hintern hier auf Grundeis. Was hast du?« »Über Wolff – nichts.«

»Nichts? Keinen einzigen Eintrag?«

»Nein, blank auf der ganzen Linie. Aber etwas anderes. Es gibt da einen »IM Dozent«. IM steht für informeller Mitarbeiter, also ein Stasispitzel. Dozent ist ein Deckname, damit nicht jeder, der den Bericht in die Finger bekommt, weiß, um wen es sich handelt.«

»Mensch, Habermehl, mach los. In zwei Stunden muss Wolff vor die Presse.«

»Unser lieber IM Dozent hat so ziemlich den kompletten Lehrkörper der Uni Gießen denunziert. Mit Abstand der fleißigste Zuträger für das Objekt. Und da steht alles, von der politischen Einstellung und persönlichen Schwächen bis zu sexuellen Vorlieben.«

»Habermehl, bitte!«

»Geduld, du wirst es nicht bereuen. Eigentlich gibt es keine Chance, den Klarnamen des IM herauszubekommen, allerdings hat unser Kandidat ein Forschungsgebiet, das er bei jeder Gelegenheit als Referenz heranzieht. Es handelt sich, dadidada, um jugendliche Straftäter und ihre Wiedereingliederung.«

»Du meinst, der Soziologieprofessor ist IM Dozent?«

»Ich habe die Lebensläufe sämtlicher Gießener Lehrbeauftragten für den fraglichen Zeitraum durchforsten lassen. Es gibt außer dem Professor niemanden, der nur annähernd das Fachwissen für diesen Bereich mitbringt. Und es muss jemand aus dem Lehrkörper sein, niemand sonst hätte so detaillierte Informationen zu den Ordinarien sammeln können.«

»Habermehl, ich sagte es schon: Du bist ein Schatz. Eine letzte Frage noch: Steht die Akte der Presse zur Verfügung?«

»Grundsätzlich nein, wegen des Schutzes persönlicher Daten. Aber sollten die Journalisten einen Bürgerrechtler über die Stasizentrale des Bezirks Neubrandenburg anhand eines konkreten Beispiels befragen wollen, dann ist das sicher zu machen. Ein bestimmter Mitarbeiter des soziologischen Instituts wird die Wahrheitsfindung an dieser Stelle gern unterstützen.«

Wolff erklärte der Presse, dass der Informant des Bürgermeisters unter dem Decknamen IM Dozent einschlägige denunziatorische Erfahrung habe. Das hätten gesicherte Quellen belegt. Gleichzeitig fütterte ich zusammen mit dem Pressesprecher befreundete Journalisten mit der Geschichte aus Neubrandenburg und den Kontakten zu Habermehl und den Bürgerrechtlern. Nach der Wende war jede Verbindung mit der Stasi eine sichere Schlagzeile, die Presse riss sich um die Geschichte.

Der Soziologieprofessor zog es vor, sich zu der Sache nicht zu äußern. Mangels anderer Quellen belagerten die Journalisten daraufhin die Pressestelle des Schöneberger

Rathauses, die ihrerseits erklärte, keine Auskunft geben zu können.

Am Abend ließ der Bürgermeister verbreiten, dass jeder Bürger der Bundesrepublik frei wäre, eidesstattliche Erklärungen nach eigenem Gutdünken abzugeben. Sämtliche Hinweise auf Verstrickungen mit der Staatssicherheit müssten allerdings umgehend und rückhaltlos aufgeklärt werden. Am nächsten Tag waren die Zeitungen voll mit Kommentaren zur Unterwanderung westdeutscher Universitäten durch die Staatssicherheit und niemand interessierte sich mehr für Wolffs Vorleben.

An jenem Abend lud Heufeld den engeren Kreis und natürlich auch Habermehl in sein Lieblingslokal ein. Es war das gleiche, in dem wir nach dem Treffen im Schwul-O-Mat gegessen hatten. Wie damals bestellte er große Platten mit Fisch und Fleisch für alle und aß mit geradezu dionysischer Hingabe. Die Runde war mehr als ausgelassen, die Anspannung der letzten Tage war einer frohen Zuversicht gewichen. Der Wahlkampf ging weiter, aber eine wichtige Schlacht war geschlagen.

Habermehl unterhielt sich angeregt mit der Sekretärin, der Pressesprecher stieß genießerisch Rauchkringel in die Luft, der Werbemensch aß mit Heufeld um die Wette, nur Wolff machte einen abwesenden Eindruck.

»Die Sache haben wir gut überstanden«, sagte ich vorsichtig.

»Vielleicht noch nicht ausgestanden«, brummte er.

»Meinen Sie? Die Blätter schreiben über die Stasi und ihre zehntausend Westagenten. Ihre Vergangenheit ist nicht mehr Thema.«

»Einige interessieren sich sehr dafür«, antwortete er, sah mir in die Augen und zeigte den Ansatz eines Lächelns, »und sie werden nicht aufhören, an dieser Stelle weiterzuarbeiten.«

»Die Frage ist, wie erfolgreich das sein wird. Die Öffentlichkeit jedenfalls ist mit anderen Dingen beschäftigt. Diese Diskussion ist gelaufen.«

»Was die Öffentlichkeit anbelangt, haben Sie sicher recht«, sagte er und wandte sich, ohne eine Antwort abzuwarten und für seine Verhältnisse ausgesprochen unhöflich, wieder seinem Essen zu.

17

Reibung

»Wolff-Freunde raus!!!« hatte jemand mit einem schwarzen Filzstift über die gesamte Breite meiner Wohnungstür geschrieben. Mein erster Gedanke war: Jetzt kriegen sie dich. Wer auch immer meine Tür bemalt hatte, wusste, wo ich wohnte und was ich tagsüber tat. Unsicher sah ich mich um, das Treppenhaus war leer. Ich schloss die Tür auf, ging hinein und trank ein Glas Wasser. Die Schrift hatte ich schon an den Hauswänden der Umgebung gesehen. Dort stand meist »Wolff-Faschisten raus«, das hier war also noch die freundliche Variante. Andererseits hatte sich der Künstler um drei Ausrufezeichen bemüht, also schien es ihm wichtig zu sein. Vielleicht war das eine Warnung, ein Vorgeschmack, die niedrigste Eskalationsstufe, der weitere folgen würden. Wolff wurde immer wieder als Populist bezeichnet und linke Gruppen hatten vor zwei Wochen ein Plakat aufgehängt, auf dem sein Gesicht in einer Zielscheibe zu sehen war. Der Innensenator sah jedoch keine konkrete Gefahr und hatte unsere Bitte um Personenschutz abgelehnt. Das BÜNDNIS hatte viele Unterstützer, aber außer dem Pressesprecher und Heufeld war keiner der breiten Öffentlichkeit bekannt. Wer konnte wissen, dass ich für Wolff arbeitete? Eigentlich nur jemand aus meinem engeren Umfeld. Hagen konnte es ahnen, wir hatten in der letzten Zeit zunehmend Diskussionen über die politische Situation. Vielleicht war mir auch einer seiner schwarzgewandeten Freunde morgens in das Büro gefolgt.

Was hatte ich zu befürchten? Eigentlich galt nur Gewalt gegen Sachen als politisch akzeptabel. Fäkalien wurden in teure Restaurants gekippt, Tiere aus Labors befreit und ab und zu ein Auto angezündet, das nach Wohlstand aussah. Möglicherweise war das Plakat mit der Zielscheibe aber auch der Anfang einer Radikalisierung, die sich gegen Personen richtete. Dass jemand in meine Wohnung einbrach, um mich zu bedrohen, war mein Albtraum. Stefano im Breitbildformat. Selbst wenn ich die Schrift entfernte und nichts mehr geschah, wusste ich nicht, ob ich noch ruhig schlafen konnte. Eigentlich gab es nur die Flucht nach vorn. Ich füllte das Glas noch einmal mit Wasser und klopfte gegenüber an der Tür von Hagen.

Meistens dauerte es lange, bis Hagen öffnete. Entweder war die Musik so laut, dass er das Klopfen nicht hörte, oder er lag im Bett und musste sich erst anziehen. Manchmal war es auch ein Joint, der fertiggebaut oder geraucht werden wollte. Aber diesmal öffnete er so schnell, als hätte er hinter der Tür gestanden. Vielleicht war das tatsächlich so, jedenfalls begrüßte er mich mit den Worten »komm rein, wir warten auf dich.« Mir war unwohl, aber ich wollte keine Schwäche zeigen. Dies war nicht mehr das Internat, kein Außenposten im Schneeregen, den ich lieber heute als morgen verlassen hätte. Es ging um meine Wohnung, mein Zuhause. Nach einem Moment des Zögerns ging ich den Flur hinunter und betrat das Zimmer. Hagens Sofa war eine orangefarbene Vollsynthetikkreation, von irgendeinem volkseigenen Betrieb kurz vor der Wende als Ausweis internationalen Niveaus produziert. Darauf saßen zwei schwarzgewandete Gestalten wie Krähen auf einem Strommasten. Fast musste ich lachen, vor wem ich mich da gefürchtet hatte. Die beiden waren so bleich wie die Wand, die Hagens Vorbewohner vor gar nicht allzu langer Zeit gestrichen haben musste. Einer von ihnen war Assel, den ich aus dem Soziologencafé kannte, der andere wohnte in einer Einzimmerwohnung im Hinterhaus. Hagen hatte vor das Sofa eine umgedrehte Bierkiste gestellt, auf der ich mich niederließ.

»Hallo Assel«, sagte ich, was ihn sichtlich verlegen machte. Der Einzimmerbewohner zischte: »Tu nicht so vertraut, du Verräter.«

»Nur mit der Ruhe, Atze«, sagte Hagen und setzte sich umständlich auf eine zweite Kiste. »Also«, er sah mich ernst an, »erzähl uns doch bitte, was du tagsüber tust.« Einerseits hatte ich nicht vor, mich verhören zu lassen, andererseits war das hier besser als beschmierte Türen. »Ich organisiere den Wahlkampf einer Partei«, antwortete ich vorsichtig.

»Bei die Faschisten«, rief Atze entrüstet und zog dabei das a bedrohlich in die Länge.

»Beim BÜNDNIS FÜR BERLIN«, antwortete ich und versuchte ihn ruhig anzusehen.

»Keine gute Adresse«, ließ sich Assel vernehmen, »der Verein steht für Nationalismus, Ausländerfeindlichkeit und Sozialabbau.«

»Das sehe ich anders. Soziale Wohltaten müssen auch bezahlt werden. Und Integration fördert man nicht durch Wegsehen.«

»Zumindest«, warf Hagen ein, »eine merkwürdige Adresse für einen Besetzer.«

»Auch da bin ich mir nicht sicher. Als wir die Wohnungen besetzt haben, wollten wir einen eigenen, selbstbestimmten Raum. Im Programm des BÜNDNIS stehen Eigeninitiative und Selbstbestimmung.«

»Im Herzen seid ihr alle Autonome«, höhnte Atze.

»Das eher nicht. Aber weder das BÜNDNIS noch die Besetzer wollen Zuteilungen und Sozialbürokratie. Sondern Gemeinschaften, in der einer für den anderen da ist.«

»Moment, Moment«, unterbrach mich Hagen, »Autonome sind links, das Bündnis ist rechts. Richtig?«

»Von mir aus. Aber wie wichtig ist dieses Lagerdenken noch, nachdem die Mauer gefallen ist? Niemand muss mehr Raketen aufstellen oder dagegen protestieren. Niemand muss mehr die ganze Gesellschaft umkrempeln. Der große Entwurf ist tot und das ist gut so.«

»Revolution und Nationalismus schließen sich aus«, stellte Hagen fest.

»Möglich«, antwortete ich, »aber wer wartet auf die Revolution? Eine fixe Idee aus den Zwanzigerjahren. Eine Nummer kleiner tut es auch.«

Atze fing plötzlich an zu schreien: »KEIN VIERTES REICH, KEIN VIERTES REICH!«

»Atze, bitte«, sagte Hagen und wandte sich dann in einem scharfen Ton an mich. »Also noch mal, du willst uns ernsthaft erzählen, dass eine Wohnungsbesetzung und die Arbeit für das BÜNDNIS das Gleiche sind?«

»Für mich führt ein gerader Weg von der Besetzung zum BÜNDNIS. Wir haben hier Räume gefunden und für uns eingerichtet. Wir haben nichts Neues gemacht, aber etwas für uns. Wir haben uns definiert. Und wir haben gemerkt, dass es auf uns ankommt. Das passiert auch beim BÜNDNIS. Es geht um die Frage, wer bin ich, was ist mein Umfeld, meine Stadt, mein Land. Wie verteidige ich diese Definition. Und wie gebe ich denen eine Stimme, die sich nicht äußern. Wie sage ich ihnen, dass es auch auf sie ankommt.«

»Wolff ist ein Rattenfänger«, warf Assel ein.

»Das Bündnis bringt Nichtwähler an die Urne«, antwortete ich.

»Was du erzählst, ist ziemlich abstrakt«, sagte Hagen.

»Konkret würde mich interessieren, wer meine Tür bemalt hat.«

Alle drei schwiegen, Atze bekam einen roten Kopf.

»Übrigens war ich der Erste«, fuhr ich fort, »der hier eine Wohnung besetzt hat.« Ich sah Atze an, er wich meinem Blick aus. Alle drei schwiegen.

»Ich mache die Schrift weg«, sagte ich, »kann ich mich darauf verlassen, dass sie morgen nicht wieder da ist?«

Nach einer Weile antwortete Hagen: »Wir klären das.«

Plötzlich sprang Atze mit einem Satz von dem Sofa in die Mitte des Raums. Die Schöße seines weiten, schwarzen Mantels flatterten und für einen Moment sah er wirklich wie ein großer, dunkler Vogel aus, der sich in die Luft erhoben hatte. Während wir erschrocken zurückwichen, ging er vor mir und Hagen in die Hocke.

»Dieses Geschwätz ist unerträglich«, seine Stimme überschlug sich vor Erregung, »im Kampf gegen den Faschismus zählt nur eins.«

Er nahm einen schweren, matt glänzenden Gegenstand aus seiner Manteltasche, führte ihn mit einer theatralischen Geste in hohem Bogen über seinen Kopf und legte ihn vor uns auf das Parkett. Verständnislos starrten wir auf die schwarze, metallische Oberfläche, bis Hagen tonlos in die Stille fragte: »Wo kommt die denn her?«

»Makarow, wird in der sowjetischen Armee getragen«, antwortete Atze nicht ohne Stolz. In seine krächzende Stimme mischte sich Zärtlichkeit.

Assel, Hagen und ich starrten auf die Pistole, hinter der Atze wie ein Schamane kauerte, der sein Totem präsentiert. »Das ist die Waffe, die Wolff auslöschen wird«, schoss es mir durch den Kopf. Im nächsten Augenblick dachte ich: »Das ist doch lächerlich. Atze beschmiert Wände und Türen, zu allem anderen ist er unfähig.« Die Pistole lag vor uns, schwer, dunkel, ein fünfzackiger Stern auf dem geriffelten Griff. Eine schimmernde Aufforderung zur Gewalt, präsentiert unter klassizistischem Stuck auf Eichenparkett. Ohne nachzudenken griff ich zu. Es war nicht richtig, dass sie hier war, in diesen Räumen, ich wollte nicht, dass sie weiter zur Schau gestellt wurde. Früher oder später würde jemand kommen, der sie bedienen würde. Atze streckte ebenfalls die Hand aus und für einen grotesken Moment zogen wir beide an dem Stück Metall, bis Assel und Hagen Atze zur Hilfe kamen und mir die Waffe aus den Händen wanden.

Atze zog die Pistole wie ein kleines Kind an seinen Körper und hielt sie mit beiden Händen umklammert. »Es ist nicht gut, es ist nicht richtig, bitte werft sie weg«, stammelte ich.

Hagen hatte die Fassung wiedergewonnen und sagte in bestimmtem Ton: »Sie gehört Atze, er entscheidet.« Atze erhob sich, die Waffe immer noch an seine Brust gepresst, und verließ die Wohnung mit wehenden Rockschößen.

Am nächsten Morgen war die Schrift von meiner Tür verschwunden. Nur der Geruch von Waschbenzin und schwarze Schlieren auf dem dunkelroten Untergrund erinnerten an den vergangenen Abend. Hagen grüßte mich, als wäre nichts geschehen. Atze war nicht zu sehen und wenn ich abends nach Hause kam, brannte in seinem Zimmer kein Licht. Die Waffe beunruhigte mich, aber was sollte ich tun? Wenn ich zur Polizei ging, konnte ich gleich ausziehen. Und selbst Atze war nicht so dumm, eine Pistole zu Hause aufzubewahren. Außerdem gab es jede Menge Rotarmisten, die ihren kargen Sold durch den Verkauf aller Arten von Armeeeigentum aufbesserten. Vor einigen Wochen hatte eine Theatertruppe zwei flugtaugliche MiG Jäger für eine Performance erworben. Der Staatsschutz ermittelte wegen Verstoß gegen das Kriegswaffenkontrollgesetz. Wenn die Polizei jeder Pistole hinterherlief, hatte sie viel zu tun.

Der Wahlkampf machte es leicht, die Auseinandersetzung zu vergessen. Niemand im Büro arbeitete weniger als zwölf Stunden. Die Anstrengungen zehrten an den Kräften, aber die Umfrageergebnisse und Wolffs zurückkehrende Selbstsicherheit sorgten für gute Stimmung. Nach dem Fehlschlag mit den angeblichen Fotos von Wolff sah die Regierungspartei von weiteren Experimenten ab und schwenkte auf einen sachlichen Kurs ein. Wahrscheinlich setzten sie zu Recht darauf, dass sich die Wähler nach Ruhe und Stabilität sehnten. Wir arbeiteten daran, das BÜNDNIS als politische Kraft zu etablieren, ohne die es – von einer großen Koalition abgesehen – keine Mehrheit gab. Diese Aussicht verwandelte sich in eine Hoffnung, dann zu einer Gewissheit, um schließlich in eine zuversichtliche Ausgelassenheit zu münden. Die Erinnerung an die Pistole verwischte, verschwamm, verfloss.

Mitte Oktober, es war ein Montag, erschien Heufeld an meinem Schreibtisch und sagte: »Wir müssen reden.« Es klang ungewöhnlich ernst, besonders weil alle an diesem Tag ausgelassen waren. Der *Spiegel* hatte einen ganzseitigen Artikel über Wolff gebracht. Der Text ließ keine wirklichen Sympathien erkennen, behandelte den Bürgermeister und die etablierten Berliner Parteien aber mit deutlicher Distanz. Die kalkulierte Entrüstung über die angeblichen Fotos von Wolff und seine erzwungene Rehabilitierung im Zuge der Stasiaffäre nahmen den größten Teil des Berichts ein. Ausführlich wurde geschildert, wie der Bürgermeister den Göttinger Professor zunächst als vertrauenswürdige Quelle präsentiert hatte, um ihn dann mit Aufkommen der Stasihinweise hastig fallenzulassen. Außerdem wurden einige Sätze aus den Neubrandenburger Unterlagen zitiert, die deutlich machten, dass die Göttinger Uni mit Spitzeln durchsetzt gewesen war. Der Spiegel hatte Informanten befragt, die aussagten, ihr Hauptproblem sei nicht die Informationsbeschaffung gewesen, sondern sich nicht gegenseitig in die Quere zu kommen. Es war ein guter Artikel, eine Abrechnung mit der Selbstgefälligkeit und den falschen Hoffnungen der letzten Jahre. Aber Heufeld stand vor mir, kniff die Lippen zusammen, drehte sich energisch auf dem Absatz um und steuerte Wolffs Büro an. Folgsam trottete ich hinter ihm her.

Wolff saß an seinem Schreibtisch, ebenfalls blass und ernst. Zögernd ließ ich mich auf dem freien Platz nieder. Heufeld drehte seinen Stuhl so, dass er mir gegenübersaß.

»Wir würden gern deine Meinung zu einem Hinweis hören«, begann Wolff umständlich, »den wir heute Morgen bekommen haben.« Er machte eine Pause und sah mich forschend an. Ich hatte keine Ahnung, worum es ging.

»Es handelt sich um den Regierenden Bürgermeister«, sagte Heufeld und machte eine weitere, quälende Pause. »Genauer gesagt um seinen Assistenten.«

Das Blut schoss mir in den Kopf. Wie hatte ich nur hoffen können, dass es nicht herauskommen würde? Wäre ich nur selbst auf Wolff zugegangen, dann säße ich hier nicht wie ein Verräter.

»Anton«, fragte Heufeld, »kennst du ihn?«

Stumm nickte ich.

»Einerseits ist das deine Privatsache«, fuhr er fort, »andererseits weißt du selbst, dass er uns erhebliche Schwierigkeiten bereitet hat. Du hast in diesen Räumen Zugang zu fast allen Informationen. Deshalb müssen wir wissen, woran wir sind.«

Heufeld sprach langsam und kontrolliert, doch es fiel ihm sichtlich schwer, die Fassung zu wahren. Es tat mir weh, in seiner Stimme Ärger und Argwohn zu hören. Wolff saß wie versteinert in seinem Sessel, seine Augen waren gerötet. Mit gesenktem Kopf starrte ich auf die Tischplatte und dachte, dass es mir wichtig war, diese Menschen nicht zu enttäuschen, wichtiger vielleicht noch als meine Wohnung und die Erinnerung an Meike. Aber Heufeld und Wolff waren misstrauisch, mussten es sein und es gab wenig, womit ich den Abgrund zwischen uns überbrücken konnte. Egal, was ich sagen würde, es klänge immer nach einer Rechtfertigung, wenn nicht nach einer Ausrede. Wenn ich aufrichtig sein wollte, durfte ich die lange Freundschaft mit Anton, die Tatsache, dass ich bei ihm gewohnt hatte und unsere Auseinandersetzung über Wolff nicht verschweigen. Aber dann würde sich die Frage stellen, warum ich nicht das Gespräch gesucht hatte, als Anton gegen uns arbeitete. Für einen Moment dachte ich darüber nach, nur zuzugeben, dass ich Anton kannte und alles andere zu leugnen. Vielleicht wäre das schon genug, damit diese Befragung, dieses peinliche Tribunal morgen nur noch eine unangenehme Erinnerung wäre. Vielleicht würde das die Untiefen zuschütten, die sich zwischen uns auftaten, und die Enttäuschung wegwischen, die ich in Heufelds und Wolffs Augen glimmen sah. Aber im selben Moment wusste ich, dass es zu spät war, ich schon zu lange jedes klare Wort vermied und es falsch wäre, sich mit Halbheiten abzugeben. Eine haltlose Angst krallte sich in meinem Magen fest. Sie hatte mich vor zwei Wochen verstummen lassen, als der Pressesprecher Antons Namen nannte und lähmte mich auch jetzt, verkehrte meine Loyalität in ihr Gegenteil und setzte mich ins Unrecht. Mehr denn je sehnte ich mich nach Wolffs und Heufelds Nähe, einem wohlwollenden Blick, einer Hand auf meiner Schulter, der Anerkennung meiner Arbeit und der Bestätigung meiner Person. Im Grunde war es nicht die Politik, die mich jeden Morgen in diese Räume kommen ließ. Es war der Wunsch, dabei zu sein, dazuzugehören, es war Kameradschaft ohne Peinlichkeit, Nähe ohne Schmerzen und nicht zuletzt die Sehnsucht, als Sohn angenommen zu werden. Auch wenn diese Familie nicht am Abendbrottisch zusammenkam, sondern in einem Großraumbüro.

In diesem Moment fürchtete ich nichts mehr als die Aufforderung, meinen Schreibtisch zu räumen und das Büro zu verlassen. Die Angst, in den Augen von Wolff und Heufeld nicht zu bestehen und abgewiesen zu werden, ließ den Boden wanken und nahm mir den Atem. Der Schutz der Kampagne vor Risiken erschien mir als vorgeschobenes Argument. Im Grund ging es darum, dass sie mich wegschieben, forthaben, ausstoßen wollten. Dass die Kampagne besser laufen würde, wenn ich nicht da wäre, dass sie sich ohne mich wohler fühlen würden. Im Grund war es die Angst, dass es letztlich besser wäre, wenn sie mich nie kennengelernt hätten, dass die Welt ein besserer Ort wäre, wenn es mich überhaupt nicht gäbe. Es war die Angst aus den Zügen, die mich von meiner Mutter in das Internat und von meinem Vater zu meiner Mutter zurück transportiert hatten. Der Wunsch, den Menschen, die ich liebte, das Leid zu ersparen, das meine Gegenwart auslöste. Die Augen immer noch auf die Tischplatte gesenkt, spürte ich, wie ich schneller atmete. Meine Gefühle waren auch ein Echo des Besuchs in Lüneburg, ich allein draußen im Regen und die anderen drinnen zusammen in dem hell erleuchteten Raum, froh, ausgelassen, mit sich selbst im Reinen. Mein

Vater, dem es jetzt besserging. Der mit seiner neuen Familie ein Glück gefunden hatte, das ihm in meiner Gegenwart versagt geblieben war. Und auch meiner Mutter war es ohne mich bessergegangen. Mit mir hatte sie sich der Erinnerung an die gescheiterte Ehe und zerbrochene Familie entledigt. In meinem Eispalast am Rande der Alpen war es wie bei dem Haus meines Vaters in Lüneburg: Meine Mutter genoss die hell erleuchtete Stadt, während ich ihr aus der Ferne zusah.

Berlin hatte mir Erleichterung verschafft, Luft zu atmen, im Umbruch der Wende spürte ich zum ersten Mal in meinem Leben den Boden unter meinen Füßen. Aber war ich jetzt in dem Haus, in dem ich Zuflucht gefunden hatte, wieder an dem Punkt angekommen, den ich von dem Verhältnis zu meinen Eltern kannte? War der Streit mit Hagen und den anderen wieder ein Zeichen des Ausgeschlossenseins, das Signal, dass ich als unerwünschter Fremdkörper galt, der unter Quarantäne zu stellen war, um die Gemeinschaft nicht zu bedrohen? Mit Überzeugung hatte ich Wolff gegen Atze verteidigt, hatte mir gewünscht, dass er in ihm sehen könnte, was ich in ihm sah. Aber das war unmöglich, denn es ging gar nicht um Politik, es ging darum, dass ich Wolff an die Stelle meines Vaters gesetzt hatte, ihn wie ein Sohn lieben wollte und kaum Kritik an ihm ertrug. Und natürlich wollte ich nicht nur lieben, sondern auch geliebt werden, darum hatte ich Heufeld und Wolff meinen Kontakt zu Anton verschwiegen. Aber auch hier erntete ich Misstrauen und Verachtung statt Wohlwollen und Nähe. Wahrscheinlich lag es an mir, an dem Unvermögen, die richtige Distanz zu wahren, entweder zu viel oder zu wenig zu wollen, meiner Selbstwahrnehmung als emotionales Jojo, einem Denkmal der Beziehungsunfähigkeit. Und wahrscheinlich war es nur konsequent, mein Schweigen als Vertrauensbruch zu deuten, festzustellen, dass die Kampagne ohne mich sicherer wäre, und mich freundlich, aber bestimmt aufzufordern, den Schreibtisch zu räumen und mir den Wahlkampf von außen anzusehen. Meine Angst wechselte die Farbe, wurde dunkler und schwerer, sie verwandelte sich in eine Traurigkeit, die wie eine riesige, graue Nebelwand auf mich zukam.

»Wie hast du denn Anton kennengelernt?«, sagte Wolff in die Stille hinein. Seine Stimme klang sanft und interessiert. Überrascht hob ich den Kopf, sah, wie er einen Mundwinkel hob und ein Lächeln andeutete. Wie zufällig wischte ich mir mit dem Handrücken über die Augen und begann zu reden. Erst langsam, dann immer schneller, als ob ich mir eine Last von der Seele wälzen wollte, erzählte ich vom ersten Tag im Internat, der Bekanntschaft mit Anton und wie ich nach Berlin gekommen war. Wolff war herzlich und offen. Seine Fragen ließen erkennen, dass ihn die Geschichte von Anton und mir berührte. Mir schien, er verstand, wie allein und schutzlos ich mich im Internat gefühlt hatte. Und dass Anton mich gerettet hatte, nicht nur vor den Demütigungen, sondern auch vor Verzweiflung und drohender Selbstaufgabe. Dass Antons Unbeirrbarkeit mir Mut gemacht hatte, mein Leben anzunehmen. Wolff fragte weiter und ermutigt fügte ich meinem Bericht Einzelheiten und Beobachtungen hinzu. Er führte mich mit seinen Fragen auf den Punkt, dass der Umzug nach Berlin, meine Anwesenheit in diesem Büro, die Mitarbeit in der Kampagne ohne Anton nicht denkbar gewesen wäre. Von hieraus ergab sich wie von selbst, dass mich Antons Arbeit für die Gegenseite in einen Konflikt gestürzt hatte, den ich nicht lösen konnte. Dass das Bekenntnis zu der Freundschaft mit Anton die Verbundenheit gegenüber ihm, Wolff, in Frage gestellt hätte. Dass aber gleichzeitig eine Illoyalität gegenüber unserer Kampagne völlig ausgeschlossen war, da ich professionell genug sei, um mein politisches Engagement von der Nähe zu Anton zu trennen. Als ich aufblickte, machte Wolff zu meiner Überraschung ein hochzufriedenes Gesicht, seine Augen strahlten und auf seine Wangen hatte sich ein zartes Rot gelegt.

Am Rand meines Gesichtsfeldes hatte ich wahrgenommen, dass Heufeld unruhig geworden war, mit den Füßen scharrte, etwas auf seinen Block kritzelte und schließlich aus dem Fenster sah. Als mich Wolff bat, einen Moment vor der Türe seines Büros zu warten, erhob sich auch Heufeld.

Durch die geschlossene Tür hörte ich, wie er mit erregter Stimme auf Wolff einredete, der ihn zu beruhigen versuchte. Nach einem Moment der Stille riss Heufeld die Tür auf und stürmte an mir vorbei. Zögernd betrat ich das Büro. Als er meine besorgte Miene sah, machte Wolff eine begütigende Handbewegung. »Heufeld ist aufbrausend, aber er hat ein gutes Herz. Heute Abend gehe ich mit ihm Essen, danach rauchen wir Zigarren und alles wird wieder gut. Es ist wie mit dir und Anton. Man muss nicht einer Meinung sein, aber man soll nie eine Freundschaft verraten.«

18

Endspurt

Sechs Wochen vor der Wahl absolvierte Wolff drei bis fünf Veranstaltungen am Tag. Stunde um Stunde verbrachte er in Einkaufszentren, Sporthallen und Bürgerforen, schüttelte Hände, klopfte Schultern und beantwortete mit interessierter Miene die immer gleichen Fragen. Anders als von ihm vorhergesagt, besserte sich sein Verhältnis zu Heufeld nur langsam. Zu meiner Überraschung schien ihn das nicht zu beunruhigen. Auch kehrten die Trauer und Lähmung, die ihn in den letzten Wochen befallen hatten, nicht zurück. Im Gegenteil, es war, als ob ihm unser Gespräch über Anton neue Kraft gegeben hätte. Er schien den Wahlkampf als Ausdauertraining zu betreiben und entwickelte einen geradezu sportlichen Ehrgeiz, eine immer größere Zahl von Menschen zu erreichen. Gleichzeitig wurden seine Sätze kürzer und seine Reden packender. Auf Außenterminen war er äußerst geduldig. Er ließ sich im Blaumann fotografieren, legte den Arm um die

Arbeiterinnen in der Schokoladenfabrik und verbrachte ganze Nachmittage in Altersheimen. Unser Werbeexperte war begeistert.

Heufeld war viel im Büro, er wirkte ungewöhnlich still und nachdenklich. Es tat mir leid, dass die Distanz zwischen ihm und Wolff gewachsen war. Mehr als das, ich empfand die Verschlechterung ihrer Beziehung als persönliche Verantwortung. Umso mehr wünschte ich, dass ihre Freundschaft nicht beeinträchtigt werden sollte. Wo es ging, suchte ich seine Aufmerksamkeit und bot an, ihn von Routineaufgaben zu entlasten. Nach einer Weile ließ er meine Nähe zu und beteiligte mich sogar an strategischen Überlegungen für die Zeit nach der Wahl. Trotzdem stand die Auseinandersetzung über Anton zwischen uns. Als ich ihn darauf ansprach, sagte er: »Es geht nicht um dich. Ich bin überzeugt, dass du loyal bist. Es ist dein Freund Anton, mit dem ich kein gutes Gefühl habe. Wie ist er an die Fotos aus Göttingen gekommen? Warum arbeitet er gegen uns?«

»Schwer zu sagen«, antwortete ich, »es gibt viele, die in Wolff eine Bedrohung sehen.«

»Möglich«, sagte Heufeld, »aber die sehen jede Veränderung als Bedrohung. Dein Freund ist anders. Ich habe ihn bei einem Empfang des Bürgermeisters kennengelernt. Er steht unter Druck. Er führt einen heiligen Krieg.« Heufeld sah mich an. »Am meisten stört mich, dass Wolff jede Frage zu ihm ignoriert. Wir hatten schon früher darüber gesprochen, sonst hätte ich an jenem Montag nicht so reagiert. Meiner Ansicht nach sollten wir ihn von einer Detektei unter die Lupe nehmen lassen, aber Wolff besteht darauf, dass wir einen Bogen um ihn machen.«

»Anton und ich haben gemeinsame Bekannte«, sagte ich, »ich werde mich umhören. Aber«, fuhr ich fort und dachte an Meike, »ich bin mir sicher, dass es hier weniger um politische als um persönliche Meinungsverschiedenheiten geht.«

»Halt mich auf dem Laufenden«, antwortete Heufeld, »und nichts für ungut.«

Im Grunde hielt ich Antons Arbeit für den Regierenden Bürgermeister für unbedenklich. Er arbeitete für den Bürgermeister wie ich für das BÜNDNIS. Natürlich nicht nur aus politischem Interesse, aber wer ging schon wegen Wahlprogrammen und Grundsatzartikeln in die Politik. Vielleicht ging es wirklich um Meike, oder Anton kämpfte auf irgendeine andere Art mit seiner Vergangenheit. Vielleicht schätzte Heufeld auch die ganze Situation falsch ein und die Unstimmigkeiten lagen in seinem Verhältnis zu Wolff. Bei aller Freundschaft, der Wahlkampf zerrte allen an den Nerven.

Das Gespräch mit Heufeld war ein willkommener Anlass für ein Treffen mit Meike. Es ging in erster Linie um Anton, gleichzeitig wollte ich wissen, ob es eine Zukunft für uns gab, ich war ihre latente Anwesenheit in meinem Leben leid. Statt sporadischer Auftritte wollte ich eine Entscheidung: entweder mehr Nähe oder einen Abschied. Jedenfalls ein Ende der Halbheiten und einen Abschied von den teils wohligen, teils schmerzhaften Scheidegewässern meiner Sehnsucht. Die Arbeit für das BÜNDNIS hatte mir Selbstvertrauen gegeben und der Besuch in Lüneburg bestärkte mich in dem Gefühl, dass ich in meinem Leben viel zu lange alles laufen gelassen hatte.

Bis dahin dachte ich, es sei vor allem Anton, der zwischen uns stünde. Meike hing an ihm und ich fürchtete, eine Entscheidung würde zu seinen Gunsten ausfallen. Aber vielleicht wollte sie auch gar keine Veränderung des Status quo. Oder sie genoss es sogar, zwischen uns zu stehen und ein Kräftemessen um ihre Gunst zu erleben. Das Balzritual um Meike war immer eine Farce gewesen, seit unseren Ausflügen in die Turbine. Jedenfalls kein Ersatz für die Auseinandersetzung, die Anton und ich nie geführt hatten. Dabei ging es nicht nur um Meike: Klarer als zuvor sah ich, wie sehr ich in seinem Schatten gestanden hatte. Im Licht der Bewunderung für ihn waren mir meine eigenen Schwächen unüberwindbar erschienen. Vielleicht waren die ersten Wochen in Berlin eine gute Zeit gewesen, weil sich damals Bewunderung und Unabhängigkeit die Waage hielten. Wolff war jedenfalls der Punkt, an dem sich unsere Geister schieden. Seit dem Eintritt in das BÜNDNIS löste ich mich jeden Tag mehr von Anton. Und zuletzt konnte seine Ablehnung Wolffs auch ein Versuch sein, mich zu halten, den Verlust unserer Vertrautheit umzukehren. Vielleicht sah er seine Arbeit für den Regierenden Bürgermeister nicht nur als Kampf gegen das BÜNDNIS, sondern auch um und gegen mich.

Meike war gleich am Apparat. Um nicht mit Anton sprechen zu müssen, hatte ich die Nummer in der Redaktion gewählt. Sie schien keineswegs verwundert, als ich vorschlug, uns in dem Café bei der Redaktion zu treffen. Wie bei unserer letzten Begegnung dort war ich viel zu früh da. Meine Hände waren feucht. Getrieben von der unsinnigen

Angst, wir könnten uns verpassen, sprang ich auf, als ihr roter Schopf an der Türe erschien.

»Schön, dich zu sehen«, sagte sie und lächelte. Wahrscheinlich sah es merkwürdig aus, wie verloren ich in der Gegend herumstand.

»Wirklich?«, fragte ich, während das Blut in meinen Schläfen pochte, und kam vorsichtig näher, um ihr einen Kuss auf die Wange zu geben.

»Ja«, antwortete sie, »bestimmt.«

Wir setzen uns, sie sah mir in die Augen. Es war schwer, ihren Blick auszuhalten. Stattdessen nahm ich zögernd ihre Hand, sie ließ es zu. Wir schwiegen und ich war froh. Ihre Nähe machte mich ruhig, als ob die Anstrengungen des Wahlkampfs von mir abfielen. Aber ich empfand ihre Freundlichkeit als Antwort auf meine Bedürftigkeit, darunter blieb sie gespannt, sprungbereit. »Wie geht es dir?«

»Gut«, lachte sie, strich die roten Haare nach hinten und zog ihre Hand wieder an sich, als hätte sie auf die Gelegenheit gewartet. »Die Zeitung hat mir eine Stelle angeboten. Als feste Freie bis zum Abschluss und danach ein Volontariat. Sogar gut bezahlt.« Sie sprach aufgeregt und voller Stolz. Ihre Hände fuhren gestikulierend durch die Luft.

»Glückwunsch, das ging ja schnell.«

»Nicht ganz so rasch, wie ich es mir gewünscht hätte. Schürer hatte Bedenken wegen meiner allzu guten Kontakte zum BÜNDNIS«, sie lachte, senkte den Kopf und warf mir einen langen Blick zu, »aber der Chefredakteur hat ein Machtwort gesprochen. Letztlich war das Interview mit Wolff sogar ein Vorteil, eure Umfragen sehen sehr ordentlich aus.«

»Ja, wir sind selbst überrascht, wie es läuft. Das ist auch der Grund, warum ich mit dir reden wollte.«

»Dass es gut läuft?«

»Genauer gesagt, wie es Anton geht.«

Sie sah mich aufmerksam an.

»Als ich ihn das letzte Mal sah«, fuhr ich fort, »hat er mich fast beschimpft, dass ich für das BÜNDNIS arbeite. Und du sagtest, du würdest dir Sorgen wegen seines Engagements für Bethgen machen.«

»Das hat sich gelegt. Anton steht morgens um sieben auf, kommt um acht nach Hause, arbeitet wie ein Tier und hat keine Depressionen mehr. Er ist immer noch nicht begeistert von eurer Truppe. Aber das ist gut, es hält ihn bei der Stange.«

War Anton wirklich so zufrieden, oder vermied sie nur jede Vertrautheit? Sah sie nicht, dass ich gar nicht auf Anton hinauswollte? »Klar«, sagte ich, in einem weiteren Versuch, »soweit es sich auf das Politische bezieht. Aber erinnerst du dich an die Geschichte mit den Fotos aus Göttingen?«

»Wolff mit dem Pflasterstein in der Hand?«

»Gewissermaßen. Die Fotos kamen von Anton.«

»Das«, sie sah mich ungläubig an, »kann ich mir nicht vorstellen.« Sie war sichtbar erstaunt. Wenigstens das hatte ich erreicht: eine Bresche in der Mauer.

»Doch, und niemand kann sich einen Reim darauf machen.«

»Na«, sie warf die Haare in den Nacken, als ob sie meine Bedenken abschütteln wollte, »selbst wenn, dann hat er eben im richtigen Archiv gekramt.«

In die Stille hinein sagte sie: »Hör mal, ich mache mir Sorgen um jemand anderen.«

»Was meinst du?«, fragte ich zögernd.

»Habe letztens mein Bruderherz gesprochen. Der erzählte wilde Geschichten von einer russischen Pistole und Faschisten, die man um jeden Preis aufhalten muss.«

Ausweichend antwortete ich: »Ja, so ein ähnliches Gespräch hatte ich auch mit ihm und seinen Freunden.«

»Ist da etwas?«

»Glaube nicht. Letztlich ist die Truppe zu verwirrt, um etwas auf die Beine zu stellen.« Es schien mir besser nicht zu erzählen, dass ich die Pistole bei Atze gesehen hatte. Das würde Meike nur unnötig beunruhigen und von uns ablenken.

»Wann hast du Hagen zuletzt gesehen?«

»Vor einer Woche vielleicht.«

»Vor drei Tagen machte er einen ziemlich aufgelösten Eindruck.«

»Hagen ist impulsiv«, sagte ich, »aber das ist eher ein Zeichen für schlechte Nerven als für reale Probleme.«

»Leider für sehr schlechte Nerven. Glaub mir, ich kenne meinen Bruder. Und seit vorgestern habe ich ihn nicht mehr erreicht.«

»Wahrscheinlich verbringt er einen goldenen Herbst auf Gomera. Oder in Marokko. Oder in Goa.«

»Hör auf mit den Witzen. Kannst du bitte mit ihm sprechen, wenn du ihn siehst? Und mich anrufen? Ich habe ihn noch nie so angestrengt und verwirrt gesehen.«

»Nicht einmal, als er das letzte Mal von seiner Freundin ausquartiert wurde?«

»Nein«, sie lachte, »nicht einmal da.«

Wir sprachen über Hagens Umzug nach Mitte, ich erzählte von dem Haus und dass ich mich dort immer noch wohlfühlte, obwohl es so anders war als beim BÜNDNIS. Oder vielleicht gerade deshalb: Weil der Kontrast vermied, dass mich die Politik völlig vereinnahmte. Ursprünglich wollte ich auf Meike und mich zu sprechen kommen, nun war das Gespräch zu einem Geplauder geworden. Während wir uns unterhielten, stieg in mir die Erinnerung an Meikes Besuch auf und wie sie bei mir gelegen hatte. Ein bodenloses Gefühl der Einsamkeit überkam mich, das in die Angst überging, sie ganz zu verlieren. Voller Verlangen, ihre Nähe zu spüren, fragte ich, ob wir in meine Wohnung fahren wollten.

»Das ist lieb von dir«, antwortete sie und mit Sorge erkannte ich das Lächeln von vorhin wieder, »und ich habe gute Erinnerungen an unsere Besuche in Mitte. Damals in der alten Brauerei und dann in deiner Wohnung. Es war schön, bei dir zu sein.« Sie zögerte, als müsste sie mich schonen.

»Aber?«, fragte ich.

»Aber das wäre nicht gut. Letzten Sommer waren wir zu dritt, Anton, du und ich. Es war schön und – leicht. Anton war froh, dass du endlich in Berlin warst und ich wusste gar nicht, wen ich von euch beiden lieber haben sollte. Deshalb war ich auch immer gern mit dir unterwegs. Aber diese Zeit ist vorbei. Anton arbeitet für den Bürgermeister, du für das BÜNDNIS und ich bei der Zeitung. Jeder hat seine Aufgabe.«

»Und jeder von uns ist einsam.«

Sie musterte mich mit ihren grauen Augen, aufmerksam und ein wenig erstaunt. Dann sagte sie sanft: »Ja, vielleicht. Aber niemand dreht die Zeit zurück.«

In meinem Hals steckte ein Kloß, aber es musste sein: »Du bleibst bei Anton?«

Stumm schüttelte sie den Kopf. Dann sagte sie: »Wir haben uns getrennt. Schon vor einem Monat.« Und dann, mit einem bittersüßen Lächeln: »Ein weiterer Grund, warum ich nicht zu dir komme. Das kann ich Anton nicht antun.«

Ohne ein Wort saßen wir an dem Tisch. Die Kellnerin kam und entschuldigte sich für die Verspätung. Meike antwortete, sie wolle im Moment nichts trinken. Die Kellnerin sah unsere Gesichter und stellte keine Fragen. Dann schlug der Lärm des Lokals wieder in Wellen gegen unser Schweigen. Bald sagte Meike, sie müsse gehen, drückte mir einen Kuss auf die Wange und ich versank noch einmal in ihren grauen Augen. Dann nahm sie ihre Jacke vom Ständer, streifte sie im Gehen über und war gerade damit fertig, als sie die Tür erreichte. Durch das Fenster sah ich noch, wie sie über die Straße ging. Ein Zeichen aus der Vergangenheit, das keinen Sinn mehr machte, ein Signifikat, das seine Bedeutung verloren hatte, ein Echo in Rot.

Wolff sagte: »Wer weiß, wer er ist, kann erkennen, was er will.« Er meinte das in Bezug auf Kultur und Gesellschaft, aber es traf auch mein Verhältnis zu Meike. Meine Sehnsucht hatte sich an sie gebunden, als es uns gut ging. Teilweise um unser Wohlbefinden aufrechtzuerhalten, teilweise aus Gelegenheit. So wie das ganze Land ohne Orientierung und Ziel dahintrieb, so blieb auch mein Verlangen unbestimmt und konturlos. Auch wenn ich wie ein Ertrinkender die Hand nach ihr ausstreckte, es war weniger Liebe als eine verzweifelte Flucht vor der Leere. Eine erweiterte Gemeinschaft der Allianz mit Anton. Aber wir waren stumm geblieben, alle drei.

Die Umfragen für das BÜNDNIS hatten sich im zweistelligen Bereich stabilisiert. Rechnerisch bedeutete das eine Regierungsbeteiligung, wenn es nicht doch zu einer großen Koalition kam, gegen die sich die Vorsitzenden der Volksparteien allerdings ausgesprochen hatten. Wenn das BÜNDNIS unter zehn Prozent fiel, war eine Mehrheit für die Koalition der Landesregierung und damit der Machterhalt des Regierenden Bürgermeisters wahrscheinlich. Es ging also um wenige Prozente, die das BÜNDNIS halten oder die Gegenseite gewinnen musste.

Wolff hatte in den vergangenen Wochen wenig falsch gemacht. In der Stadt galt er jetzt als Persönlichkeit, die Wahrheiten aussprach, die vielleicht unangenehm, aber zumindest diskussionswürdig waren. Er wurde nach wie vor von der Presse nicht geschätzt, was gleichermaßen an Bethgens Einfluss und der politischen Korrektheit der Journalisten lag. Aber er wurde von wichtigen Verbänden und Honoratiorenzirkeln eingeladen. Selbst in der Partei des Bürgermeisters gab es Stimmen, die vor dem Hintergrund der Umfragen – und auch des drohenden Machtverlustes – eine Koalition mit dem BÜNDNIS nicht mehr ausschlossen. Heufeld sprach, nur halb im Scherz, von einem baldigen Bundesparteitag und der Umbenennung in BÜNDNIS FÜR DEUTSCHLAND.

Meine körperliche und geistige Erschöpfung verwischte den Unterschied zwischen meinen Befindlichkeiten und dem Zustand des BÜNDNIS immer mehr. Gute Umfragewerte hoben meine Laune und lösten Telefonate bei befreundeten Journalisten aus, eine schlechte Presse schlug auf meinen Magen und führte zu neuen Redemanuskripten und Werbebroschüren. Mein Leben glich sich immer mehr den Windungen der mich umgebenden Marketingmaschine an, wobei ich mich fragte, ob ich noch Treibender oder nur noch Getriebener war. Aber die Stimmung war gut. Auch nachdem sich die Umfragewerte stabilisierten, hatten wir das Gefühl, dass die Regierungsbeteiligung von jedem persönlich abhinge. In der beginnenden Schlussphase des Wahlkampfs schlug unsere Erschöpfung zunehmend in Euphorie um. Dazu passte, dass jemand eine Kassette von ABBA mitgebracht hatte, die im Hintergrund in einer Endlosschleife lief. »Dancing Queen«, »Chiquitita« und »The winner takes it all«. Heufeld und Wolff verstanden sich besser, wobei unklar blieb, ob sie noch einmal über Anton gesprochen hatten. Um ihre Annäherung nicht zu stören, verlor ich kein Wort über das Gespräch mit Meike.

Aber obwohl das BÜNDNIS weiterhin viele Spenden einnahm, war unsere finanzielle Situation angespannt. Es war der erste Wahlkampf und die Kostenerstattung durch die öffentliche Hand würde erst nach dem Urnengang erfolgen. Vieles, was bei den etablierten Parteien durch professionelle Dienstleister erledigt wurde, musste aufwändig mit freiwilligen Helfern organisiert werden. Der Entwurf jedes Plakates, die Verteilung jedes Handzettels verursachte logistischen Aufwand. Die Begeisterung der Freiwilligen war ansteckend, aber auch eine Belastung, da sie beständig mit Aufgaben versorgt werden wollten, die interessant genug waren, um sie bei Laune zu halten.

An einem Morgen, der große Kalender an der Wand zeigte noch vier Wochen bis zum Wahltermin, klingelte mein Telefon.

»Hier Habermehl von der Liga für Gerechtigkeit im Wahlkampf.«

»Deine Liga können wir brauchen«, seufzte ich, »wir ertrinken im Material der anderen Parteien.«

»Da hilft nur mehr Präsenz in den Medien.«

»Das, lieber Habermehl, haben wir bereits ohne die Unterstützung des soziologischen Instituts erkannt.«

»Dann wird es dich freuen, dass Wolff im SFB ein Interview geben könnte.«

»Warte, ich muss mich setzen. Der Sender Freies Berlin, das Zentralorgan der Besitzstandswahrung, lädt Wolff ein?«

»Die Verantwortung der Presse gebietet, das ganze Meinungsspektrum zu Wort kommen zu lassen.«

»Das sahen die Herrschaften in den letzten Wochen aber anders. Mindestens fünfmal haben wir sie um Sendezeit gebeten.«

»Sagte ich schon, dass ich von der Liga für Gerechtigkeit im Wahlkampf bin?«

»Und wer ist da noch Mitglied?«

»Ein Bekannter aus dem Studium. Der seine Vorgesetzten für etwas beschränkt hält und der Ansicht ist, etwas frischer Wind kann nicht schaden. Die Einladung an Wolff ist für ihn ein Prüfstein, ob es Sinn macht, sich weiter mit dem Laden abzugeben.«

»Es geschehen noch Zeichen und Wunder.«

»So ähnlich sagte er das auch.«

»Danke, Habermehl.«

»Ihro untertänigster Diener. Mein Kontakt meldet sich bei dir. Und Grüße an Wolff.«

Tatsächlich konnte ich kurz darauf das Interview für den kommenden Samstagnachmittag – eine sehr gute Sendezeit – vereinbaren. Habermehls Kontakt ließ durchblicken, dass er schon länger versucht hatte, die Intendanz von dem Vorhaben zu überzeugen. Erst durch das wachsende Ansehen Wolffs sei das Gespräch möglich geworden, der Zuspruch von außen habe letztlich den politischen Widerstand im Sender überwunden.

Das Gespräch sollte im Radio direkt ausgestrahlt werden, wobei der SFB Zitate für die öffentlichen Rundfunkanstalten bereitstellen würden. Der Sender bestand, anders als üblich, auf einer Art Kreuzverhör mit zwei Redakteuren und der Option, das Interview vorzeitig abzubrechen. Offenbar waren das Zugeständnisse, die unter politischem Druck zu Stande gekommen waren. Wolff hatte keine Einwände, er freute sich darauf, es mit mehr als einem Gesprächspartner zu tun zu haben. Die anderen Parteien, deren Vorsitzende bereits entsprechende Interviews hinter sich hatten, zeigten sich entrüstet, dass der Termin näher am Wahltag lag. Es war von ungerechtfertigten Vorteilen für eine fragwürdige Gruppierung die Rede. Am nächsten Morgen waren die Kommentare der Zeitungen aber vorsichtig zustimmend. Sie betonten, dass es eine Frage der Fairness sei, jede Partei zu Wort kommen zu lassen, zumal der Bürger bei zweistelligen Umfragewerten und einer möglichen Regierungsbeteiligung Anspruch auf Information hätte. Die Dinge entwickelten sich in unserem Sinn.

In den folgenden Tagen bereitete ich zusammen mit dem Pressesprecher Material für das Interview vor. Nicht nur die Rahmenbedingungen verlangten, dass Wolff möglichst gut präpariert in das Gespräch ging. Die Sendung konnte dem BÜNDNIS eine Beteiligung am Senat sichern – oder die Anstrengungen der letzten Monate unterlaufen. Wir sammelten Zitate, sichteten Statistiken, überprüften Pressemeldungen und fassten unsere Positionen zu Themengebieten zusammen. Abends besprachen wir die Ergebnisse mit Wolff und Heufeld, um dann am nächsten Tag das Material zu ergänzen. In dieser Woche verließ ich das Büro nie vor Mitternacht.

19

Zu früh

Am Tag des Interviews schlief ich bis zum Mittag. Im Büro gab es am Samstag keine unaufschiebbaren Aufgaben mehr und der Termin im Funkhaus fand erst am späten Nachmittag statt. Der Wahlkampf war erfolgreich, wir konnten zufrieden sein. Selbst wenn das Interview schlecht lief und es bei der Wahl nicht für eine Regierungsbeteiligung reichte, hatte das BÜNDNIS eine Reihe von Themen in die politische Diskussion eingeführt. Für mich persönlich war es gut, in Berlin nicht nur als Student und Wohnungsbesetzer angekommen zu sein. So wichtig die Wohnung war, sie blieb ein Refugium, Ergebnis der Flucht vor der Angst, nicht willkommen zu sein. Nicht willkommen bei meinen Eltern, nicht willkommen in diesem Land, in dieser Gesellschaft. Insofern war das BÜNDNIS ein Glücksfall. Der Wahlkampf war harte Arbeit, aber gleichzeitig gab es professionelle, klare Strukturen. Mir wurde nichts geschenkt, auch nicht von Wolff und Heufeld. Zum ersten Mal in meinem Leben hatte ich nicht dem Impuls zur Flucht nachgegeben, hatte mich nicht mit dem Selbstbetrug gewappnet, dass mir dieses Projekt eigentlich gar nicht so wichtig sei, hatte nicht einen anderen Rahmen gesucht, den ich auch wieder nur kurz ertragen hätte. Stattdessen hatte ich den Druck ausgehalten, mich behauptet und Anerkennung gefunden. Gleichzeitig stand das BÜNDNIS ein Stück weit in Opposition zur Gesellschaft, so dass ich eine Außenseiterposition aufrechterhalten konnte. Der Schmerz, sich nicht selbst auszuhalten in diesem Land, hatte sich in die Gewissheit verwandelt, dass etwas anders werden musste. Das Unbehagen an meinem Leben war politisch geworden. Früher war mir die Welt wie ein endloser Albtraum erschienen. Es war, als ob ich immer an der Berliner Mauer entlanggelaufen wäre, eine graue, schrundige Fläche, die keinen Ausweg zuließ und mich schließlich wieder zu meinem Ausgangspunkt zurückführte. Glatt, kalt, brutal, ein geschlossener Kreis, ein großes Gefängnis, in Beton gegossene Paranoia. Durch Wolff erschloss sich mir die Welt neu. In der stumpfen Wiederkehr des immer Gleichen taten sich Risse auf. Wo ich früher Sinnlosigkeit empfunden hatte, sah ich Möglichkeiten. Wolff war Mentor, Anker, Richtschnur. Keine ererbte, gewachsene Autorität, sondern eine selbst gewählte. Das machte mich stolz. Anton hatte gesagt, ich würde blind Parolen hinterherlaufen. Tatsächlich war ich es gewesen, der auf Wolff zugegangen war, um nach dem Tutorium zu fragen. Auch hatte ich mich aus freien Stücken zur Unterstützung des BÜNDNIS entschieden. In den folgenden Wochen hatte ich nicht nur einen Platz in der Kampagne erobert, sondern auch Frieden mit mir selbst geschlossen. Das Gefühl, angekommen zu sein, verband sich mit meiner Erschöpfung. Mein Schlaf an diesem Morgen war tief und traumlos.

Es war ein sonniger Herbsttag, zu warm für die Jahreszeit. Die Sonne brannte, als ob der Sommer ein letztes Mal seine Kraft beweisen wollte. Als ich im Spiegel mein blasses Gesicht sah, musste ich lachen. Viel hatte ich nicht gehabt von dem schönen Wetter der letzten Wochen, aber es war nicht schade darum. Es würde wieder ein Sommer kommen, und er würde besser sein als die vergangenen. Während der Rasierer brummte, dachte ich über die letzte Begegnung mit Meike nach. An diesem hellen Morgen erschien sie mir als notwendiges, wenn auch schmerzliches Übergangsstadium, ein Verpuppungsvorgang, der nach einer hässlichen Raupe doch noch einen wunderschönen Schmetterling hervorbringen konnte. Natürlich musste sie erst einmal über Anton hinwegkommen, alles andere wäre zu früh, zu direkt, zu einfach. Anton würde es irgendwann verstehen. Sicher, er musste es geradezu erwartet haben. Wir wären wie Jules und Jim in Berlin. Anton ein etwas melancholischer, aber doch verständnisvoller Oskar Werner und Meike als Jeanne Moreau vom Lande. Natürlich gäbe es keine Stürze von der Brücke, sondern ein gutes Ende, vielleicht sogar Kinder, die wir lieben konnten und denen wir ein gutes Zuhause geben würden. Anton würde vorbeikommen, in einem eleganten Anzug gekleidet, um in unserer Wohnküche mit den Kleinen zu spielen. Es gäbe nur Suppe, weil das Geld knapp wäre, aber auch Anton würde sagen, dass er sich das im Grunde auch so vorgestellt hätte oder zumindest so ähnlich, und dann irgendwann wieder gehen, weil er noch eine Verabredung hätte in der Stadt. Hagen und seine Freundin aus Kreuzberg würden auch in der Nähe wohnen und sich besser vertragen.

Als ich an Hagen dachte, fragte ich mich, ob ich einfach nach nebenan gehen sollte, vielleicht wäre er da und wir könnten zusammen frühstücken, an der Ecke hatte ein neues Kaffee aufgemacht. Während ich, noch im Morgenmantel, an seiner Türe stand und zum dritten Mal klingelte, erinnerte ich mich an Meikes Bericht über das Treffen mit ihrem Bruder. Wann hatte ich ihn das letzte Mal gesehen? Ich konnte mich nicht erinnern. Dann kam mir wieder mein Tagtraum in den Sinn und ich dachte, dass er bestimmt in Kreuzberg war, bei seiner hübschen, blonden Freundin und ihrer kleinen Tochter, von der er voller Zuneigung gesprochen hatte. Wahrscheinlich war es Erschöpfung oder Zuversicht oder beides, jedenfalls war ich jetzt sicher, dass Hagen bei seiner Familie war. Vielleicht saßen sie noch zusammen beim Frühstück und ich konnte einfach dazukommen. Rasch zog ich meine Sachen an und setzte mich aufs Fahrrad.

Es war leicht, das Haus wieder zu finden, das mit seinen kleinen Fensterchen aus den Fünfzigerjahren etwas verloren zwischen den höheren und breiteren Altbauten stand. Die Sonne schien mit der rötlichen Wärme des Spätsommertages auf die Fassade. In dem sanften Licht erschien mir die schmucklose Architektur nicht mehr bieder und trist. Im Gegenteil, mich berührte der bescheidene Stolz der Nachkriegszeit. Auf mein Klingeln wurde sofort geöffnet. Im Rahmen der Wohnungstür stand die blonde Frau mit dem Kind auf dem Arm, eine Madonna des Sozialbaus. Unter ihren Augen waren immer noch Schatten, aber sie lächelte, als sie mich sah.

»Hallo, lange nicht gesehen.«

»Ja«, sagte ich vorsichtig, »dass du dich erinnerst.«

»Hagen erzählt von dir. Ihr wohnt doch im selben Haus.«

»Eigentlich dachte ich, Hagen wäre bei dir.«

Ihr Gesicht verdunkelte sich. »Nein, sagte sie vorsichtig, schon seit einer Woche nicht mehr. Normalerweise hält er es nicht so lange ohne Julia aus.« Die Kleine strampelte mit den Beinen, als sie ihren Namen hörte.

Für einen Moment überlegte ich, ob ich von dem Gespräch mit Meike berichten sollte, entschied mich aber dagegen. Warum sollte ich sie beunruhigen, womöglich war Hagen bei Freunden untergekommen. Bei Anton hatte er ja auch immer wieder gewohnt. »Leider habe ich ihn auch schon eine Weile nicht gesehen«, antwortete ich und schob schnell nach, »was nichts heißen muss, hatte in letzter Zeit viel Arbeit.«

»Hm«, sagte sie. Sie hatte jetzt eine steile Falte auf der Stirn.

Das Gespräch war in einer Sackgasse, aber ich wollte nicht einfach gehen. »Wenn du eine Idee hast, wo er sein könnte, fahre ich dort vorbei«, bot ich an.

»Frag doch im *Ex*«, sagte sie ohne Zögern.

»Die Kneipe?«, fragte ich und fuhr auf ihr Nicken hin fort, »Hagen hat mich dorthin mitgenommen.«

»Dann hat er dich wirklich gern«, antwortete sie und deutete ein Lächeln an. »Warte, ich gebe dir meine Nummer. Ruf bitte an, wenn du etwas herausfindest.«

Das Ex wirkte an diesem sonnigen Tag noch düsterer als bei meinem letzten Besuch. Der Staub tanzte in den wenigen Sonnenstrahlen, die ihren Weg durch die Kellerfenster fanden. Ein Mann und eine Frau räumten die Stühle auf die Tische, offenbar stand das wöchentliche Saubermachen an. Beide waren schwarz gekleidet, an Ohren und Mund gepierct und bewegten sich ziemlich langsam.

»»Hallo«, sagte ich. Keine Antwort. »Entschuldigung?«

Der Mann sah auf. Er musterte mein dunkelgrünes Polohemd und murmelte: »Geschlossen.«

»Ich wollte auch nichts trinken.«

Keine Reaktion. Da hatte ich mir einen netten Zeitvertreib aufgehalst.

»Ich bin ein Freund von Hagen.«

Als ob es ein Stichwort wäre, hörten beide auf, die Stühle auf die Tische zu knallen. Wenigstens war es leise.

»Habe gerade mit seiner Freundin gesprochen«, fuhr ich fort, »und vor ein paar Tagen mit seiner Schwester. Niemand weiß, wo er ist. Wir machen uns Sorgen.«

»Hagen kommt allein zurecht«, knurrte der Mann und machte sich wieder an die Stühle. Die Frau sah ihm unschlüssig zu.

»Hast du ihn gesehen?«, fragte ich sie.

Sie sah hilfesuchend zu dem Mann, der innehielt.

»Hagen und ich haben zusammen Wohnungen besetzt«, sagte ich, »und wenn ich wüsste, wo Assel und Atze sind, würde ich die fragen.«

Offenbar waren das die richtigen Referenzen. Der Mann richtete sich auf und fragte: »Warst du nicht schon mal hier?«

»Mit Hagen«, sagte ich erleichtert, »um meine Besetzung zu feiern.«

Der Mann sah die Frau fragend an. Sie zuckte mit den Schultern. »Hagen wollte, dass wir nichts erzählen«, fing er unschlüssig an.

»Es heißt, er sei ziemlich durcheinander«, legte ich nach.

»Kam uns auch so vor«, sagte die Frau. Es klang wie eine Entschuldigung.

»Wann habt ihr ihn zuletzt gesehen?«

Beide grinsten. »Was soll das«, dachte ich, »sind die auf Drogen?«

Der Mann sah mich an und antwortete: »Ungefähr zwei Minuten, bevor du durch die Tür gekommen bist.«

»Und«, fragte ich, »wo ist er hin?« Wieder das gleiche, verstockte Schweigen. Für einen Moment dachte ich daran, auf die Straße zu laufen. Aber Hagen war ohnehin über alle Berge.

Die Frau schien noch am zugänglichsten. »Hat er gesagt, wohin er wollte? Wenn wir ihm helfen sollen, müssen wir wissen, wo er ist.«

»Nein«, warf der Mann ein, »hat er nicht. Ende der Fragestunde.«

Es klang endgültig und ich trollte mich die Kellertreppe nach oben. Die Sonne blendete und während ich darauf wartete, dass sich meine Augen an das Licht gewöhnten, rätselte ich, was Hagen aus der Bahn geworfen hatte. Als ich mein Fahrrad aufschloss, hörte ich hinter mir Schritte. Die Frau kam die Treppe heraufgelaufen und stammelte: »Hagen hat ein Taxi bestellt, zum Theodor-Heuss-Platz.« Bevor ich mich bedanken konnte, war sie wieder in dem Keller verschwunden.

So lang ich den Gedanken hin- und herwendete, er ergab keinen Sinn. Warum bestellte Hagen ein Taxi? Woher hatte er das Geld? Wieso nahm er nicht das Fahrrad? Oder den Bus? Es war, als ob ich nur mit einem Teil meines Gehirns dachte. Etwas in mir sträubte sich dagegen, Hagen und das BÜNDNIS zusammen zu denken. Erst als ich mich auf eine Bank in die Sonne setzte und für einen Moment die Augen schloss, kam die Verbindung zustande: Am Theodor-Heuss-Platz lag das Gebäude des SFB. Was auch immer Hagen plante, es hatte womöglich mit dem Interview zu tun, das bald beginnen sollte. Wahrscheinlich war Wolff schon im Funkhaus. Für einen Moment überlegte ich, dort anzurufen. Aber das würde nur auf sinnlose Diskussionen mit dem Pförtner hinauslaufen. In das Studio würde mich jedenfalls niemand durchstellen. Und selbst wenn ich Wolff erreichte, was sollte ich sagen? »Vorsicht, mein Nachbar fährt mit einem Taxi zum Theodor-Heuss-Platz? Er ist Besetzer und hat etwas gegen das BÜNDNIS?« Während ich nachdachte, bog ein cremefarbener Wagen um die Ecke. Ich hob die Hand und stieg ein.

Der Fahrer hatte den Sender eingestellt, auf dem das Interview übertragen werden sollte. Der Moderator gab gerade eine Einführung zu Wolffs Person und nannte einige biographische Daten. Es überraschte mich, dass er sagte, Wolff sei verheiratet. Dann liefen meine Gedanken wieder ins Leere. Was hatte Hagen vor? Warum war er nicht mehr im Haus gewesen? Was hatte ich übersehen?

Das Taxi fuhr am Kottbusser Tor vorbei. Vor dem blauen Himmel das Neue Kreuzberger Zentrum: ein Denkmal der Besinnungslosigkeit der siebziger Jahre. Auf der Straße Gruppen von Jugendlichen und Punks mit Hunden. Die Sonne des Spätsommers tauchte ihre Umrisse in ein mildes Licht. Im Radio fragte der Moderator nach den Hauptzielen des Wahlkampfs. Wolff sprach von der kulturellen Substanz des Landes. »Ein gelassener Stolz auf das Eigene würde sich auf vielen Feldern wohltuend auswirken.« Mich überkam eine tiefe Traurigkeit, eine Ahnung von Untergang und Sinnlosigkeit. Was auch immer Hagen vorhatte, er würde nie stolz auf ein Gedicht von Hölderlin sein. Sein Stolz war es, gegen dieses Land zu sein, das ihm als Ausgeburt des Nazismus, der Umweltzerstörung und der sozialen Kälte galt. Und woher sollte der Humanismus kommen? Aus den Schulen, den Universitäten? Diesen heruntergekommenen Verwahranstalten für eine Jugend, auf die niemand wartete? Aus der Kunst, der Presse? Ihre vornehmste Aufgabe war Kapitalismuskritik zur Sicherung der linken kulturellen Hegemonie. Natürlich, die Wende hatte ein Fenster aufgestoßen. Aber wir – Hagen, Anton, Meike und die anderen – hatten das Gefühl der Sinnlosigkeit tief in unsere Seelen gesenkt. Egal was kam, die Verzweiflung der achtziger Jahre würde in uns weiterleben. »Dieses Selbstvertrauen ist Voraussetzung für eine produktive Auseinandersetzung mit dem Fremden«, sagte Wolff, »es ist die Wurzel der Vision, die dem Land fehlt.« Gab es überhaupt noch eine Möglichkeit für Zuversicht und Neuanfang? Oder liefen diese Sätze einfach an der Realität vorbei? Konnte man Punks Selbstvertrauen einimpfen? Oder den türkischen Jugendlichen Zuneigung für ein Land, dessen Sprache sie kaum beherrschten?

Der Wagen erreichte das Reichpietschufer. Eine weite, wüste Fläche, das Ergebnis der Stadtplanung der Nachkriegszeit. Die Tradition brechen, damit der braune Spuk nicht wiederkehrte. Die Ironie war, dass die Nazis selbst große Modernisierer waren. Technikbegeistert und skrupellos, das Erbe der Futuristen. Hitler wollte seinerseits Berlin freiräumen und mit Paradestraßen durchziehen, um seine vermeintliche Größe zu dokumentieren. Dem stand die autogerechte Stadt der späten sechziger Jahre nur wenig nach. Immerhin hatte uns Scharoun auch die Philharmonie hinterlassen, die inmitten einer riesigen Brache stand wie ein Kloster in der Wüste. »Der Fall der Mauer ist eine Gelegenheit zur Besinnung auf Deutschland als Kulturnation.« Vielleicht waren die Brachen überhaupt ein Glück für diese Stadt. Jede Fläche, die in den Jahrzehnten der Teilung nicht bebaut wurde, musste als Chance begriffen werden. Der Potsdamer Platz wurde vom verkehrsreichsten Platz Europas zu ihrer größten innerstädtischen Brache. Aber jedes fehlende Haus war ein möglicher Neuanfang, jede Freifläche ein Aufruf, das Leben in eigene Hände zu nehmen.

Wolff war jünger als meine Eltern, vielleicht war das ein Vorteil. Wo mein Vater Leistung forderte und meine Mutter esoterischen Moden hinterherlief, fragte Wolff nach dem Wozu. Seine Frage passte in die achtziger Jahre, als die Selbstmordrate fast so steil anstieg wie der Außenhandelsüberschuss. Er hatte die skeptische Nachkriegsgeneration und die dogmenseligen Achtundsechziger hinter sich gelassen; er vertrat eine Mischung aus konservativer Werteorientierung und alternativen Fortschrittszweifeln. Wer ihm zuhörte, konnte lernen, dass die Alternative von Karriere oder Aussteigertum in die Irre führte. »Die Quellen der Motivation liegen in der Kultur.« Der Satz war eine Spur zu abstrakt, zu akademisch. Unser Pressesprecher würde seufzen. Aber die Kultur war die richtige Spur, der Schlüssel zur Zukunft. Im aufstrebenden Nachkriegsdeutschland mit seiner ingenieursmäßigen Sachlichkeit waren Vorbehalte gegen die Kultur angelegt, auch wenn in den Fünfzigerjahren, wie Wolff mir erzählt hatte, noch stundenlange Diskussionen zwischen Adorno und Gehlen im Radio übertragen wurden. Die mathematische Kälte jener Epoche war auch meinem Vater zu eigen gewesen, der in Umsatzzahlen und Betriebsergebnissen dachte. Früher mochte er den alternativen, verspielt-unbestimmten Zug meiner Mutter als Gegengewicht zu seiner nüchternen Wirtschaftlichkeit geschätzt haben.

Der große Bruch mit der Kultur dann in den Siebzigerjahren: die Abwendung von der Religion, das Ende der Philosophie als Schulfach, das Ende von wertfreiem Unterricht in der Schule und an den Universitäten, Bildung als Erlernen kollektivistischer Gesinnung. Individualismus und Tradition als Makel.

Das Taxi umrundete die Siegessäule, deren Sockel die Nazis erhöht hatten, damit ihre Proportionen in ihre Ost-West-Achse passten. Das war geschmacklos, aber eigentlich keine Katastrophe. Überhaupt, das Licht war weitergezogen und die große Verneinung verschwand im Schatten der Vergangenheit. Wahrscheinlich war es das, was mich anzog und Hagen abstieß: dass sich Wolff nicht der Konvention der Negation beugte. Dass er das klassische Alte zum guten Neuen erklärte. Bejahende bürgerliche Radikalität. Kultur als fester Boden, Orientierung noch im Niedergang, Würde in allen Lebenslagen.

Der verzweifelte Versuch, der Vergangenheit zu entkommen, hatte uns von der Zukunft abgehalten. Die beständige Angst, wieder Schuld auf sich zu laden, die politisch korrekte Selbstkontrolle, das Vermeiden von Bezügen und Beziehungen, all das war eine endlose Flucht vor unserer Herkunft. Wer das Davonlaufen so ernst nahm, konnte niemals ankommen. Wir fuhren die Bismarckstraße hinunter, vorbei an den Straßenlampen, die Speer entworfen hatte und die auch in zwanzig Jahren noch besser sein würden als die Gebilde, die den Siebzehnten Juni säumten. Das war das wichtigste Geschenk Berlins: Gelassenheit. Egal, ob die Gegenwart national oder proletarisch, technokratisch oder sozialistisch, modern oder alternativ gestimmt war, es gab einen Bestand, mit dem man rechnen konnte. Bei allem Drang, sich neu zu erfinden, hatte die Stadt eine natürliche Trägheit, ein Augenmaß, das die größten Übertreibungen vermied. Ihren vielen Unterzentren garantierten strukturelle Anarchie, ihre schiere Größe verhinderte die Vereinheitlichung. Berlin hatte ein großes Herz.

Als das Taxi um den Kreisverkehr des Theodor-Heuss-Platzes bog, sprach Wolff von der Notwendigkeit verstärkter Integration. »Entscheidend ist unsere Fähigkeit, verbindliche kulturelle Mindestanforderungen zu formulieren.«

Als wir die Heerstraße passierten, sah ich zu meiner Überraschung Hagen vor dem Eckcafé sitzen. Er wirkte in seiner Lederjacke und dem schwarzen Hemd völlig fehl am Platz. Rasch bat ich den Fahrer zu halten, bezahlte und lief, außer Atem vor Aufregung und Sorge, zu seinem Tisch.

Er hatte mich nicht kommen sehen und schien trotzdem nicht überrascht. Zumindest war das mein Eindruck, als sich unsere Augen begegneten. Dann lief er los. Für einen Moment stand ich verwundert vor dem Café – weniger weil er davonlief, sondern weil er in die falsche Richtung rannte. Das Funkhaus lag genau entgegengesetzt, an der Masurenallee. Er machte nicht einmal den Versuch, an mir vorbeizukommen. Er lief einfach an der Hausecke vorbei und die Heerstraße hinunter.

Die Straße war vierspurig und laut. Er solle stehenbleiben, rief ich ihm hinterher. Falls er es hörte, reagierte er nicht. Dann fing ich endlich selbst an zu laufen, viel zu spät. Vor Aufregung war ich schnell außer Atem, aber auch Hagen wurde langsamer und allmählich verringerte sich unser Abstand. Dann warf er einen Blick zurück, sah wie ich näherkam und lief links in eine Einfahrt. Es dauert eine Weile, bis ich an dem grauen Altbaublock ankam. Es waren Gewerbehöfe, an dem Torbogen hingen mehr als zehn Firmenschilder. Im ersten Hof war nichts zu sehen, hinter einem Container lag ein Haufen leerer Kartons. Als ich durch den Zugang in den zweiten Hof gehen wollte, hörte ich, wie Kartons umgestoßen wurden und auf das Pflaster fielen. Hagen sprang hinter den braunen Schachteln hervor, warf mir einen gehetzten Blick zu und lief aus der Ausfahrt. Aber seine schwarzen Springerstiefel waren schwer und langsam. Sein Vorsprung schwand und ich hörte seinen Atem, ein stoßweises Keuchen, untermalt vom dumpfen Takt seiner Beine. Für einen Moment waren unsere Lungen im gleichen Rhythmus, wie ein zweiköpfiges Tier liefen wir eine Straße hinunter. Dann bekam ich seine Jacke zu fassen und so plötzlich, wie er zu laufen begonnen hatte, hörte er wieder auf, als wäre es nur ein Spiel gewesen, um zu sehen, ob ich ihn auch wirklich einholen würde.

Wir standen keuchend nebeneinander, ich hielt immer noch den Zipfel seiner Jacke in der Hand und ließ ihn nicht los, obwohl ich mir lächerlich vorkam. Auch Hagen atmete schwer. Er vermied, mir in die Augen zu sehen.

»Hagen, was soll das?«, frage ich und zog ihn an seiner Jacke, »was machst du hier?«

Er wich meinem Blick aus, er zog mir die Jacke aus der Hand.

»Bist du hinter Wolff her?«

Er sah mich voller Wut an, seine Augen funkelten. »Es wäre besser, wenn es ihn nicht gäbe«, stieß er hervor, »wenn er diese Stadt nicht vergiften würde.«

»Das ist doch pathetischer Mist«, antwortete ich, »Wolff hält den Leuten den Spiegel vor. Das ist vielleicht unbequem, aber kein Gift.«

»Berlin war nie eine Geldstadt, in der die Leute ausgebeutet wurden.«

»Berlin hat von den Subventionen aus dem Westen gelebt.«

»Ist das ein Grund, mit den Kapitalisten zu paktieren?«

»Nein, aber auf eigenen Beinen zu stehen.«

»Auf welchen Beinen stehst du denn«, fragte er höhnisch, »auf Heufelds Spekulationsgewinnen?«

»Das BÜNDNIS fördert keine Spekulation.«

»Aber es schürt den Hass gegen Ausländer.«

»Ach, Hagen. Im Gegenteil. Es geht um mehr Integration.«

»Nein«, schrie er, »ich sage dir, worum es geht. Ihr wollt die deutsche Nation wiederhaben. Ausländerfrei und beherrscht vom Großkapital.«

Vielleicht war es die Anstrengung der letzten Wochen, der Dauerlauf oder auch Hagens ideologische Verbohrtheit. Jedenfalls schrie ich zurück. »Dann nimm doch Atzes Waffe und schieß ihn über den Haufen. Los doch. Du wirst dein Leben zerstören und Julia nie wiedersehen. Und weißt du, was das ändert? Nichts, gar nichts. Wolff ist nicht das Problem, er sagt nur, wo die Probleme liegen. Los, mach schon, in fünf Minuten bist du am Funkhaus.«

Hagen stutzte, sein Blick veränderte sich. Hass und Wut waren wie verflogen, er sah wieder aus wie der ewig verschusselte Sponti. »Welches Funkhaus?«, fragte er tonlos. Für einen Moment dachte ich, alles falsch verstanden zu haben. Warum lief Hagen vor mir davon, warum war er voller Hass auf Wolff und wusste nicht einmal, dass dieser fünfhundert Meter entfernt ein Interview gab? Erst waren wir durch die Straßen gehetzt, dann hatten wir uns angeschrien und jetzt standen wir uns stumm gegenüber, blass und mit ratlosen Gesichtern.

Nach einer Weile fragte ich: »Hast du die Pistole?«

Hagen lächelte schief und antwortete: »Noch nicht.«

»Hagen, was geht hier vor? Du weißt nichts von dem Interview und du hast keine Waffe, aber du läufst vor mir weg?«

Hagen wollte sich wegdrehen und gehen, ich hielt ihn am Ärmel fest. Mit einem Mal verstand ich die Situation, verstand, warum er vor mir weglief, obwohl er keine Waffe hatte und noch nicht einmal von dem Interview wusste, auf das die halbe Stadt wartete. Er versuchte, sich loszureißen, ich packte ihn nochmal an der Jacke. »Sag es«, redete ich beschwörend auf ihn ein, »wer ist es, wer wollte dir die Waffe geben?« Von dem Café sahen die Leute herüber, aber niemand kam auf uns zu.

»Es ist wegen…«, stotterte Hagen.

»Sag es«, schrie ich ihn an, »sag es, bevor es zu spät ist!«

»Wegen seinem Vater«, stotterte Hagen und brüllte plötzlich, »WEGEN SEINEM VATER.«

Einen Moment standen wir uns reglos gegenüber.

»Vater, welcher Vater?«, antwortete ich und ließ vor Überraschung Hagens Ärmel los.

»Weißt du es denn nicht?«, fragte Hagen, seinerseits fassungslos.

Langsam schüttelte ich den Kopf: »Was weiß ich nicht?«

Hagen sprach so leise, dass ich ihn kaum verstand. Trotzdem dröhnten die Worte in meinem Kopf. Hagen sagte: »Wolff ist Antons Vater.«

Für einen Moment schwankte der Boden unter meinen Füßen und ich fürchtete, auf den Gehsteig zu stürzen. »Das ist unmöglich, das kann nicht sein«, dachte ich immer wieder. Das musste ein Missverständnis sein, Hagen hatte sich sicher die Tatsachen falsch zusammengereimt, alles falsch verstanden, er hatte doch immer Drogen genommen, die ganzen Jahre. Die lächerliche Verschwörungstheorie eines verkifften Besetzers. Aber dann sah ich ihn an und wusste, es war die Wahrheit. Er war klar im Kopf, klarer jedenfalls als ich selbst. Fast schon mitleidig wiederholte er: »Und du hast es die ganze Zeit nicht gewusst?« Mein Gehirn suchte fieberhaft nach einer anderen Erklärung. Aber was ich mir auch ausmalte, die Welten von Wolff und Anton passten nur an dieser einen Stelle zusammen.

»Hagen«, ich griff ihn mit beiden Händen an den Schultern und schüttelte ihn, aber es war gar kein Widerstand mehr in ihm, »wo ist Anton?«

»Ich weiß es nicht.«

»Warum wolltet ihr euch heute treffen, warum hier?«

Hagen zuckte mit den Schultern. »Er sagte, ich solle mich bereithalten, es sei alles vorbereitet und kein Risiko dabei. Alles andere wollte er mir im Café sagen.« Dann verzog er den Mund, es sollte ein Lächeln sein. »Du warst ein paar Minuten zu früh da.«

»Was hat er noch gesagt, schnell?«

»Wir haben schießen geübt, auf einen Baum in Brandenburg. Anton sagte, er würde allein sein, es ist eine freie Fläche, das Taxi fährt weg, du trittst aus dem Schatten, sprichst ihn an und fertig.«

Die letzten Worte hörte ich kaum noch, weil ich schon die Straße zurück zum Funkhaus lief.

20

Zu spät

Seit der Abiturfeier hatte ich sie nicht mehr gesehen. Sie war schon immer gut angezogen gewesen, ein Hauch von Großzügigkeit und Weite in der Provinzialität des Internats. Selbst hier, in meinem unrenovierten Ostberliner Treppenhaus, wirkte sie elegant. Sie trug ein braunes Kostüm, das ihre Trauer andeutete und zugleich die Distanz, die sich in den letzten zwei Jahrzehnten zu dem Toten entwickelt hatte. Sie sagte, sie freue sich, mich wieder zu sehen. Dass Meike ihr die Adresse gegeben habe und sie sich mit mir unterhalten wolle. Sie war blass und unter ihren Augen begannen sich Tränensäcke abzuzeichnen. Selbst das fügte sich wie selbstverständlich in die Umstände: den einsetzenden Herbst, den Novemberregen, die grauer werdende Stadt, die Ereignisse der letzten Tage. Als ich Tee gekocht hatte und mit der Kanne in der Hand in das Zimmer kam, stand sie am Fenster.

»Hat Wolff dich hier besucht?«

»Nein, aber ich habe ihm erzählt, was mir diese Räume bedeuten. Er wollte kommen. Gleich nach der Wahl.«

»Und Anton?«

»Einmal. Er war aufgewühlt, fragte nach Wolff und warum ich für ihn arbeite.«

»Und, warum hast du für ihn gearbeitet?«

»Weil er etwas wollte, ein Ziel hatte.« Sie sah mich fragend an. »Es ist nicht klar, wie es weitergeht«, sagte ich und errötete ob der Doppeldeutigkeit, »mit der Stadt. Und auch mit mir.«

Sie drehte sich wieder zum Fenster und sagte leise: »Das Internat hat euch nicht gutgetan.«

Während ich darüber nachdachte, ob es eine Frage oder eine Feststellung war, hörte ich mich sagen: »Nein, es hat uns nicht gutgetan. Mir nicht und Anton auch nicht.«

Es klang härter, als ich wollte, und weil sie noch am Fenster stand, nahm ich die zweite Tasse und brachte sie ihr. Wir sahen aus dem Fenster, betrachteten die mit Wellblech eingezäunte Brache auf der anderen Straßenseite und tranken schweigend.

Dann sagte sie: »Verstehst du, warum es so gekommen ist?«

Erst wollte ich sagen: »Nein, keine Ahnung.« Was verstand sie schon von Anton und mir, schließlich hatte sie ihn im Internat abgegeben, um mit ihrem neuen Mann in London zu leben. Aber dann fiel mir ein, dass sie Antons Mutter war und ihn geboren hatte. Wirklich geboren, unter echten Schmerzen. Dass sie Wolff einmal geliebt haben musste und diese Situation auch für sie entsetzlich war. Vielleicht hatte sie kein Recht zu erfahren, was geschehen war, aber was hieß das schon. Wolffs Versuch, gerecht zu sein, hatte in einem Blutbad geendet. Und zwar nicht, wie alle vermutet hatten, aus politischen Gründen. Jenseits des Versuchs, die Wirklichkeit zur Vernunft zu nötigen, gibt es Verstrickungen, die uns fester halten als gute Argumente. Verletzungen, die wir anderen zufügen, während wir unser Leben leben. Ungewollt und unbeachtet, aber umso schmerzvoller. Wahrscheinlich sind Begriffe wie Vernunft und Gerechtigkeit immer schon eine Anmaßung. Vielleicht kann es nur darum gehen, so wenig Wunden wie möglich zu schlagen.

Also begann ich zu erzählen. Wie wir im Internat von Berlin geträumt hatten, von den ersten Wochen mit Anton und Meike, vom Mauerfall und der Besetzung, von Wolff und dem Wahlkampf. Entweder hatte Anton ihr von alldem nichts berichtet, oder sie war von meiner Sicht auf die Ereignisse wirklich überrascht. Obwohl es Hagen in Schwierigkeiten bringen konnte, sagte ich ihr auch, dass ich die Waffe in seiner Wohnung gesehen hatte. Als ich bei dem Treffen mit Hagen am Theodor-HeussPlatz angelangt war, unterbrach sie mich.

»Vielleicht kann ich dir auch etwas erzählen. Meike hat mit mir über Hagen gesprochen. Sie war wütend, weil sie glaubte, dass Anton versucht hat, Hagen zu einem Mord anzustiften. Daraufhin habe ich Anton gefragt. Er sagte, Hagen sei von sich aus auf ihn zugekommen und habe vorgeschlagen, etwas gegen Wolff zu unternehmen. Hagen habe dann auch den Verkauf der Waffe an Anton arrangiert, weil er selbst nicht genug Geld hatte. Anton sagt, er sei nur zum Schein auf Hagen eingegangen, um an die Waffe zu kommen. Tatsächlich hatte er immer vorgehabt, es selbst zu tun. Er sei auch nicht wie verabredet in das Café gegangen, sondern direkt in das Funkhaus. Er wird Hagen vor Gericht nicht erwähnen.«

Das klang gut. Es gab keinen Grund, Hagen mit hineinzuziehen und eine Anklage wegen Beihilfe zum Mord zu riskieren. Andererseits fragte ich mich, was das für Anton bedeutete. »Glauben Sie, dass Anton einsam ist?«

Mit einer Mischung aus Erschrecken und Zufriedenheit sah ich, wie sie bleich wurde. Diesmal gab es keine versöhnenden Gesten. »Wie kann es sein, dass jemand über Wochen und Monate so etwas plant und mit niemandem spricht«, setzte ich nach, »wie verzweifelt muss Anton gewesen sein?«

»Anton ist erwachsen«, sagte sie und verschränkte die Arme. »Er hatte eine gute Ausbildung und alle Möglichkeiten im Leben. Er hat seinen Vater gehasst und die Konsequenz gezogen.«

»Er hat ihn nicht gehasst«, antwortete ich, »im Gegenteil. Er sehnte sich nach seiner Nähe. Er wollte jemanden, zu dem er aufschauen konnte, an dem er sich abarbeiten konnte.«

»Du sprichst schon wieder vom Internat«, sagte sie tadelnd. Sie bemühte sich um einen gelassenen Ton, aber ihre Stimme zitterte.

»Wahrscheinlich.« Als sie nicht antwortete, fügte ich hinzu: »Damals hat mir Anton geholfen. Ich wünschte, ich hätte ihm beistehen können.«

»Es gab Gründe, ihn auf das Internat zu geben. Gute Gründe.« Das Beben in ihrer Stimme wurde deutlicher. »Auch eine Mutter hat ein Recht auf ein eigenes Leben.«

»Seit wann wusste Anton es? Dass Wolff sein Vater ist, meine ich.«

Sie schwieg und sah wieder hinaus in den Regen. Nach einer Weile sagte sie: »Wolff hat sich von Berlin aus bei mir gemeldet. Er fand, ich sollte wissen, dass er nach Europa zurückgekehrt ist. Als Anton zwischen den Jahren zu Besuch in London war, habe ich mit ihm gesprochen. Er schien es gelassen zu nehmen. Er sagte, ›Ich habe meinen Erzeuger bisher nicht vermisst, warum sollte sich das ändern.‹ Das war das Letzte, was ich von ihm dazu gehört habe.«

»Wusste Wolff, dass sein Sohn in Berlin lebt?«

Sie sah mich an, dann sagte sie: »Auf seinen Brief aus Berlin hin habe ich ihm von Anton geschrieben. Wir haben uns vor der Geburt getrennt, Wolff hat ihn nur einmal gesehen.«

»Haben Sie ihm geschrieben, dass Anton in Berlin ist?«

Die Frage war ihr sichtlich unangenehm. Sie sah auf ihre Tasse, blickte zum Fenster und antwortete schließlich: »Nein.«

Mir fiel mir ein, wie Wolff Heufeld untersagt hatte, etwas gegen Anton zu unternehmen. Und wie er dann in seinem Blut lag, das Gesicht vom Schmerz verzerrt, aber friedlich, fast entrückt lächelnd.

»Er wusste«, sagte ich, »wer Anton war. Ich bin mir sicher. Und ich glaube, er hat ihn auf dem Parkplatz erkannt.«

»Anton spricht wenig. Er sagt, er wollte, dass Wolff verschwindet. Dass er nicht mehr da ist.«

»Kann sein. Aber er wollte ihm auch nah sein, er wollte, dass sein Vater ihn sieht. Dass er ihn wahrnimmt, ihn anerkennt.«

Sie verschränkte wieder die Arme und fragte: »Woher willst du das wissen?«

»Kinder haben immer das Gefühl, für die Trennung ihrer Eltern verantwortlich zu sein. Sie haben ein schlechtes Gewissen gegenüber dem Elternteil, bei dem sie leben. Und sie neigen dazu, den anderen, abwesenden Teil abzulehnen. Aber diese Ablehnung ist nur oberflächlich. Im Grunde leiden sie unter der Leere.« Sie sah mich fragend an und ich sagte leise: »Mir geht es ähnlich.«

Sie bäumte sich noch einmal auf. »Anton hat seinen biologischen Vater nicht vermisst.«

»Warum sollte er auf ihn schießen?«

Dann begannen ihre Tränen zu fließen. »Sie haben sich doch nur zwei Mal gesehen«, sagte sie, »nur zwei Mal in ihrem Leben.«

Das Begräbnis war eine Demonstration enttäuschter Hoffnungen. Die Straßen, an denen der Sarg vorbeigefahren wurde, waren voller Menschen, die Blumen als letzten Gruß brachten. Den Leichenwagen umgab ein Bett von Blüten.

Natürlich bekam Wolff kein Staatsbegräbnis, aber die Sicherheitsmaßnahmen gaben der Veranstaltung einen offiziellen Charakter. Heufeld hielt die Trauerrede und die Zeitungen beklagten den Verlust eines großen politischen Talents. Das BÜNDNIS zog mit zehn Prozent und vierundzwanzig Abgeordneten in das Landesparlament ein, war nach zwei Monaten heillos zerstritten und löste sich nach einem Jahr als Fraktion auf. An die Gründung einer Bundespartei war unter diesen Bedingungen nicht zu denken. Antons Prozess begann ein knappes Jahr nach der Beerdigung. Er fand unter Ausschluss der Öffentlichkeit statt und wurde straff durchgezogen. Da Anton geständig war, bestätigte meine Aussage nur bekannte Tatsachen. Unsere Blicke trafen sich für einen kurzen Moment, als ich den Zeugenstand verließ. Er sah mich ruhig und regungslos an. Sein Verteidiger fragte nur nach meiner Anwesenheit am Tatort, nicht nach unserer Freundschaft, dem Internat oder meiner Beziehung zu Meike. Wahrscheinlich war das für den Ausgang des Prozesses unerheblich, möglich, dass Anton darum gebeten hatte, diese Themen auszusparen. Es gab keinen Zweifel, dass es sich um vorsätzlichen Totschlag handelte, der Gutachter attestierte Anton die volle Schuldfähigkeit. Als Motiv gab Anton eine Bedrohung der politischen Kultur durch Wolff an. Die verwandtschaftliche Beziehung zu dem Toten sei nur insofern relevant, als er, Anton, sich besonders verantwortlich für dessen Aussagen gefühlt hatte. Da keine Misshandlung oder Beleidigung durch Wolff vorlag, schloss das Gericht eine minder schwere Form des Totschlags aus. Auch angesichts der langfristigen Planung und der vollen Schuldfähigkeit war das Urteil von zwölf Jahren maßvoll. Der Staatsanwalt hatte die Höchststrafe von fünfzehn Jahren gefordert, das Gericht hatte Anton sein Alter und die aufgeheizte politische Diskussion zu Gute gehalten.

Meike schlug das Angebot ihrer Zeitung aus, über den Prozess zu schreiben und zog bald darauf nach Hamburg. Sie schreibt Hintergrundgeschichten für ein Magazin, meistens zu Menschenrechten im Ausland. Wir telefonieren ein oder zweimal im Jahr. Zuletzt war sie in Mali.

Die erste Zeit war hart. Ich fühlte mich wund, verletzt, aufgerissen. Die Tränen kamen zu unerwarteten Zeiten. Bei Freunden, auf der Toilette, in der U-Bahn. Es ist nicht leicht, in der Öffentlichkeit zu weinen. Nach einer Weile lernte ich, Taschentücher vor das Gesicht zu halten, damit es nach einer Erkältung aussah. Wenn ich dann noch hustete, fielen die roten Augen nicht mehr auf.

Die Zeit nach der Wende erscheint mir heute wie ein Vakuum. Ein Raum zwischen den Jahrhunderten, ein Übergang voller Gelegenheiten, öffentlich wie privat. Meine Beziehung zu Wolff war der Versuch, ihn zu meinem Vater zu machen. Natürlich war das nicht angemessen, es war ein Wunder, dass wir uns unter diesen Bedingungen überhaupt verstanden. Die Zeit mit Wolff hat meinen Blick für Anton getrübt. Wenn ich an ihn dachte, dann sah ich ihn als Konkurrenten um Meikes Zuneigung. Wolff haderte wenigstens mit seiner väterlichen Verantwortung für Anton, als Freund hatte ich völlig versagt.

Anton arbeitete für Bethgen, weil er so wenigstens in Teilen die Auseinandersetzung mit Wolff führen konnte, die er sich wünschte. Als die Fotos aus Göttingen auftauchten, schien diese Rechnung aufzugehen. Aber dann fing sich die Kampagne des BÜNDNIS wieder. Anton musste den Eindruck haben, dass er nicht zu Wolff durchdrang, dass Wolff ihn nicht sah, ihn übersah, absichtlich ignorierte, wie er es all die Jahre zuvor getan hatte. Jetzt verstehe ich Anton, seine Sehnsucht nach Wolff, der ihm ein wirklicher Vater hätte werden können, und nach mir, der sein Bruder hätte sein können. Jetzt sehe ich ihn, ich spüre seine Verzweiflung und die Ausweglosigkeit, aber es ändert nichts mehr. Er wird in diesen Tagen entlassen, aber ich werde keinen Kontakt zu ihm suchen. Er hat es in den letzten Jahren auch nicht getan, es gibt nichts zu besprechen.

Einmal in der Woche gehe ich zu Wolffs Grab, meistens am Sonntag. Nicht weil es der Tag der Einkehr ist, sondern weil es sich so ergibt. Am Samstag arbeite ich ehrenamtlich bei der Telefonseelsorge. Etwas mit Menschen, aber bitte keine Politik. Und es ist gut zu wissen, dass es ernstere Probleme gibt, als ich sie habe. »Für die Menschen da sein«, sagte Wolff und vielleicht hat mein Einsatz etwas von einem Andenken an ihn.

Manchmal frage ich mich, ob ich nicht dankbar sein sollte, dass alles so gekommen ist. Ob ich es durchgehalten hätte, mit der Vaterfigur zu leben, die ich mir gewünscht hatte. Ob ich mich mit dem Schmerz und der Sehnsucht nicht schon zu gut eingerichtet hatte. Aber dann spüre ich, wie ich Wolff vermisse. Am meisten vielleicht seine Stimme. Warm, tief, herzlich. Voller Nachsicht gegen andere und Ironie gegen sich selbst. Wenn ich zu dem Grab laufe, erlaube ich mir, was ich sonst unterdrücke. Ich denke an den Sommer und die Zeit in meinem Leben, in der ich an etwas geglaubt habe. Ohne Zweifel, ohne Vorbehalte, ohne Selbsthass. Der Weg zum Grab ist nicht weit, ich bin versucht, ihn auszudehnen. Kein Umweg ist mir zu abgelegen. Jeder Schritt ist eine Erinnerung an seine Nähe, seine Bestimmtheit, seine Klarheit. Es ist ein gutes Gefühl, stark und klar. Aber es ist Vergangenheit. Der Anblick des Grabes hilft mir in die Wirklichkeit zurück. Der Rausch verfliegt und ich erinnere mich an seine Worte. Dass es sinnlos ist, an der Vergangenheit zu hängen. Dass das Wohl des

Anderen über das Zusammenleben entscheidet. Und dass gelingende Politik eine Form der Selbstlosigkeit ist.

Die Albträume kommen häufiger bei heißem als bei kühlem Wetter. Vielleicht liegt es an den Farben des Sommers, die mich an die Zeit mit Wolff erinnern, vielleicht ist es die Hitze. Wenn ich danach wach liege, spüre ich, wie etwas, das lange krank war, langsam stirbt. Berlin ist eine andere Stadt, seit Wolff nicht mehr lebt. Er ist nicht nur als Person gestorben, auch seine Ideen und Anregungen sind mit ihm vergangen. Während nach der Wende die zukünftige Bevölkerung der Stadt auf sechs bis zehn Millionen Menschen geschätzt wurde, liegt sie zwölf Jahre danach bei drei, Berlin ist eine schrumpfende Stadt. Das Defizit des öffentlichen Haushaltes ist sieben Mal höher als nach der Wende, die Schulden haben sich versechsfacht, wobei ein wesentlicher Teil für den Personalüberhang des öffentlichen Dienstes aufgewendet wurde. Die Stadt hat bekannt, dass sie keine Möglichkeit sieht, ihre Finanzen aus eigener Kraft zu ordnen, und hofft nun auf eine Entschuldung durch den Bund. Aber auch dessen Haushalt ist hoffnungslos überschuldet. In acht Jahren wird die Hälfte der unter Vierzigjährigen in den Innenstadtbezirken ausländischer Abstammung sein. Das Absinken des Bildungsniveaus beschleunigt sich. Höheren Investitionen in Bildung und Kultur stehen zunehmend die Interessen der Älteren entgegen, die auf den Erhalt ihrer Renten, Pensionen und Sozialleistungen pochen. Die Einstellungswelle im öffentlichen Dienst der späten Sechzigerjahre erreicht die Renten- und Sozialversicherungen. Die Pensionslasten für die verbeamteten Achtundsechziger werden in den nächsten Jahrzehnten zwanzig bis dreißig Prozent der Länderhaushalte auffressen, weil es keine Rücklagen gibt. Gleichzeitig wurden die Bezüge des öffentlichen Dienstes für Neueinstellungen abgesenkt. Diese Themen kommen in der öffentlichen Debatte aber nur am Rande vor. Als ob ein Wiedergänger Mettmanns die Medien steuern würde, gibt es immer noch die gleichen drei Felder, über die berichtet wird: die Umwelt, der Krieg und die Nazis. Ersetze Klimakatastrophe durch Waldsterben, Irak durch Sowjetunion, DVU durch NPD und wir sind wieder in den Achtzigern. Gleichzeitig wandern immer mehr gut ausgebildete Jüngere aus. Bevorzugte Ziele sind der angelsächsische Sprachraum, die Schweiz und Schweden. Im letzten Jahr verließen mehr Deutsche das Land als Anfang der fünfziger Jahre.

Es ist, als ob Berlin eine Frau wäre und ich, ihr Geliebter, erkenne, dass mein Verlangen für sie vergangen ist. Dass die Zärtlichkeit und Wertschätzung, die ich noch aufzubringen vermag, mir selbst nichts mehr wert sind. Dass mir der Glanz ihrer Augen nichts mehr sagt und ich keine Zuversicht mehr habe, ihr zu gefallen und meine Zuneigung erwidert zu sehen. Dass mir die Träume, zu denen sie mich einmal hinriss, Angst machen. Die Hoffnung vergeht, das Steuer noch einmal herumzureißen und gemeinsam die Erleichterung darüber zu genießen, dass unsere Entfremdung nur eine vorübergehende Erscheinung war. Ein Missverständnis, das wir schmerzlich bereuen. Was einmal Hoffnung, Aufbruch und Bestimmung war, erscheint jetzt wie ein langgestreckter, in die Tiefe führender Tunnel, der einen schmerzhaften aber unaufhaltsamen Niedergang erzwingt. Und nach und nach verschwinden auch die Selbstvorwürfe, die letzten, bitteren Bänder unserer Gemeinsamkeit.

Lange hatte ich Berlin aus der Ferne geliebt, bis ich ihr endlich nahe war, sie hatte mich stürmisch empfangen und gut behandelt. Nach der Wende hatte ich gehofft, dass Wolff sie vollends wachküssen würde, dass er der Prinz wäre, der die Dornenhecken ihrer Selbstgefälligkeit zurückschiebt und die Nebel ihrer Verzagtheit lichtet. Aber die Stadt erwachte nur für ein paar Wochen aus ihrem Schlummer, um dann wieder in ihre alte Trägheit zu versinken. Unsere Liebe verlief wie eine kurze, unglückliche Ehe, von der ersten verzehrenden Sehnsucht zu stumpfer Gewohnheit und erkalteten Ritualen. Nicht, dass uns nach Wolffs Tod nichts mehr verbunden hätte, aber die falschen Töne wurden häufiger, die Enttäuschungen weniger erschütternd und die Momente der Versöhnung weniger ergreifend, bis sich unser Verhältnis in kühler Gleichgültigkeit verlief. Meine Hoffnungen schwanden, meine Kritik wurde deutlicher und zuletzt war ich überzeugt, dass allein sie es war, die die Schuld an unserer Fremdheit trug. An Stelle weltgewandter Gelassenheit sah ich Nachlässigkeit und Ignoranz, statt Selbstbewusstsein eine Mischung aus Überheblichkeit und Kleinmut und sogar ihr Glanz erscheint mir als bloßer Nachklang vergangener Größe. Berlin hatte in meinen Augen einen stumpfen, verständnislosen Blick und vor Selbstsucht harte Züge um den Mund. Der Charme der Stadt war verflogen und mein Widerwillen gegen ihr hohles Auftrumpfen, ihre trotzige Selbstgerechtigkeit, die Sucht nach dem Billigen und ihre Schwäche für Asozialität wurde stärker. Sie hätte wieder werden können, was sie vor hundert Jahren war: eines der zwei oder drei politischen, wirtschaftlichen und kulturellen Zentren Europas. Sie hatte den Mauerfall, sie war die Stadt der Bürgerrechte und der friedlichen Revolution, aber die Gelegenheit ist verstrichen. Sie ignorierte die Bilder und Gesten der Wende, sie verwarf den Neuanfang in Kultur und Wirtschaft und ergab sich der Besitzstandswahrung und Subventionswirtschaft. Zwölf Jahre nach der Wiedervereinigung ist die umbenannte kommunistische Staatspartei an der Landesregierung beteiligt. Berlin wollte sich nicht küssen lassen, sie stieß ihren Liebhaber von sich, drehte sich zur Seite und wird wohl noch einmal hundert Jahre schlafen. Und dann noch einmal hundert, weil es keinen zweiten Mauerfall geben wird, keine weitere Vereinigung und keinen neuen Prinz.

Es war ein Fehler, den Predigern der Apokalypse zu vertrauen. Die Erwartung einer ökologischen Katastrophe, der Irrglaube, in einem faschistoiden Staat zu leben und die Verachtung klassischer Kultur und Bildung haben uns den Blick auf die Zukunft verstellt. Der Irrglaube, dass unsere Interessen, unsere Träume und unsere Existenz ohnehin sinnlos sind, hat uns den Mut zu leben genommen. Der Wohlstand, der uns in unserer Kindheit umgab, schmilzt wie der Schnee in der Sonne. Wie sehr wir uns selbst und der Zukunft misstrauen, zeigt unser Verhältnis zu Kindern. Trotz Wohlstand und staatlicher Förderung gibt es seit dem Beginn statistischer Aufzeichnungen keine Generation, in der ein höherer Anteil der Gebär- und Zeugungsfähigen kinderlos geblieben ist. Es ist, als wollten wir ein Ende machen mit dem Elend, einen Schlussstrich ziehen, die Selbstauslöschung wenigstens für unsere Fortpflanzung besiegeln. Kriege, Hungersnöte, wirtschaftliche Depression – es gibt kein geschichtliches Ereignis, das einen derartigen Bruch in der Generationenfolge ausgelöst hätte. Und es sind ja auch nicht die äußeren Umstände, die uns zu schaffen machen: Der Wohlstand ist unvergleichlich, es gibt mehr Betreuungseinrichtungen als jemals zuvor und der Staat belohnt jedes Kleinkind mit einer monatlichen Prämie. Es ist unsere eigene Verzweiflung, das tief sitzende Misstrauen gegen die Zukunft, das uns wie ein schwarzes Netz überzieht und am Boden hält. Keine Katastrophe ist mit den Auswirkungen des Gefühls tiefer Sinnlosigkeit des eigenen Daseins vergleichbar.

1989 war der historische Moment meiner Generation. Als ich das Haus in Mitte fand, spürte ich den freien Raum, die Zeit und das Leben, das vor mir lag. Für einen Moment ging es uns allen so, Meike in der Redaktion, Hagen bei der Besetzung, Anton mit der Politikberatung. Aber so sehr wir uns nach Wurzeln und einem Ziel sehnten, nach Orientierung und danach, unser Schicksal aus eigener Kraft zu bestimmen, so wenig konnten wir uns von dem Hass auf die Vergangenheit freimachen. Wir hatten gelernt, die Hoffnungslosigkeit zu lieben, und bekämpften, was uns aus unserer Unmündigkeit befreien könnte. Jedem Aufbäumen folgte das Zurücksinken in die vertraute Mischung aus Schulterzucken und Depression, gern verbunden mit staatlicher Alimentierung. Die bekannten Verhältnisse rufen zunehmend gemischte Gefühle hervor, schließlich ist auch uns klar, dass wir alle sozialpolitischen Wohltaten der letzten Jahrzehnte eines Tages bezahlen müssen. Der Schatz des Kanons hat sich uns nie eröffnet, wir haben Plenzdorf statt Goethe und Hochhuth statt Schiller gelesen. Beethoven und Schubert sind uns in der Schule nicht begegnet, dafür haben wir im Musikunterricht lange über Bob Marley gesprochen. Als Philosophen fallen mir Captain Kirk und Kwai Chang Caine ein. Es gibt nichts, was uns eine Richtung geben würde, wir warten lieber ab. Seitdem nach dem Platzen der Internetblase auch die Jobs in den Webagenturen und Redaktionen rar geworden sind, scheint sich die seit unserer Jugend erwartete Ausweglosigkeit auf überraschende Weise doch noch einzustellen.

Aber weder Prinz Eisenherz noch Flipper werden uns zur Hilfe eilen. Wir verharren in einer Angststarre oder suchen die Flucht. Wir waren die erste Generation, die mit einem umfassenden Fernsehprogramm aufgewachsen ist. Es war uns immer näher als jedes Buch. Wem das nicht reichte, der fand Trost in Alkohol, Drogen oder anderen Süchten. 1989 hat uns eine Atempause verschafft. Es wurde offensichtlich, dass das Verhängnis nicht wie auf Schienen auf uns zurollte, dass es Wendepunkte der Geschichte gab, Freiräume, die man erobern und verteidigen konnte. In den Neunzigern hatte sich vieles entwickelt, einige wurden Journalisten, andere Künstler, dritte arbeiteten im sozialen Bereich. Trotzdem bewegten wir uns weiter wie unter Drogen, lebten mit gezogener Handbremse. Wir haben uns wieder in die Nischen geflüchtet, wahren ironische Distanz zu unseren Sehnsüchten, die wir im Stillen pflegen.

Vielleicht war Anton einfach nur konsequent. Natürlich sind es die Väter, die wir nie hatten, nach denen wir uns sehnen. Nach ihrer Autorität, ihren Forderungen, ihrem Rat, ihrem Erbe. Nach einem klaren Wort in unübersichtlichen

Zeiten, das man in Frage stellen, verachten, bekämpfen und dann doch, wie auch immer gewendet und abgeschliffen, wieder bedenkenswert finden kann. 1989 hatten wir für einen Moment die Gelegenheit, uns unserer Herkunft zu stellen. Aber wir waren zu zögerlich, zu lau und letztlich zu feige. Dem Traum vom Aufbruch in eine eigene Identität folgte das Zurücksinken in den postmodernen Stupor. Wolff hatte die Rückkehr zur Kultur der Väter gefordert und Anton hat ihn ausgelöscht. In Antons Fall hatte Wolff entschieden unrecht: Der Vater kann nur fordern, was er selbst gegeben hat.

Gleichgültig, wie schwer es mit Antons Mutter war, Wolff stand in Antons Schuld. Und Anton ertrug es nicht, dass sein abwesender Vater diese Rolle für seinen besten Freund, die Universität und die Hauptstadt spielte. Er war nicht nur eifersüchtig, er war tief verletzt und einsam. Das Selbstbild entspricht immer der Haltung zu den Vätern. Vielleicht ist dieses ganze Land ein riesiger Vaterkomplex, ein Gesellschaft gewordener Orientierungsmangel. Die Väter der Nachkriegsgeneration waren im Krieg geblieben, die Väter der Sechzigerjahre wurden als Nazis diffamiert und die der Siebziger waren mit ihren Karrieren, Affären und Scheidungen beschäftigt. Die skeptische Generation haderte mit ihrer Herkunft, die Studentenbewegung lehnte ihre Väter ab und wir sind, mit deutlicheren Konsequenzen als unsere Väter, in den Zeugungsstreik getreten. Die Skeptiker setzten die Nüchternheit gegen den politischen Rausch ihrer Väter und alterten früh, die Achtundsechziger wollten die ewige Rebellion und blieben in der Pubertät stecken. Wir bleiben für immer Kinder und weinen nachts in unseren Single-Apartments vor Einsamkeit in die Kissen. Gleichzeitig lassen wir uns mit jeder politischen Versprechung vertrösten, und sei sie noch so durchsichtig. Und selbstverständlich fühlen sich Kinder zeitlebens nicht bereit, selbst Kinder zu bekommen.

Ein Bild aus den Fünfzigerjahren geht mir nicht aus dem Kopf: der deutsche Kriegsgefangene, der aus einem sibirischen Lager flieht, um sich zu Fuß auf den Heimweg zu machen. Es ist fraglich, ob er durchhalten wird, allein in feindlicher Umgebung. Jeder Kontakt zur Außenwelt birgt die Gefahr, verraten zu werden. Aber es ist nicht nur die Flucht, die ihn andere Menschen meiden lässt. Er möchte auch nichts mehr wissen von den Katastrophen, den deutschen oder sowjetischen, den gegenwärtigen oder kommenden. Er will nicht vereinnahmt werden, keinen neuen Parolen folgen, die sich dann doch wieder als Ideologien herausstellen werden. Er möchte nach Hause, ohne klar benennen zu können, was das heißt. Leben Frau und Mutter, Kinder oder Vater noch? Wurden sie ausgebombt, vertrieben oder sind sie zu Verwandten in eine andere Stadt gezogen? Hat sein Haus einen neuen Herrn, weil es verkauft, requiriert oder besetzt wurde? Er kann sich nicht mehr an die Gesichter seiner Eltern erinnern und das Bild seines Hauses ist vergangen. Sein Ziel ist so unklar, die Entfernung so unermesslich und die Umstände so beschwerlich, dass die Aussichtslosigkeit sein Vorhaben lächerlich wirken lässt. Und doch gibt es etwas, das seine Schritte durch die Taiga lenkt, das ihn Hunger, Kälte und Verrat überstehen lässt. Es ist ein Traum von Normalität und Ruhe: der Wunsch, Krieg, Zerstörung und Grausamkeit hinter sich zu lassen. Er will jedenfalls kein Projekt zur Beglückung der Menschheit und ganz bestimmt keines, das sein Privatleben für politische Ziele in Anspruch nimmt. Er will den ideologischen Daueralarm abstellen und sich einfachen Aufgaben widmen. Kinder zu bekommen zum Beispiel. Essen zu kochen, zur Arbeit zu gehen und danach vielleicht mit dem Nachbarn Karten spielen. Banalitäten: vielleicht – kleinbürgerlich: gern. Ein Akt existenzieller Beschränkung, eine Absage an die großen Versprechungen, die doch nur wieder Unheil bringen.

Eigenartig, dass ausgerechnet es Hagen geschafft hat. Er ist mit seiner Freundin in ein kleines Dorf im Oderbruch gezogen. Vielleicht hat ihn die neue Umgebung gelockt, oder die beständige Nähe zu Julia. Seine Freundin hat ein Kind von ihm bekommen, das den ganzen Tag durch das Haus läuft und alle anlacht. Mir ist nicht ganz klar, wovon sie leben, aber es geht ihnen gut. Hagen ist immer noch an technischen Lösungen interessiert. Als ich sie das letzte Mal besuchte, hatte er aus alten Leitungen eine Biogasanlage gebastelt. Zumindest dachte er das, bis sich beim Abfackeln des Gases herausstellte, dass er die Rückschlagsicherung vergessen hatte. Bei dem Versuch, das Gas zum Kochen zu verwenden, explodierte die Anlage. Der Knall war ohrenbetäubend. Da Hagen auch den Tank selbst zusammengeschweißt hatte, kamen wir mit dem Schrecken und einem Loch an einer nachlässig gesetzten Schweißnaht davon.

Hagen fragt, wann ich zu ihnen ziehe. Von den dreißig Backsteinhäuschen, gebaut zu Zeiten nach der Trockenlegung der Sümpfe, steht die Hälfte frei. Eines ist noch gut erhalten, der bisherige Bewohner ist im letzten Winter gestorben und seine Kinder arbeiten schon lange in Westdeutschland. Über der Haustür hängt eine Stuckvignette mit dem preußischen Adler. Darunter steht in Teerfarbe ein Zitat von Wilhelm von Humboldt geschrieben: »Diejenige Regierung ist die beste, die sich überflüssig macht.« Wolff hätte das gefallen. Vielleicht sollte ich mich um einen Vertrag bemühen. Spätestens im Frühjahr.

Inhalt